Barbara Kollenda / Heike Knapke

Laura

und

der ganz normale Wahnsinn

Roman

Wir möchten uns besonders bei folgenden Personen bedanken, die uns während der Zeit des Schreibens durch ihren Spaß am Lesen unserer Texte positiv motiviert haben:
Lisa Backes, Heike Herchenröther-Rosenstein, Gisela Kollenda, Michael Kollenda, Gisela Lauw, Erika Meller, Prof. Dr. Erika Regnet, Viola Vasiri, Marion Wassermann.

München, 30.05.2000   Vilsheim, 30.05.2000
Dr. Barbara Kollenda   Heike Knapke

I.

Schnucki saß in ihrem Einfamilienhaus und übte Klavier. Sie hatte sich endlich durchgerungen, Noten mit Unterhaltungsmusik zu kaufen, anstatt immer nur Menuette und Sonaten zu üben, die Ottmar immer so auf den Wecker gingen. Gerade übte sie ‚When a man loves a woman‘. Sie war gespannt, wie Ottmar darauf reagieren würde, wenn er gleich nach Hause käme und sie dann hingebungsvoll in die Tasten greifen würde. Ah, da hörte sie schon den Schlüssel im Schloss! Schnell lief sie zur Tür und begrüßte Ottmar mit einer Umarmung und einem Kuss. Ottmar war offensichtlich bester Laune. Das war keineswegs selbstverständlich, weil es in der Kleinklexdorfer Filiale seiner Bank in letzter Zeit öfter Ärger mit dem unsympathischen Vorstand Heiner Kuhnagel gegeben hatte. Wegen Nichtigkeiten, wie Ottmar immer wieder betonte.

Während Ottmar sich umzog und sich dann in Jeans und T-Shirt auf das Sofa warf, ging Schnucki unauffällig zum Klavier und legte ihre langen schmalen Finger auf die Tasten. Sie begann mit aller Inbrunst, deren sie fähig war ‚When a man loves a woman‘ zu intonieren. Da erscholl es aus der Sofaecke:
„Wolltest du heute Abend nicht etwas kochen?“
So rüde und gefühllos unterbrochen zu werden, während sie gerade versuchte, ihr Innerstes nach außen zu kehren!!!! Schnucki schwor sich, nie wieder in Gegenwart dieses Musikbanausen irgend etwas anderes als Walzer und Polkas, die er am meisten hasste, zu spielen. Sie hörte abrupt auf zu spielen, was aber in der Sofaecke überhaupt nicht bemerkt wurde.
„Ja, ich gehe schon in die Küche.“

Schnucki kochte in der Küche im wahrsten Sinne des Wortes vor sich hin. Außer einer Gemüselasagne ent-

3

stand dabei auch der Plan, sich nun doch mit Helmut Wernickel, dem Nachbarn und Fluglotsen, einzulassen. Schon lange machte er ihr den Hof, wenn seine Frau, eine vielbeschäftigte Ärztin am Flughafen, nicht da war. Da beide im Schichtdienst arbeiteten, war es ziemlich häufig der Fall, dass Schnucki und Helmut allein tagsüber zu Hause waren. Schon oft hatten sie gemeinsam Kaffee getrunken und sich über Gott und die Welt unterhalten. Aber bezüglich Helmuts Annäherungsversuchen war Schnucki bisher immer eiskalt geblieben.

Nun ärgerte sie sich dermaßen über Ottmar, der in den letzten Jahren ihr gegenüber immer gleichgültiger geworden war, dass sie beschloss, andere Saiten aufzuziehen und sich auch zu amüsieren. Ein schlechtes Gewissen hatte sie dabei nicht.

Ottmar hatte immer wieder Affären mit Frauen, die er in der Bank oder sonstwo kennen lernte. Er glaubte, dass sie nichts davon mitbekäme, aber Schnucki erkannte an seinen kleinen Verhaltens- und Stimmungsänderungen, sowie plötzlichen Abendterminen, wann es wieder einmal soweit war und er seine ‚Sammlung' erweiterte. Meist dauerten die Affären nur ein paar Wochen, dann war der Rausch des Neuen vorbei und Ottmar hatte seinen Jagdtrieb für circa ein Jahr gestillt.

Ottmar zog Frauen geradezu magisch an. Genauso hatte er schließlich sie vor 15 Jahren angezogen. Sie waren inzwischen acht Jahre verheiratet. Ihre Ehe war leider kinderlos geblieben. Der Gynäkologe hatte festgestellt, dass Schnucki keine Eisprünge hatte und nach aller Wahrscheinlichkeit nie Kinder haben würde. Nach einer Zeit, in der Ottmar und Schnucki deswegen deprimiert gewesen waren, hatten sich beide nun mit ihrem Leben zu zweit arrangiert und galten in ihrer Nachbarschaft als Vorzeigeehepaar.

‚Wenn die lieben Nachbarn wüssten, wie es wirklich hinter unserer „Heile-Welt-Fassade" aussieht', dachte Schnucki. ‚Aber man sollte ihnen nicht alle Illusionen rauben, dass ein „Heile-Welt-Leben" möglich ist, sonst würden sie in ihrer Chaotik wohl ihr Ziel verlieren: nämlich so zu werden wie wir.'

Schnucki dachte da besonders an Laura, ihre Nachbarin, die im Nebenhaus in einer Mietwohnung mit ihrem nichtsnutzigen Freund Martin lebte.
‚Angeblich BWL-Student. Ha, ha! Schon 27 Jahre und immer noch Student!' Merkte Laura nicht, dass er sie nur ausnutzte??
Während Laura zum Dienst am Flughafen fuhr, wälzte Martin sich noch im Bett und kam oft erst um 10.00 Uhr aus den Federn.
Schnucki wusste das so genau, weil sie mit ihrem Fernglas vom Dachgeschoss ihres Hauses genau in Lauras und Martins Wohnung schauen konnte. Martin war zwar nach außen hin der Traum jeder Schwiegermutter, aber nach Schnuckis Einschätzung war er gleichzeitig sehr bequem und nicht gerade von Ehrgeiz zerfressen.
‚Laura müsste ihm mal den Marsch blasen', dachte Schnucki ‚damit er mit seinem Studium fertig wird.'
Sollte Laura denn ewig am Flughafen im Schichtdienst schuften? Schnucki wusste, dass Laura Kinder wollte, aber mit 29 Jahren tickte auch bei Laura die biologische Uhr unaufhaltsam.

Um sieben Uhr klingelte, nein dröhnte der elektronische Wecker. Klar, denn Laura hatte ihn ja auch noch abends nach ihrem Spätdienst gestellt. Am liebsten hätte Sie diesen Störenfried ihrer wildromantischen Träume einfach ignoriert. Aber allein ihre Gedankenkraft reichte leider nicht aus, um diesen Ermahner alltäglicher Pflichten aus zu stellen. Müde und schlapp tastete die linke Hand nach dem „Aus"-Schieber. - Endlich wohlige Ruhe! Laura mummelte sich noch mal so richtig gemütlich in ihr Plümo ein und beschwor den so aufregenden Traum noch mal herbei. Doch der hatte bereits einen Filmriss und ließ sich trotz höchster Konzentration nicht mehr bis zum Happyend abspulen.

Resigniert wälzte sich Laura aus dem Bett, hatte sie doch eine tragende Hauptrolle in dieser Schnulze gespielt. Den männlichen Part konnte sie beim besten Willen nicht auf die Person umschreiben, die in der rechten Hälfte des Bettes lag. Ihr Held hatte weder geschnarcht, noch hörte er sich an wie der röchelnde Absauger beim Zahnarzt.

Trotzdem zog sie dem nackten, männlichen Oberkörper die Bettdecke liebevoll über die Schulter. Kurz blieb ihr zärtlicher Blick noch auf Martins durchtrainiertem Oberkörper hängen, der dabei über die merkwürdigen weißen Striche in seiner ansonsten braunen Armbeuge stolperte, den Verrätern aller Sonnenbankbenutzer. Vielleicht sollte sie Martin mal eine entspanntere Liegeposition auf der Sonnenbank empfehlen, eine mit Bräunungsgarantie in den Armbeugen.

So sinnierend hauchte Laura ihm noch einen kurzen Kuss auf die Wange, die durch den Zwei- oder Dreitagebart noch einen Touch dunkler wirkte. Dabei rümpfte sie angeekelt ihre Nase über die unter ihr ausströmenden A-temdüfte.
‚Igitt, nichts ist abtörnender wie eine vier Stunden ruhende Bierfahne!‘, grollte Laura.
Martin war gestern mal wieder mit seinen Kommilitonen auf Kneipentour gegangen und sichtbar dabei versumpft. Sein versprochenes Küchencleaning war darüber natürlich auch in Vergessenheit geraten, das hatte sie bereits gestern nach ihrer Rückkehr festgestellt. Dafür jammerte er heute garantiert den ganzen Tag über seinen Kater
‚Strafe muss sein!‘, dachte sich Laura und plante die Anti-katerbrausetabletten zu verstecken.

Beschwingt durch ihr Vorhaben, tapste sie in die Küche und kochte sich erst einmal ihren obligatorischen ‚Guten-

Morgen-Kaffee'. Während der Kaffee in die Kanne lief, räumte Laura dann doch nicht mehr so beschwingt die zerknüllten Herrensocken vom Küchentisch. Die verkehrt herum ausgezogene Jeans fischte sie von der Türklinke und die verdreckten Schuhe vom Küchenbuffet.

Lauras Laune wurde auch nicht besser, als ihr wieder der Grund für ihr zu frühes Aufstehen einfiel. Martins Mutter würde in genau acht Stunden samt Ehemann, Sohn und Schwiegertochter in spe, hier vor der Tür stehen. Bis dahin sollte die Zweizimmerwohnung kritischen ‚Fast-schwiegermütteraugen' standhalten, ein Kuchen gebacken und das Abendessen so weit wie möglich vorbereitet sein. Doch Lauras Tatendrang war durch den Schlafmangel eher mäßig. Sie hatte gerade mal, nach einem sehr anstrengenden Zehnstundenarbeitstag, fünf Stunden geschlafen.

Mit Martins Mithilfe konnte sie offensichtlich auch nicht rechnen, obwohl er der Initiator der Einladung gewesen war. Ganz erschwerend lähmte die Tatsache, dass selbst ein Meister Proper von Mutter Hedwig keinen Hausfrauenorden verliehen bekäme, solange dieser ein Auge auf ihren Sohn geworfen hätte.
‚Egal', Laura nahm erst einmal einen kräftigen Schluck aus ihrer Lieblingstasse - die mit den roten Käfern vom Oktoberfest - und verbrühte sich die Zunge.
‚Keine Zeit fürs Fluchen und Trübsalblasen. Ein Zeitplan muss her!', entschied Laura für sich.

Also, zuerst sollte das Wohnzimmer gesäubert werden. Der dort tosende Staubsauger würde schon für ein paar Unterbrechungen in Martins alkoholisierten Männerträumen sorgen. Das anschließende Staubwischen würde leider weniger lautstark sein. Die Entscheidung für das nächste Aktionsfeld fiel dann etwas schwerer: entschied sie sich für das Schlafzimmer, war das zu offensichtlich rachsüchtig und nachtragend. Würde sie dann als nächstes das Badezimmer putzen, war sie schlichtweg idiotisch, weil Martins Ausnüchterungsversuche unter der Dusche ihre Spuren hinterlassen würden. Der weiß geflieste Flur fiel ebenso aus dem Rennen, weil der bis 15.00 Uhr noch oft überquert würde, und dies mindestens einmal mit duschfrischen, aber tropfenden Männerfüßen. Also blieb jetzt nur noch die Küche.

Laura backte den Tortenboden für die Himbeertorte, spülte das Kochgeschirr zur sofortigen Wiederbenutzung und brach sich beim Bemühen die angetrockneten Essensreste weg zu kratzen, gleich zwei Nägel ab. Somit kam auf die Erledigungsliste noch eine improvisierte Maniküre. Doch erst einmal half ein Heftpflaster für den tief eingerissenen Daumennagel aus.

Bei der Zubereitung der Vorspeise durchfuhr es Laura: ‚Hatte Martin überhaupt noch den Prosecco und den Pinot Grigio gekauft, oder hatte er den Einkauf auch vergessen?‘ Schwungvoll riss sie dabei den Kühlschrank auf, mit der Gewissheit, einen Übeltäter zu entlarven. Doch die Getränke lagerten bereits frisch gekühlt im Kühlschrank. Dafür hatte der Kühlschrankgriff nun eine appetitliche Panade aus Ei und Paniermehl bekommen, ursprünglich für feine Auberginenscheiben bestimmt.
‚Doch Entlarvungsversuche lassen nun mal keine Zeit, um panadekrustige Arbeitshände zu säubern. Entlarvungsversuche müssen sofort und auf der Stelle ausgeführt werden!‘, beschwichtigte sich Laura selbst.

Lauras ausgeprägter Gerechtigkeitssinn gab nach dieser Aktion unumwunden zu: dicke klebrige Panade am Türgriff, verursacht durch Martins Hände, hätten seine Anklageschrift, ohne mildernde Umstände, verlängert. Nun doch etwas milder gestimmt, überhörte sie die Schlafgeräusche von nebenan.

Mittlerweile war es schon 12.00 Uhr und wie immer dauerten die Sachen länger als man dachte. Zwar waren das Tiramisu und die Himbeertorte schon fertig, die Auberginen paniert und gebraten auf der Vorspeisenplatte, doch bei der Lasagne war sie erst beim Zwiebelschneiden - einer ihrer Lieblingsaufgaben. Aktivierten doch die scharfen Zwiebelsäfte ihre Tränendrüsen und sorgten für eine stetig laufende Nase. Bemüht, dass nichts von ihrer Körperflüssigkeit ins Sugo tropfte, schniefte Laura in immer kürzeren Abständen über den Soßentopf. Abwechselnd benutzte sie auch einen ihrer Handrücken und -ballen, um kleine Tropfspuren aus dem Gesicht zu entfernen. Doch wie immer hatte dies nur die erneute Anregung der Tränenproduktion zur Folge.

‚Wenn Mama Hedwig sie so hätte sehen können!‘ Die Antischwiegertochterhitliste wäre bereichert worden um einen führenden Platz. Am Abend war Laura zu müde gewesen, um noch ihr Gesicht abzuschminken. Kleine Sünden bestraft bekanntlich der liebe Gott sofort. Denn jetzt lag das Mascara nicht mehr auf ihren Wimpern, sondern verteilte sich großzügig in schwarzen Wischspuren über ihrem Gesicht, auf Handrücken und -ballen. Zusätzlich gesellten sich jetzt auch noch rote Tomatentupfer dazu, die trotz hektischem Rühren immer wieder aus der blubbernden Sugomasse hoch spritzten. Sie zierten nicht nur Lauras Handrücken, sondern, dank großer Reichweite, auch die weißen Küchenfliesen an Wand und Boden. Auch das bereits abgespülte Geschirr auf der Spüle erhielt ein schönes rotes Muster.

Endlich war die Lasagne geschichtet und mit den letzten Käsekrümeln versehen, als ein verwuselter Blondschopf in die Küche kam. Zärtlich umfassten Martins Arme Lauras Oberkörper von hinten und zog sie sanft zu sich heran. Dankbar für eine kleine schöpferische Pause, lehnte sich Laura zurück und genoss mit geschlossenen Augen das wohlige Geborgenheitsgefühl.

„Guten Morgen mein Schatz! Es ist gestern etwas später geworden! Bitte, bitte sei nicht böse wegen der Küche! Komm gib mir lieber einen Kuss!“ und drehte dabei schon ihren Kopf zu sich. Kurz hielt Laura die Luft an, um ja nicht eine tiefe Brise Alkoholfahne einzuatmen. Demonstrativ presste sie dabei die Lippen aufeinander, das Zeichen für Kussentzug.

„Mensch, Liebling, jetzt sei doch nicht so sauer! Ingo brauchte gestern mal wieder einen Seelentröster, er hat Liebeskummer. Da konnte ich ihn ja wohl schlecht hängen lassen!"

Laura musste dann doch mal kurz Luft holen und stellte dabei angenehm fest, dass ihr ein Blendamed-Hauch in die Nase stieg.

Vor lauter Vorsichhinwuseln hatte sie gar nicht bemerkt, dass Martin bereits im Bad war. Somit war sie jetzt um einen potentiellen Helfer bereichert, freute sich Laura und fragte Martin trotzdem nicht freundlicher:

„Möchtest du vielleicht einen fünf Stunden alten Kaffee? Dann bedien' dich bitte!" – „Mmh, wenn du mich so fragst, dann mag ich jetzt lieber dich!", antwortete Martin und presste seinen Unterkörper erregt an ihren.

Es war also ganz offensichtlich, dass Martin nicht den fröhlichen Hausputz im Sinn hatte. Er flüsterte ihr dabei zärtliche Koseworte ins Ohr und war schon mit einer Hand unter Lauras Kochhemd geeilt. Dort wollte sie sich den Weg zu dem verpackten Inhalt des 85 D BH suchen, doch bevor sie dort ankam, wurde die Hand bereits wieder weg gezogen.

„Mensch Martin, dafür habe ich jetzt nun wirklich keine Zeit!", und noch etwas spitzer fügte Laura hinzu:

„Und du auch nicht! Hast du vergessen, dass deine entzückende Familie gleich noch kommt?"

„Oh je, dein Stimmungsbarometer zeigt heute wohl Dauerfrost an!"

Versöhnlich meinte dann Martin, der die unausgesprochene Aufforderung zum Mithelfen verstanden hatte:

„Ich räum' dann jetzt mal das Schlafzimmer auf."

Martin war enttäuscht, früher hatten sie viel öfters mal spontanen Sex gehabt und sich einen Teufel darum geschert, ob deswegen vielleicht mal das Geschirr nicht abgespült wurde oder sie 10 Minuten später ins Kino kamen. Ihr Liebesleben war momentan recht mau. Entweder war Laura zu müde von ihrem blöden Schichtdienst oder irgendeine anstehende Verpflichtung ließ angeblich keine Zeit zu. In letzter Zeit stritten sie sich auch immer häufiger, weil Laura ständig an ihm herum nörgelte. Sie konnte nicht verstehen, dass er sein Studium so in die Länge zog und nicht mehr Gas gab. Am liebsten sah sie ihn wohl von montags bis freitags in der beruflichen Tretmühle und am Wochenende den Kinderwagen durch die Gegend schieben.

Na ja, sie hatte das zwar nie so explizit ausgesprochen, aber er war sich ziemlich sicher, dass Laura bei der Diskussion über seine berufliche Zukunft auch die finanzielle Absicherung einer Kleinfamilie meinte.

‚Komisch, dass wir beide das nie so aussprechen!‘, fand Martin.

Er konnte sich ein anderes Leben im Moment gar nicht vorstellen, schöner konnte es doch wohl nicht werden: er liebte Laura, wenn sie nicht gerade wieder zickig war. Er hatte Zeit, mit ihr mindestens alle drei Monate ein anderes Land zu bereisen. Dieses gemeinsame Hobby genoss Laura ja auch sehr und konnte dank ihrer ausgetüftelten Diensttausche das auch zeitlich realisieren. Aber bei ihm war das war wohl dann kaum noch möglich. Zuerst würde ein Dreivierteljahr Urlaubssperre auf ihn warten, und dann konnte er sich seinen Urlaub vielleicht klassisch zweimal aufteilen. Dann hatten sie zwar mehr Geld zu Verfügung, aber jetzt reichte sein Nebenjob mit Lauras Gehalt ja auch aus. Im tiefsten Inneren hatte er auch die Befürchtung, dass er einer von den vielen arbeitslosen Studienabsolventen werden könnte, das lähmte ihn oft!

Laut hörte er Laura aus der Küche fluchen. Sie bearbeitete den Küchenboden auf Knien, um die restlichen Spuren der roten Tomatensoße zu beseitigen. Dabei fiel ihr Blick auf das Küchenfenster. Erbarmungslos schien die Sonne durch das total verschmutzte Glas und ließ keinen Zweifel daran, dass der Dreck mindestens drei Monate alt war. ‚Mist!‘ Das zu putzen hatte sie in ihrem Zeitplan nicht berücksichtigt. ‚Egal!‘, revoltierte Laura und entschied, jetzt nicht das Fensterleder zu benutzen, sondern sich der eigenen Reinigung zu widmen. Die war auch dringend notwendig. Die Küchenschwaden hatten Lauras Haar mehr fettig als glänzend gemacht und die schweißtreibenden Reinigungsprozesse ließen sie auch nicht nach Veilchen duften.

Was dann folgte war, wie so oft, ein Kompromiss zwischen Körper- und Badhygiene. Während Laura noch in der Dusche die ‚Zwei-Minuten-Haarkur‘ einwirken ließ, besprühte sie die Duschwände inwendig mit einem Kalkentferner. Mit elastischen Kniebeugen und kreisenden Armbewegungen wurde der dann wieder mit viel, viel Wasser entfernt.

Bei der Betrachtung des mit Haaren verklebten Duschsiebes verzog Laura total angewidert ihr Gesicht. ‚Igitt!‘ Mit spitzen Fingern griff sie nach dem Toilettenpapier, um den Hautkontakt mit dieser ekligen Masse so gering wie möglich zu halten und zog dann mit dem Papier die Haare heraus. Schnell verschwand das unappetitliche Knäuel in die Toilette, die auch noch von etlichen Pinkelspritzern befreit werden musste.

Die Kloschüssel wurde mit Turbanhaupt bearbeitet, doch bei dieser Aktion löste sich dann leider das locker drapierte Handtuch. Noch bevor es in die Schüssel fallen konnte, rettete Laura es in letzter Sekunde mit der linken Putzhand, da die reaktionsschnellere Rechte die Klobürste hielt.

Mit einem genervten Blick auf die Uhr stellte Laura fest, dass sie sich mit dem Föhnen der Haare beeilen musste, falls sie noch vor dem Eintreffen des Besuchs fertig werden wollte. Das Haare föhnen gehörte nicht gerade zu ihrer Lieblingsbeschäftigung, da ihr naturgewelltes Haar immer ewig brauchte, bis es trocknete und ihr dabei fast die Arme abfielen.

Im schnellen Schminken war Laura hingegen recht routiniert. Ihr neues Make-up ließ sich super auftragen und mit einer leichten Puderschicht und etwas Rouge sah man ihr die Müdigkeit auch gar nicht mehr so an. Ihre blauen Augen umrandete sie mit einem weichen Kajalstift und tuschte dann noch kräftig ihre Wimpern. Ihre Augen wirkten gleich viel größer und ausdrucksstärker. Nur auf den Lippenstift verzichtete Laura heute mal, da der ja eh Opfer der Kaffeetasse werden würde. Ihr Spiegelbild gefiel ihr heute sehr, doch beim Ertappen ihres narzisstischen selbstverliebten Blickes im Spiegel streckte sich Laura lachend die Zunge heraus:
„Eingebildete Kuh, du musst noch schnell den Boden wischen!"
In Unterwäsche gab sich Laura dann der Badendreinigung hin und schrubbte schnell auf den Knien den Boden.
„Eh, was ist das denn?"
Eine feuchtwarme Flüssigkeit lief ihr langsam die geschminkten Wangen hinunter! Laura richtete sich auf und versuchte mit Hilfe des Spiegels die Herkunft des Rinnsals zu entdecken! Ihre Haare konnten es nicht sein, stellte Laura nach mehreren Testgriffen ins Haar fest. Das war eindeutig trocken und nicht mehr eine Spur feucht! Da die Zeit drängte, widmete sich Laura dann doch noch mal dem Boden. Schon wieder lief es warm über ihre Wangen.
„Das kann doch wohl nicht wahr sein!"
Mit einem leichten Schrecken stellte Laura fest, dass die Flüssigkeit aus dem Ohr kommen musste. Blitzschnelle Gedankenfetzen, die bar jeder Logik waren, gingen durchs Gehirn:
‚Ohrenentzündung! Eiter! Eine seltsame Krankheit!'
Dann fiel Laura die Erklärung ein: ‚Bin ich blöd!' Sie hatte beim Haare waschen ihre Ohrringe, die Kreolen, nicht abgenommen. In den Hohlräumen hatte sich das Dusch-

wasser gesammelt und hinterließ nun puderlose Rinnen auf der Wange! Von dem selbstverliebten Blick im Spiegel war jetzt keine Spur mehr, was ihr jetzt entgegenblickte drückte mehr den absoluten Frust aus.

Laura dachte über ihr Tun nach und wurde wütend. Wütend auf sich selbst! Niemand zwang sie wirklich, die Wohnung auf Hochglanz zu bringen oder Stunden in der Küche zu verbringen und dafür ihren wohlverdienten Schlaf abzubrechen. Der unterschwelligen Missbilligung ihrer Schwiegermutter war sie so oder so ausgesetzt.
‚Vielleicht ist es ja gerade mein schlechtes Gewissen, das mich für sie so angreifbar macht. Ständig hinke ich meinen eigenen überzogenen Anforderungen hinterher und bin unzufrieden mit dem, was ich wirklich umsetzen kann! Ich spiegele ihr vielleicht mein eigenes negatives Bild vor!‘

So sinnierend besserte Laura ihr Make-up auf. Die psychologische Kurzanalyse hatte ihren Zorn wieder verrauchen lassen. Im Schlafzimmer schlüpfte Laura in einen bequemen Stretchrock, dem man seinen Tragekomfort allerdings nicht ansah. Sie zog sich dazu ein schlichtes, aber edles schwarzes T-Shirt über und ging dann zu Martin ins Wohnzimmer.

Martin spürte gleich Lauras Stimmungswechsel als sie ins Wohnzimmer kam. Ihre Reizbarkeit schien sie mit dem Putzlappen abgelegt zu haben.
„Du siehst Klasse aus, mein Schatz!", und zog Laura dabei zu sich heran.
Beide genossen jetzt die Wärme und Geborgenheit, die in ihrer Umarmung lag. Langsam und erst ganz zärtlich waren Ihre Küsse, bis sie dann in Begierde umschlugen und immer fordernder wurden. Dann klingelte es an der Tür. Kichernd gaben sie sich noch einmal einen letzten flüchtigen Kuss und sortierten auf dem Weg zum Türdrücker ihre Kleidung. In wenigen Minuten würde also das ‚4711‘ von Mutter Hedwig hier Einzug halten.

„Kind, habt ihr hier denn keinen Hausmeister, der eure Treppe putzt? Hier schaut es ja schlimm aus!", hallten ihnen Hedwigs Begrüßungsworte aus dem Treppenhaus entgegen, im Schlepptau ihren Göttergatten und ihren Kronsohn samt Schwiegertochter in der Versuchsphase.
Daraufhin lugte Laura über Martins Schulter, um einen Blick ins Treppenhaus zu werfen und stellte dabei fest, dass dort der Dreck von mindestens einem Bautrupp lag.
„Mutter, das müssen wir leider schon selber machen!", erklärte Martin, drehte sich dabei zu Laura um und fragte sie dann:
„Sag mal, waren wir denn diese Woche nicht mit dem Hausflur an der Reihe?"
„Nicht, dass ich wüsste!", murmelte Laura und dachte sich nur: ‚Dieser Idiot soll jetzt bloß still sein!'
Statt dessen schnappte sich Martin kurzerhand den Flurplan, um dann festzustellen: „Schatz, wir waren tatsächlich `dran!"

Der Nachmittag verlief erwartungsgemäß mit Geschichten über die Nachbarschaft, mit Krankheitsberichten und Erfolgsstories weitläufiger Verwandtschaft, aber ansonsten war er störungsfrei. Es wurde gegessen und getrunken, getrunken und gegessen.

Bei jedem weiteren Schluck Prosecco nervten Laura auch die schnalzenden Sauggeräusche von Martins Mutter nicht mehr so sehr. Hedwig versuchte, meistens erfolglos, das schlussfolgerte Laura aus der Intensität dieser Aktion, nach und während des Essens die Essensreste aus den Zahnlücken zu saugen.

Auch die bereits zehnmal gehörten Anekdoten wurden mit jedem weiteren Schluck auf einmal erträglich. Nur bei Martins Bruder reichte der Alkoholpegel nicht aus, bei ihm kam ihr trotzdem die Galle hoch. Ständig musste er seine politischen Stammtischweisheiten, die durchweg schwarzbraun gefärbt waren, zum Besten geben. Silvia, seine Freundin, knuffte ihn zwar zwischendurch mal immer wieder in seinen speckigen ‚Schwimmgürtel‘, wenn seine Tiraden allzu heftig wurden, doch registrierte er dies nur mit einem genervten Blick und fuhr in seinen Ausführungen fort.

Martins Vater praktizierte heute mal wieder das aktive Zuhören, nickte an den vermeintlich richtigen Stellen und gab zwischendurch ein interessiertes ‚Ach!‘ oder ‚Ach?‘ von sich. Nur um 18.00 Uhr wurde er selbst aktiv und stellte ganz selbstverständlich die Sportschau an - sein Highlight der Woche.

Martins Gähnanfall war es dann wohl zu verdanken, dass seine Familie um 21.00 Uhr die Heimfahrt antrat. Endlich! Mittlerweile war auch kein Prosecco mehr da, um den Zustand von höflicher Gelassenheit bei Laura konstant zu halten.

Als die Tür endlich nach dem Besuch geschlossen wurde, sehnte sich Laura nur noch nach Schlaf! Hundemüde war sie und morgen früh würde der Wecker um drei Uhr klingeln. Sie hatte am Montag Frühdienst. Laura war bereits eingeschlafen, als Martin sich enttäuscht neben sie legte. Lange konnte er nicht einschlafen, weil seine Erregung so stark war!

II.

Schnucki war echt sauer. Ottmars Eskapaden und seine Dickfelligkeit gingen ihr schon lange auf den Wecker, aber jetzt hatte sie die nötige Wut im Bauch, um endlich selbst die Initiative zu ergreifen und etwas in ihrem Leben zu ändern. Sobald Ottmar nach dem Frühstück um acht Uhr das Haus verlassen hatte, griff sie zum Telefonhörer. Soweit sie informiert war, hatte Helmut heute frei und seine Frau hatte Frühdienst. Das bedeutete meist, dass Helmut auch ziemlich früh aufstand, da er wach wurde, wenn seine Frau aufstand. Erst vor zwei Tagen hatten Schnucki und Helmut sich über die Vor- und Nachteile von Schichtarbeit und dem zugehörigen gestörten Schlafrhythmus unterhalten.

Wie erwartet, war Helmut gleich am Telefon als Schnucki durchklingelte.
„Helmut Wernickel", meldete er sich mit seiner tiefen, sonoren Stimme.
„Hallo, hier ist Reinhilde", meldete sich Schnucki.
„Guten Morgen, was für eine freudige Überraschung, so früh am Tage!", erwiderte Helmut.
„Was verschafft mir die Ehre deines Anrufs?"
„Ich wollte dich fragen, ob du Lust hast, heute Mittag mit mir zusammen essen zu gehen. Ich werde am Morgen mal wieder bei Monika in der Boutique aushelfen und ab 13.00 Uhr bin ich frei. Ich habe aber keine Lust zu kochen, sondern möchte gerne mal mit einem zivilisierten Menschen chinesisch essen gehen. Hast du Lust?"
„Natürlich habe ich dazu Lust! Du weißt doch, wie gerne ich mich mit dir treffe", sagte Helmut. Und das entsprach vollkommen der Wahrheit. Am liebsten hätte er jede Minute mit Reinhilde verbracht.
„Also gut, dann treffen wir uns um halb zwei bei Wong Li. In Ordnung?"
„Abgemacht. Bis später dann!"

Helmut legte begeistert auf. Das war das erste Mal, dass Reinhilde von sich aus auf ihn zugekommen war, um eine Verabredung zu treffen. Sonst war er immer der treibende Part gewesen. Es musste irgend etwas Entscheidendes bei Reinhilde passiert sein, das ahnte er, sonst hätte sie nie von sich aus angerufen, und das noch so früh am Morgen. Allerdings erst nachdem Ottmar zur Arbeit gegangen war, das konnte er sich ausrechnen. Also legte Reinhilde wert darauf, dass Ottmar ihre Verabredung nicht mitbekam. Ein interessanter Aspekt! Das Mittagessen versprach, spannend zu werden.

Reinhilde konnte es in der Boutique ,Couscous' kaum noch abwarten, bis es 13.00 Uhr war. Nervös beobachtete sie den ganzen Morgen die Uhr und war zu den wenigen Kundinnen, die es wagten diesen exklusiven Laden zu betreten, ziemlich gereizt und unkonzentriert. Dies fiel sogar Monika, ihrer Freundin und Besitzerin dieses Edelschuppens auf.

„Sag mal, Schnucki, was ist denn mit dir los? Willst du uns die Kundinnen vertreiben oder mein Geschäft ruinieren? Eben hast du Frau Schrickbomber einen Pullover gebracht, der ihr mindestens zwei Nummern zu klein war. Sie sah darin aus wie eine Wurst in der Pelle! Und als du dann die richtige Größe bringen solltest, war der Pullover so groß, dass ein Schwein hineingepasst hätte. Das waren die Super-Maxi-Übergrößen-Sonderanfertigungen für Frau Eutermoser. Hast du das vergessen? Kein Wunder, dass Frau Schrickbomber dann nichts mehr anprobieren wollte!"

„Tut mir leid, Monika. Ich weiß selbst nicht, was mit mir los ist. Irgendwie bringe ich heute gar nichts auf die Reihe. Wann kommt eigentlich Frau Eutermoser, um ihre Zeltgewänder abzuholen?"

„Irgendwann im Laufe der Woche. Frederike hat, glaube ich, einen Sehschaden beim Zusammennähen dieser entsetzlichen Stoffe erlitten, oder zumindest einen Geschmacksschock bekommen. Das einzige einigermaßen vernünftige Teil ist tatsächlich dieser blaue Monsterpullover, den du rausgezogen hast. So, und jetzt sag mir endlich, was mit dir los ist, und lenk nicht vom Thema ab. Ich merke doch, dass etwas im Busch ist! Hast du vielleicht ein Rendezvous?"

Reinhilde wollte nicht lügen, aber auch nicht ganz die Wahrheit sagen, schließlich wusste sie ja selbst noch nicht genau, was sie wollte.
„Äh, nö, ich treffe nur meinen Nachbarn Helmut zum Mittagessen."
„Aha, den schönen Helmut! Das ist allerdings Grund genug, um kribbelig zu sein. Er macht dir doch schon lange den Hof. Willst du ihm jetzt mal entgegenkommen? Ottmar betrügt dich doch auch immer wieder, hast du mir erzählt, da müsstest du ja gar kein schlechtes Gewissen haben."
„Um ganz ehrlich zu sein, bin ich zur Zeit einer Liaison nicht abgeneigt, aber ich weiß noch nicht genau, was ich will und was daraus werden soll. Schließlich ist Helmut ja auch verheiratet. Allerdings erleichtert das ja auch wieder einiges. Da kann ich wenigstens davon ausgehen, dass nichts Ernstes daraus wird. Es wird vermutlich jeder seinen Spaß haben und es vor seinem Ehepartner geheim halten. Es müsste nie etwas heraus kommen."
„Und was ist mit Helmuts Frau Rosalinde?", fragte Monika.
„Rosalinde geht ganz in ihrem Beruf auf und interessiert sich kaum noch für Helmut. Es war wohl übereilt, dass die beiden geheiratet haben. Sagt zumindest Helmut."

Insgeheim überlegte Schnucki, ob diese Aussagen von Helmut wohl ganz stimmen könnten. Schließlich wusste sie auch nicht, was Ottmar seinen Freundinnen über ihre Ehe erzählte. Sicherlich auch solche Dinge, wie ‚Meine Frau versteht mich nicht!' Oder: ‚Wir haben uns schon lange auseinander gelebt.' Oder: ‚Unsere Ehe läuft schon lange nur noch auf freundschaftlicher Basis und ist eine Zweckgemeinschaft!'

„Dann wünsche ich dir alles Gute für dein Rendezvous. Jetzt musst du aber los, sonst lässt du ihn noch warten." Monika schob Schnucki zur Tür hinaus und gab ihr noch einen aufmunternden Klaps auf die Schulter.
„Nur die Ruhe! Es wird schon werden! Meinen Segen hast du!"

Schnucki ging etwas eirig Richtung Wong Li. Genau vor der Tür stieß sie fast mit Helmut zusammen, der sich aus der anderen Richtung näherte.
„Hoppla, wer läuft mir denn da in die Arme! Du bist ja ganz geistesabwesend, Reinhilde."
Helmut nahm Schnucki kameradschaftlich in den Arm.
„Was ist denn mit dir los?"
„Ach, heute stehe ich tatsächlich etwas neben mir. Ich mache lauter ungewöhnliche Dinge, wie zum Beispiel Kundinnen im Laden Elefantenkostüme anzubieten", antwortete Schnucki.
„Gibt es dafür einen besonderen Grund?", fragte Helmut besorgt und nahm Schnucki ihren Mantel ab, denn sie waren inzwischen schon im Restaurant an der Garderobe angekommen.
„Ich habe beschlossen, künftig mehr Initiative zu zeigen was meine Lebensplanung anbelangt. Dieses passive Ausgerichtetsein auf Ottmars Bedürfnisse genügt mir nicht mehr."
‚Aha, daher weht der Wind‘, dachte Helmut ‚vielleicht bekomme ich ja jetzt eine Chance.‘
„Und da war eine deiner ersten Aktivitäten, mich anzurufen, das lobe ich mir", sagte Helmut.
„Da hast du allerdings Recht! Ich habe beschlossen, dass ich auch etwas mehr Spaß am Leben haben darf und nicht mehr soviel Rücksicht auf meinen Ehegespons nehmen werde. Gleiche Rechte für uns beide! Jawohl!", sagte Schnucki bedeutungsschwanger.
„Du meinst, weil Ottmar sich auch ganz gern mit anderen Frauen amüsiert?", fragte Helmut noch mal nach, der sich nicht ganz sicher war, ob er sich nicht doch verhört hatte.
„Ganz recht, das meine ich!"

„Wollen wir dann überhaupt noch was essen, oder gehen wir gleich?", fragte Helmut gezwungen locker.
„Erst essen, dann sehen wir weiter", meinte Schnucki.
„Wir müssen ja nichts überstürzen. Ich wollte dir nur sagen, dass meine moralischen Bedenken ab sofort weg sind und ich für alles offen bin. Vorausgesetzt, ich habe dazu Lust und es macht mir Spaß!"

Das Essen bei Wong Li war wie üblich sehr gut gewesen, auch wenn es Helmut vor lauter Nervosität nicht genießen konnte. Nach außen hin wirkte er immer souverän und locker, aber im Innersten seines Herzens war er eher unsicher und sehr sensibel. Dass Reinhilde ihm jetzt auf einmal so entgegen kam, war für ihn eine freudige Überraschung, die ihn aber auch verunsicherte. Er wusste jetzt auch nicht so recht, wie er sich verhalten sollte, eher abwartend oder eher forsch. Gott sei Dank erleichterte Reinhilde ihm die Entscheidung.
„Was machen wir denn jetzt mit dem angebrochenen Nachmittag?", fragte Reinhilde.
„Was hältst du davon, noch etwas spazieren zu gehen?"
„Oh, eine sehr gute Idee!", antwortete Helmut. Alles war besser, als jetzt unverrichteter Dinge auseinander zu gehen.
„Ich schlage vor, wir gehen zum Schlosspark. Da blühen schon die Rosen", meinte Helmut, der ein passionierter Hobbygärtner war.
„Ein guter Vorschlag!", erwiderte Reinhilde, die Blumen eigentlich nur in der Vase kannte. Reinhilde hakte sich bei Helmut unter und sie verließen das Lokal.

Arm in Arm gingen die beiden im Schlosspark spazieren und genossen den Sonnenschein und den Rosenduft.
„Hallo, Reinhilde!", rief da plötzlich jemand.
Es war der grässlich faule Student Martin, wie Schnucki sofort erkannte.
„Genießt ihr auch den Sonnenschein?", fragte Martin und näherte sich neugierig, um zu sehen, mit wem Reinhilde unterwegs war.

„Ja, ich wollte unbedingt mal wieder raus und mein Bekannter Helmut wollte mir die Rosen hier im Schlosspark zeigen. Er ist leidenschaftlicher Hobbygärtner", antwortete Schnucki und war sauer, dass ausgerechnet Martin ihren Weg kreuzen musste.

‚Wie anzüglich er schaut! Der hat es nötig!', dachte Schnucki. „Und was machst du hier? Hast du nicht Vorlesungen an der Uni, oder musst du dich nicht auf deine Examina vorbereiten?", stichelte Schnucki, in der Hoffnung, sie könnte Martin etwas provozieren.
„Bei dem schönen Wetter lerne ich lieber im Freien. Ich habe es nicht so eilig mit den Prüfungen. Die kann ich auch noch nächstes Jahr machen!", sagte Martin, der es hasste, dass Reinhilde ihre Nase in alles stecken musste und Laura immer wieder gegen ihn aufhetzte, wenn das Thema auf Studium, Beruf und Familie kam. Also immer!
Absichtlich erzählte er Reinhilde immer irgendwelchen Quatsch, damit sie sich noch mehr aufregen konnte. In Wirklichkeit war er nämlich auf dem Weg zu einer Übungsklausur als Vorbereitung für die Prüfungen, die nächsten Monat beginnen sollten.
„Genießt noch den Sonnenschein, ich gehe jetzt mit ein paar Freunden zum Billardspielen. Tschüss!", sagte Martin.
‚Das wird ihr noch mehr Munition gegen mich liefern!', dachte Martin und lachte sich innerlich kaputt.

„So ein Faulpelz!", sagte Schnucki zu Helmut.
„Am helllichten Tag Billardspielen, während seine Freundin arbeitet und das Geld zum Leben ranschafft!"
„Ich wüsste auch noch etwas, was man am helllichten Tag eigentlich nicht tut", antwortete Helmut.
„Kommst du noch mit meine Rosen zu Hause ansehen? Ich habe nämlich keine Briefmarkensammlung."
„Wo ist denn deine Frau Rosalinde heute Nachmittag?", fragte Schnucki.
„Sie hat heute 36-Stunden Dienst. D. h., sie kommt vor morgen Nachmittag nicht zurück", erwiderte Helmut.

„Dann bin ich sehr gespannt auf deine Rosensammlung!“, flüsterte Schnucki.
Bei Helmut angelangt, waren die Rosen natürlich völlig uninteressant. Als sich Schnucki ‚danach‘ anzog, fragte Helmut:
„Sehen wir uns morgen wieder?“
„Morgen ist es für mich nicht so günstig, aber Montag ginge bei mir“, meinte Schnucki.
„Nein, da habe ich Frühschicht und Rosalinde auch, d. h. wir sind Montag bis Mittwoch immer gemeinsam zu Hause. Donnerstag oder Freitag wäre gut, da habe ich erst spät Dienst“, sagte Helmut.
„Na gut, dann müssen wir uns also fast eine Woche gedulden!“, sagte Schnucki enttäuscht.
Sie merkte, dass sie für Helmut doch mehr als nachbarschaftliche Gefühle empfand und wollte diese Affäre nun richtig genießen.

Schnucki ging nach Hause und wartete diesmal nicht mit dem Essen auf Ottmar. Man wusste sowieso nie, wann er nach Hause kam. In letzter Zeit wurde es immer schlimmer.
‚Vielleicht hat er auch wieder eine neue Beziehung angefangen‘, dachte Schnucki.
‚Nun denn, sei’s drum! Jetzt kann es mir auch egal sein. Ich habe meinen Spaß mit Helmut und Ottmar braucht es nie zu erfahren.‘
Als Ottmar spät in der Nacht nach Hause kam, mit einem leichten Parfümduft am Anzug, tat Schnucki so, als ob sie schliefe. Ottmar war das auch ganz recht. Er musste so keine Erklärungen abgeben.

Am nächsten Morgen ließ Schnucki entgegen ihrer Gewohnheit kein Wort über das lange Ausbleiben von Ottmar fallen. Ottmar war überrascht, sagte aber nichts. Vielleicht wurde Schnucki langsam einsichtig, dass man einen richtigen Mann an der langen Leine laufen lassen musste und nicht einsperren durfte. Das hatte er ihr schon oft genug gesagt. Vielleicht hatte sie es ja nun endlich eingesehen.

Nach einem belanglosen Frühstücksdialog ging Ottmar frohen Mutes in seine Filiale und Schnucki rüstete sich für den Tag. Sie machte sich richtig schick, denn sie war bereit, auch heute jede Gelegenheit für Amüsement zu ergreifen.

Ottmar war wieder einmal der Letzte, der noch in der Filiale der Muffelbank war. Die anderen Kollegen waren schon nach Hause gegangen, aber er hatte noch diverse Kreditanträge zu bearbeiten, die äußerst dringend fertig gestellt werden mussten. Im Grunde genommen hasste er diesen Papierkrieg, aber er war nun einmal für den reibungslosen Ablauf innerhalb der Bank zwingend notwendig. Eine Sache gab es aber, die ihm Spaß machte: Er konnte sämtliche Informationen über die Kunden abfragen, die innerhalb der Bank gespeichert waren!

Durch den Datenschutz der Bank waren die vertraulichen Kundendaten streng geschützt und nur der zuständige Kundenbetreuer konnte diese abfragen. Durch einen Zufall hatte Ottmar heraus gefunden, wie er Informationen abfragen konnte, die nicht für ihn bestimmt waren. Eines Tages war ein Techniker an seinem Arbeitsplatz erschienen, der sämtliche Software auf den vorhandenen Computern auf ihre ‚Jahr-2000-Fähigkeit' überprüfen sollte und gegebenenfalls neue Software installierte. Dieser Techniker konnte mit einem bestimmten Passwort in alle Programme einsteigen. Ottmar hatte dem Techniker über die Schulter geschaut und sich das Passwort gemerkt. Seit diesem Tag machte Ottmar sich ein Vergnügen daraus, ab und zu in den Daten von anderen Filialen zu surfen und sich Informationen von Kunden zu holen, deren Namen er irgendwo aufgeschnappt hatte. So lange der Techniker sein Passwort nicht änderte, konnte Ottmar ungehindert auf die fremden Daten zugreifen.

Heute war Ottmar wieder einmal nach Datenschnüffeln zumute. Schnell loggte er sich mit dem Passwort des Technikers ein und überlegte, über welchen Kunden er ein bisschen recherchieren sollte. Da fiel ihm auf einmal ein, dass sein schweizer Freund Urs Sprüngli, mit dem er seit Jahren gemeinsam Skiurlaub machte, erwähnt hatte, dass die Firma Siverius, bei der er Vorstand war, Probleme mit einem Konkurrenten hatte. Dieser Konkurrent war die Firma Platina, die sehr erfolgreich im gleichen Geschäftsbereich (Baumaschinen) wie Siverius tätig war, und deren Produkte besser waren als die von Siverius. Das hatten die Kunden inzwischen bemerkt und der Marktanteil von Siverius schrumpfte empfindlich zusammen. Hätte Siverius nicht so ein dickes Rücklagenpolster aus den letzten erfolgreichen Jahren gehabt, wäre das auch Außenstehenden bald offensichtlich geworden.

‚Mal sehen, ob Platina ein Kunde der Muffelbank ist! Schließlich ist das ja eine internationale Firma‘, dachte sich Ottmar. Über die Namensabfrage fand Ottmar schnell heraus, dass Platina tatsächlich Kunde der Muffelbank war und mehrere Kredite aufgenommen hatte.
‚Aha, mal sehen, wie es mit deren Liquidität bestellt ist!‘ Schnell rief Ottmar die verschiedenen Kreditkonten auf und stellte zu seiner Überraschung fest, dass die Kredite schon lange nicht mehr regelmäßig bedient wurden. Platina war mit den Raten seit Monaten im Rückstand!
‚Das ist ja merkwürdig. Warum zahlen die denn nicht, wenn die Geschäfte so gut laufen? Mal sehen, ob der Betreuer etwas dazu geschrieben hat!‘ Ottmar wühlte weiter in den Kundendaten. ‚Tatsächlich, hier hat der Betreuer etwas vermerkt: Der Hauptkunde von Platina, die Firma Bolzmann, hat für eine Großbaustelle in Indien 40 Baumaschinen geordert und auch verschifft und ist dann in Konkurs gegangen. Das heißt Bolzmann zieht Platina mit in den Konkurs, wenn die Banken nicht stillhalten!‘

Ottmar kam eine Idee: Er griff zum Telefonhörer und rief in der Schweiz bei seinem Freund privat an.

„Sprüngli!"

„Hallo Urs, hier ist Ottmar! Du, ich habe eine interessante Neuigkeit für dich!"

„Hallo Ottmar, schön, dass du dich meldest! Was gibt es denn?", erwiderte Urs.

„Du hast mir doch von euren Problemen mit Platina erzählt. Weißt du, dass die selbst ganz schön in der Klemme stecken?"

„Nein, wieso in der Klemme?"

„Sie sind Hauptlieferant für Bolzmann. Und Bolzmann kann bekanntermaßen nicht mehr zahlen. Bolzmann hat vor dem Konkurs noch Maschinen bei Platina eingekauft und nicht bezahlt. Platina kann jetzt selbst nicht mehr ihre Kredite bei uns bedienen! Wenn die Bank den Kredithahn zudreht, steht Platina praktisch vor dem Aus!", berichtete Ottmar.

„Wau! Das gibt es doch nicht. Das ist ja fantastisch! Das muss ich gleich mit meinen Vorstandskollegen besprechen. Vielleicht können wir ja Platina kaufen! Dann hätten wir gleich ihre Produkte. Die machen wir dann platt oder verkaufen sie unter unserem Namen. Ottmar, du bist Gold wert. Ich werde mich für die Information erkenntlich zeigen. Du weißt ja: Eine Hand wäscht die andere!", jubelte Urs.

„Es war mir ein Vergnügen, dir behilflich sein zu können", erwiderte Ottmar.

„Mach's gut!"

„Das werde ich. Tschau!", sagte Urs und legte auf.

Auch Ottmar legte den Hörer auf. Er war sehr zufrieden mit sich und der Welt. Nun hatte er zum einen seinem Freund Urs geholfen und zum anderen vielleicht seiner Bank einen maroden Kreditnehmer vom Hals geschafft.

Carla Nördling hatte einiges zu erledigen. Sie war vor vier Wochen nach Kleinklexdorf gezogen und war nun dabei, sich an ihrem neuen Wohnort zu orientieren und einzurichten. Dazu gehörten leider auch so lästige Dinge wie z. B. die Filiale ihrer Hausbank zu suchen und dort ihre neue Adresse bekannt zu geben. Eventuell musste sie dort auch noch ein paar Formulare ausfüllen. - Bei diesem Gedanken graute es ihr.

Als Stewardess war sie zwar in der Lage, problemlos bei schwerem Gewitter während eines Fluges in der Firstclass Kaffee zu servieren, ohne dass er überschwappte, Checklisten durchzusehen und besänftigend auf gereizte Passagiere einzugehen, aber ein Formular auszufüllen, ohne sich nicht mindestens einmal zu verschreiben und darauf herum zu schmieren war ihr schlichtweg unmöglich. Da blockierte ihr Gehirn vollkommen.

Inzwischen war sie zu der Auffassung gelangt, dass sie nicht zu dumm war, ein Formular auszufüllen, - nein sie war zu intelligent dazu: Ihr fielen immer mindesten zwei Möglichkeiten ein, was mit der jeweiligen Fragestellung gemeint sein könnte. Und das führte dann zu den besagten Problemen. Carla seufzte. Hoffentlich waren die Damen am Schalter auch dann noch freundlich, wenn sie sich gleich wie ein Trottel anstellen würde.

Außerdem hatte Carla beschlossen, ihr Glück an der Börse zu probieren. Sie würde also ein Depot eröffnen müssen. Nachdem anscheinend inzwischen jeder in ihrem Bekanntenkreis ‚in Aktien machte‘, wollte sie interessehalber einen kleinen Teil ihres Erbes von Tante Tinchen in Wertpapieren anlegen und sehen, was damit passierte. Sie hoffte, sich dadurch auch selbst zu überlisten und dann den Wirtschaftsteil der Zeitung zu lesen. - Dies war bisher eine echte Bildungslücke bei ihr, die sie gerne schließen wollte. Bisher hatte ihr jedoch die Motivation gefehlt. Wenn ihr Geld in richtigen Unternehmen steckte, würde dies wohl zwangsläufig zu einem gewissen Interesse an Wirtschaft führen müssen. Und wer weiß? - Vielleicht konnte sie den einen oder anderen ‚heißen Tipp‘ von einem ihrer ‚Senatoren‘ in der Firstclass bekommen, wenn sie die Gespräche während des Fluges belauschte.

Bei diesen Gedanken wurde Carla schon wieder etwas wohler ums Herz. Lockeren Schrittes betrat sie die Filiale der Muffelbank, die sie nun auch endlich in einem grauen Betonblock der fünfziger Jahre entdeckt hatte. Zielstrebig begab sie sich zum Schalter und wartete, bis sich das Personal an den hinter dem Tresen stehenden Schreibtischen geeinigt hatte, wer sie bedienen müsse. Ein junger Azubi hatte den Kampf offensichtlich verloren und bewegte sich mit der Geschwindigkeit einer erschöpften Rennschnecke in Richtung Schalter.
‚Das kann ja heiter werden!‘, dachte Carla. ‚Der hat von dem Formularkrieg hier bestimmt nicht mehr Ahnung als ich!‘

Es kam wie es kommen musste: Nach einer halben Stunde waren unter der Mithilfe noch weiterer zweier Mitarbeiter erst ein Adressänderungsformular und ein Antrag auf Depoteröffnung gestellt und die Stimmung war mehr als gereizt. Der Azubi hatte sich mehrfach vertippt, Carla hatte ein paar mal zu schlau geantwortet - nämlich falsch und hinter Carla stauten sich drei oder vier Rentner, die nicht mehr länger warten wollten.

Als Carla nun auch noch eine Beratung hinsichtlich ihrer Geldanlage verlangte, beschied man ihr, dass sie dafür einen separaten Termin ausmachen müsse. Auf jeden Fall ginge dies auf keinen Fall heute. Doch nun erschien - oh Wunder ‚der Retter der Entnervten‘: Ottmar Filius, seines Zeichens Filialleiter und bei schönen Damen jederzeit in der Lage, Zeit und Verstand für eine Spontanberatung einzusetzen.

Ottmar Filius hatte schon seit geraumer Zeit durch die leicht geöffnete Tür das Treiben in den Geschäftsräumen und insbesondere Carla beobachtet. Als Charmeur wusste er genau, wann der richtige Zeitpunkt für seinen ‚weißen Ritter'-Auftritt gekommen war. Als die Stimmung in der Filiale zu kippen drohte, federte er schwungvoll aus seinem Büro in den Vorraum und bat Carla mit einer gewinnenden Geste zu sich in sein Büro.

Er schloss die Tür und bot ihr einen Kaffee an. Allein schon durch diese Geste hatte er bei Carla einiges gut. Schnell taxierte sie ihn mit dem routinierten Blick eines Menschen, der täglich mit vielen Kunden zusammen kommt. Sein angenehmes Äußeres, seine gepflegte Erscheinung und sein höfliches Benehmen ließen ihn auf Anhieb sympathisch wirken. Es war jedoch Vorsicht angebracht, ob dies nicht die antrainierte Glattheit der Banker war, unter der sich der wahre Charakter eines vollkommen anderen Menschen verbarg. Also nicht der Wolf im Schafspelz, sondern der Mensch im Banker. Carla grinste bei dem Gedanken.

Ottmar überlegte fieberhaft, wie er durch geschickte Gesprächsführung Carla zu einem Rendezvous bewegen könnte. Einerseits musste er den seriösen Banker ‚geben', das verschaffte ihm natürlich einen Vertrauensvorschuss, andererseits musste er geschickt vom Geschäftlichen ins Private überleiten - mit anschließender Einladung zum Essen. Vielleicht könnte er die Essenseinladung noch als ‚geschäftlich' tarnen, dann könnte er sie sogar noch als Spesen von seinem Arbeitgeber zahlen lassen. Genial!

Als taktvollen Einstieg in die Konversation erkundigte sich Ottmar, was Carla in seine Filiale geführt hatte, sorgte aber gleichzeitig dafür, dass das Gespräch nicht in Lamentieren über Formulare und die mangelnde Dynamik seiner Mitarbeiter ausartete. In ‚Einwanderwiderung' war er schließlich geschult. Gleichzeitig erfuhr er, dass Carla neu zugezogen war und sich mit Wertpapieren beschäftigen wollte.

Das war's: Ein geradezu unerschöpfliches künftiges gemeinsames Thema! Wenn er sich nicht ganz dumm anstellte, würden Wirtschaft und Börse dafür sorgen, dass er und Carla künftig mindestens zweimal in der Woche miteinander sprechen würden. Eine solche Fürsorge ließ er normalerweise nur seinen Topkunden angedeihen, aber in solchen speziellen Fällen ..... Und das Beste daran: Carla würde gar nicht wissen, dass nicht jeder Wertpapierkunde einen solchen engen Kontakt zu seinem Berater pflegte. Zumindest am Anfang würde sie es nicht wissen, und dann, wenn seine Hoffnungen sich erfüllten, würde sie wohl auch nicht weiter fragen.

Bestechender Nebenaspekt: Seine Frau Schnucki würde keinen Verdacht schöpfen, wenn er ab und zu mit einer seiner besten Kundinnen - als diese würde er Carla bei Bedarf ausgeben- zum Essen gehen würde. Ottmar war berauscht von den Möglichkeiten, die sich ihm da eröffneten. Jetzt musste nur noch Carla mitspielen.

„Frau Nördling, würde es Ihnen etwas ausmachen, wenn wir unser Gespräch über die Grundlagen des Börsenwesens zu einem anderen Termin fortsetzen würden? Ich könnte Ihnen dann mehr Zeit widmen."
„Sehr gerne!", sagte Carla, die inzwischen von Ottmar ganz angetan war.
„Ich schlage Ihnen vor, dass wir uns zum Mittagessen bei ‚Da Luigi', einem der besten Italiener hier in diesem Ort, treffen und dann in aller Ruhe ihre Anlagepräferenzen klären", meinte Ottmar.
‚Der geht ja ganz schön ran!', dachte Carla, aber es machte ihr nichts aus, denn sie war alt genug, um zu erkennen, wohin die Reise gehen sollte und zur Zeit war sie solo.

Nun musste nur noch ein passender Termin gefunden werden. Schnell glichen Ottmar Filius und Carla Nördling ihre Zeitplaner miteinander ab. Carla hatte in dieser Woche noch zwei freie Tage: Dienstag und Mittwoch. Ottmar und Carla einigten sich auf Mittwoch Mittag 13.00 Uhr bei ‚Da Luigi‘. Auf diese Weise würde Carla auch gleich erfahren, wo man an ihrem neuen Wohnort gut essen konnte.

Nach dieser angenehmen halben Stunde verabschiedete sich Carla schnell, da sie noch Einkäufe zu erledigen hatte und auch aus der Filiale schon wieder Tumult zu hören war.
‚Hoffentlich wird diese Bank nicht gerade dann überfallen, wenn ich hier bin!‘, schoss es Carla egoistisch durch den Kopf. Bei einer Geiselnahme würde sie, falls sie nicht gleich erschossen würde, doch ziemlich lange aufgehalten werden, und das konnte sie jetzt gar nicht brauchen. Also nichts wie ab und weg von hier! Auf in den Kampf und eine Reinigung und ein Reformhaus suchen!

Ottmar Filius schaute Carla verzückt nach. Eine solche attraktive und temperamentvolle Frau hatte er schon lange nicht mehr kennen gelernt. Sie würde sich gut in seiner Sammlung machen.

Ottmar Filius saß allein in seinem Büro in der Filiale der Muffelbank. Endlich waren die Schalter geschlossen, das Personal gegangen, und er hatte nun seine ‚Ruhige Stunde‘ - wie er den Zeitraum zwischen 18.00 und 20.00 Uhr getauft hatte. Diese Zeit nutzte er, um alle diejenigen Dinge zu erledigen, zu denen er tagsüber nicht kam. Eines dieser Dinge war zum Beispiel, sich einen genauen Überblick über Qualität und Quantität seines Kundenbestandes zu verschaffen. Das war heutzutage, im Zeitalter der Computer, nicht mehr so schwierig wie früher, als alles auf Karteikarten vermerkt war. Aber der derzeitige Stand der Technik war in der Muffelbank immer noch meilenweit hinter dem Stand der Konkurrenz zurück. Anstatt sich alle erforderlichen Daten online abrufen zu können, musste Ottmar oft stundenlang in diversen Listen herumblättern, die dann auch noch veraltet - oder schlimmer noch - falsch waren!

Ottmar seufzte. Erst einmal würde er Informationen suchen über die Kunden, die diese Woche bei der Muffelbank Kontoeröffnungsanträge gestellt hatten. Mit Carla Nördling wollte er anfangen, weil sie ja bereits Kundin der Muffelbank war und nur umzugsbedingt die Filiale gewechselt hatte. Es musste also irgendwo in den Informationssystemen Auskunft über sie geben. Gott sei Dank gab es in dieser Bank wenigstens ein System, das online Auskunft über Adresse, Alter und Bonität des Kunden gab. Ottmar gab Vor- und Nachnamen von Carla ein. Aha, da war ja schon die gewünschte Seite mit allen Kunden von „Nördling" bis „Nörgler"! Wie erwartet stand Carla noch mit ihrer alten Adresse im System. Starnberg.

,Starnberg? Nördling?' In Ottmars Gehirn ratterten die Gedanken. ,Sie wird doch nicht die Tochter von Gustav Nördling sein, dem Besitzer des Schokoladenimperiums ,Nördling'!'
Schnell schaute Ottmar unter ,Nördling, Gustav' nach der Adresse und verglich diese mit Carlas Adresse. Es gab kein Zweifel: Carla war die Tochter des ,Schokoladen-Nördling'. Die Schokoladendynastie in dritter Generation hatte also eine Purserette bei der Airborn hervorgebracht! Erstaunlich!
„Purserette' wäre eigentlich auch kein schlechter Name für eine Schokolade', durchzuckte es kurz Ottmars Gehirn. Doch gleich war dieser Anflug von Humor wieder verflogen. Jetzt war sein Interesse an Carla gleich doppelt geweckt. Zum einen natürlich als Kundin. Sie hatte ihn ja um Auskunft wegen Wertpapiergeschäften gebeten. Und jetzt stellte sich heraus, warum. Von wegen, ,kleines Gehalt' und ,Erbe von Tante Tinchen'. Jetzt wusste er, woher der Wind wehte und dass noch jede Menge mehr Geld zu erwarten war, wenn er sich nicht allzu dumm anstellte. Zum anderen war Carla ja sehr attraktiv, intelligent und

temperamentvoll, und er war schönen Frauen immer zugeneigt, wie jeder richtige Mann - seiner Meinung nach. Zum Glück hatte er sie ja schon heute Nachmittag ‚angegraben' und mit ihr einen Termin im „Da Luigi" ausgemacht.

Nachdem Ottmar diese Dinge herausgefunden hatte, hatte er plötzlich gar keine Lust mehr, noch weiter im Büro herumzusitzen. Wenn er es schaffte, Carla als Kundin an sich zu binden, brauchte er sich um seine berufliche Zukunft keine Sorgen mehr zu machen. Im Geiste sah er schon Millionenumsätze in Wertpapiergeschäften und sich selbst mitten drin als der erfolgreiche Berater, der Carla an das Händchen nahm und sie in die geheimnisvolle Welt des Börsenwesens einführte. Die Provisionen, die seine Bank einnehmen würde, würden ihn auf der Karriereleiter steil nach oben katapultieren, der alte ‚Schokoladen-Nördling' würde darauf drängen, dass er auch sein Depot verwalten würde. Aber er würde sich erst etwas zieren und erst nach langem Drängen und einer noch höheren ausgehandelten Provision zustimmen. Und dann würde er weiter Provisionen scheffeln und noch höher und höher auf der Karriereleiter steigen.

„Herr Filius, soll ich Ihren Mülleimer ausleeren?", hörte er da plötzlich eine Stimme.
Sie gehörte zu der Putzfrau Emilia Bartenschläger, die ihn unsanft aus seinen Tagträumen riss.
„Sie müssten nur die Füße runter nehmen, dann können sie weiterschlafen, oder wollen sie noch weiter Überstunden machen?", sagte Frau Bartenschläger giftig.
Sie war erst Mitte dreißig und studierte Sozialpädagogik. Da sie ihr Studium selbst finanzieren musste, hatte sie einen Putzjob bei den ‚Flinken Saugschweinen' angenommen und reinigte allabendlich Ottmars Filiale der Muffelbank. Sie konnte Ottmar nicht ausstehen, da er ihr immer das Gefühl gab, er sei etwas Besseres als sie.
Peinlich berührt, nahm Ottmar die Füße vom Mülleimer und stand auf.

„Nein, nein! Befassen Sie sich nur mit dem Müll! Ich habe für heute genug gearbeitet und gehe jetzt nach Hause. Versuchen Sie doch bitte `mal, die Kaffeeflecken aus dem Teppichboden zu bekommen! Das sieht sonst wirklich zu verschlampt hier aus", sagte Ottmar
„Auf Wiedersehen, und noch viel Spaß bei der Arbeit!"
‚Rah!‘, kochte es in Emilia
‚Und viel Spaß bei der Arbeit! Kann der Trottel nicht aufpassen, dass er nicht seinen Kaffee verschüttet, wenn er ihn schon während der Arbeitszeit trinken kann - im Gegensatz zu mir? An meinem letzten Arbeitstag in dieser Bank - falls der jemals kommt - werde ich mir eine besondere Überraschung für diesen geschniegelten Pinkel einfallen lassen, damit er dann auch ‚viel Spaß bei der Arbeit‘ hat.‘ Und voller Wut traktierte Emilia die Kaffeeflecken auf dem Fußboden.

Pünktlich um 13.00 Uhr am Mittwoch Mittag betrat Carla die Pizzeria „Da Luigi". Ottmar sah sie sofort und stand höflich auf, um ihr aus dem Mantel zu helfen und an den Tisch zu begleiten. Gute Manieren und höfliche Umgangsformen waren einige der nützlichen Dinge, die er in seinem Bankeralltag zur Genüge trainiert hatte. Carla freute sich, dass sie zur Abwechslung mal verwöhnt wurde. Dass ihr ein Mann sogar den Stuhl am Tisch zurück zog, damit sie sich besser hinsetzen konnte, hatte sie schon seit Ewigkeiten nicht mehr erlebt. Ihr Alltag war das Geschiebe und Gedränge auf dem Flughafen, wo sie selbst immer cool und freundlich bleiben musste, sogar wenn jemand sie als letztes Glied in der Kette für Dinge verantwortlich machte und beschimpfte, für die sie nichts konnte. Sie fühlte es ganz genau: Heute würde ein guter Tag werden.

Ottmar war schon einige Minuten vor Carla eingetroffen und hatte Luigi signalisiert, dass er einen ruhigen Tisch haben und diskret bedient werden wollte. Schließlich sollte dieses erste Rendezvous nicht dauernd von dem redseligen Luigi, der Ottmar als einen seiner besten Stammkunden gut kannte, unterbrochen werden. Er hatte kunden gut kannte, unterbrochen werden. Er hatte inzwischen beschlossen, alles daran zu setzen, Carla auch privat so nahe wie möglich zu kommen.

Abgesehen von den Umsatzmöglichkeiten, die ihm Carlas Vermögen bot, war eine private Verbindung zwischen ihnen beiden sein Traumziel. Dann brauchte er eines fernen Tages wahrscheinlich gar nicht mehr zu arbeiten, sondern musste nur noch ihr gemeinsames Vermögen verwalten. Von seiner Frau Schnucki würde er sich dann eben scheiden lassen müssen. Schade eigentlich, denn sie hatten sich mit der Zeit ganz gut arrangiert, und sie war ihm eine gute Partnerin für gesellschaftliche Anlässe gewesen, auch wenn sie niemals wusste, wie sie sich richtig kleiden sollte. Die Gefühle zwischen ihnen beiden waren mit der Zeit ziemlich erkaltet, aber es gab auch immer noch schöne Momente. Aber so war das Leben eben. ‚Jeder muss sehen, wo er bleibt!‘, dachte Ottmar.

„Möchten Sie einen Aperitif?“, fragte Ottmar Carla.
„Ja, gerne! Ich nehme einen trockenen Sherry.“
Nachdem Ottmar die Aperitifs bestellt und sie auch die übrigen Speisen ausgewählt hatten, begannen Carla und Ottmar zunächst erst einmal über Geschäftliches zu reden. Aber immer wieder glitt das Gespräch auch ins Private ab, so dass jeder vom anderen langsam einen Eindruck des Umfeldes bekam, in dem der andere lebte.
Einen heiklen Punkt gab es allerdings: Ottmar wusste nicht genau, ob es klug wäre, seine Frau Schnucki zu erwähnen, und sich damit als ‚verheiratet‘ zu outen. Dann konnten die Hoffnungen für eine Affäre möglicherweise gleich begraben werden. Sagte er es Carla aber nicht und sie fand es selbst heraus, während die Affäre schon lief, konnte es ebenfalls sehr unangenehm werden. Beide Möglichkeiten hatte Ottmar schon live erlebt. Er beschloss, Carla nicht zu belügen, was seine Familienverhältnisse anbelangte. Aber er musste ja nicht die volle Wahrheit erzählen.

Carla ihrerseits überlegte auch, ob sie Ottmar fragen sollte, ob er verheiratet sei. Er trug keinen Ehering, aber das musste ja nichts bedeuten. Sie sagte deshalb, als sich eine Gelegenheit bot:

„Ich möchte übrigens für mein Patenkind ein Sparbuch eröffnen, oder so ein Sparprogramm mitmachen, von dem ich schon mal gelesen habe. Kennen Sie sich da aus? Haben Sie so etwas auch für Ihre Kinder, oder haben Sie gar keine?"

‚So, das war eine geschickte Kombination von Beruflichem und Privatem', dachte sich Carla.

„Da kann ich Ihnen unser ‚Multicapitalprogramm' sehr empfehlen, das speziell für Kinder konzipiert wurde.", sagte Ottmar. „Ich selbst habe es allerdings noch nicht ausprobiert, da ich keine Kinder habe. - Vielleicht werde ich es nie brauchen."

„Wie meinen Sie das?"

„Ich bin zwar verheiratet, aber unsere Ehe ist kinderlos geblieben. Es liegt an meiner Frau. Sie kann keine Kinder bekommen, und mit der Zeit haben wir uns stark entfremdet. Jeder geht seinen eigenen Weg. Inzwischen wissen wir kaum noch etwas voneinander, und die Ehe besteht eigentlich nur noch auf dem Papier." Bei Carla wurden mit diesen Sätzen sofort alle Helfersyndromknöpfe gedrückt.

„Sie Armer! - Haben Sie nie erwogen, sich von Ihrer Frau zu trennen?", fragte Carla anteilnehmend.

„Bisher gab es noch keinen richtigen Anlass dafür. Wir leben ganz friedlich wie in einer Wohngemeinschaft zusammen, und ich habe noch nicht die richtige Frau gefunden, wegen der ich ausziehen würde. Im Grunde genommen, weiß ich nicht, ob ich noch einmal einen Versuch mit einer anderen Frau machen sollte. Eigentlich geht es mir ganz gut in diesem momentanen Zustand."

‚Mal sehen, ob sie anbeißt!', dachte Ottmar.

Ottmar täuschte sich nicht. Nun war Carlas Wille, Ottmar zu zeigen, dass es auch für ihn noch eine schöne Zukunft geben könnte, endgültig geweckt.

„Ich kenne einige Paare, die in einer guten Beziehung leben und das Leben genießen. Sie sollten nicht so schnell aufgeben. Das tun Sie im Beruf vermutlich auch nicht, oder?", sagte Carla aufmunternd.

„Nein, in der Bank und privat gelten wir als Vorzeigeehepaar, aber keiner weiß, wie es hinter der Fassade aussieht. Wir streiten nicht, weil unsere Ehe bereits tot ist, und es jedem eigentlich egal ist, was der andere tut und fühlt, solange man sich nicht gegenseitig in die Quere kommt."

„Das ist ja schrecklich! Wie halten Sie das bloß aus?" Carla war erschüttert.

„Nun ja, ich bin es gewöhnt zu leiden. Ich hatte es auch als Kind nicht leicht. Ich bin das fünfte von acht Geschwistern und auf dem Land in Ostfriesland aufgewachsen. Da habe ich gelernt zurückzustecken."

So, das war aber sehr dick aufgetragen. Ottmar war nämlich Einzelkind und von seinen Eltern auf Händen getragen worden, aber da seine Eltern bereits lange verstorben waren, würde Carla lange brauchen, bis sie das herausfand. Die imaginären Geschwister würden nie auftauchen und für immer in Ostfriesland oder auf der See bleiben.

Nachdem Ottmar sein Herz ausgeschüttet hatte, war es klar, dass Carla und er sich noch einmal, am besten abends, treffen mussten, um ihr Gespräch über die Freudlosigkeit der Welt fortzusetzen. Logisch, dass Carlas Part darin bestehen würde, Ottmar die Lebensfreude wieder zurückzugeben. Wie das aussehen könnte, war insgeheim jedem der beiden klar. Aber die Konventionen erforderten eine gewisse Zeit des gegenseitigen Kennenlernens. Ein Folgetreffen wurde für die kommende Woche am Freitag Abend anberaumt. Diesmal würden sie sich in einem französischen Lokal in der Innenstadt treffen und eventuell anschließend noch etwas spazieren gehen, wenn es das Wetter zuließe.

III.

Leander Pinsel stieg eilig in seinen schwarzen Porsche. Er war spät dran, aber sein Sinn für Reinlichkeit überwog heute ausnahmsweise seine ausgeprägte Pünktlichkeit. Vor zwei Stunden war er von einer wichtigen Konferenz in Washington zurückgekehrt und hatte es sich nicht nehmen lassen wollen noch schnell eine Dusche zu Hause zu nehmen, bevor er wieder zum Flughafen zurück fuhr, um nach Frankfurt auf ein Meeting mit seinen Partnern zu jetten. Im Grunde genommen hätte er gleich auf dem Flughafen bleiben und sich dort die Zeit in einem Restaurant vertreiben können, aber wie gesagt, - eine Dusche und ein weiches Bett waren das Einzige, was ihn noch interessiert hatte als er aus Washington kam.

Leander war Unternehmensberater, genauer gesagt, war er bereits Partner in einer bekannten Unternehmensberatung. Sein Leben war in den letzten Jahren fast ausschließlich von seiner Arbeit dominiert worden. Dies hatte zu verschiedenen Konsequenzen geführt: Erstens wohnte er in unmittelbarer Nähe des Flughafens, damit er keine Zeit für lange Anfahrten benötigte, zweitens war er noch ungebunden, weil er einfach keine Zeit hatte, eine Frau kennen zu lernen. Die einzige Freundin, mit der er während der Studienzeit bereits zusammengewohnt hatte, hatte ihn verlassen, als er seine Stelle bei ‚Würger‘ angefangen hatte. Einen Freund, der immer abwesend sei, könne sie auch gleich durch ein Foto ersetzen, waren ihre letzten Worte gewesen.

Dies alles hatte zu drittens geführt: Er beschäftigte eine Haushälterin, die sich dreimal in der Woche um sein Haus und seinen Garten kümmerte. Im Grunde genommen vermisste er bis auf gelegentlichen Sex eigentlich nichts. Allerdings hatte der permanente Stress sich sowieso negativ auf seine Libido ausgewirkt. Er fragte sich, wie es wohl mit der Qualität seiner Samenzellen bestellt war. In letzter Zeit las man ja einiges in den Zeitungen über abnehmende Zeugungsfähigkeit bei Männern unter Stress. Und Kinder wollte Leander eigentlich schon haben. Bisher war er allerdings davon ausgegangen, dass er mit seinem Geld und seinem durchschnittlichen Aussehen locker mit 50 Jahren noch eine knackige 25-Jährige heiraten könnte. Genauso hatten es ihm seine Partner vorexerziert. Die meisten hatten ihren Frauen dann schnell hintereinander zwei bis drei Kinder gemacht. Das hielt sie beschäftigt, und die Damen kamen mit ihren abwesenden, alten Männern nicht auf dumme Gedanken.

Während Leander so vor sich hin zum Flughafen fuhr, beschloss er, sich in nächster Zeit ernsthaft um das Projekt: ‚Ehefrau finden‘ zu kümmern. Immerhin war er jetzt schon 42 Jahre alt. Schnell veranstaltete er eine innere ‚Kickoff-Sitzung‘ mit Ist- und Schwachstellenanalyse und Zielplanung. Ganz klar: Innerhalb der nächsten sechs Monate wollte er mindestens zehn Frauen kennen lernen. Innerhalb der nächsten zwei Jahre wollte er eine ‚Auserwählte‘ gefunden haben, die er dann drei Jahre lang ‚testen‘ konnte. Wenn das Zusammenleben positiv ausfiele, würde man in den nächsten vier Jahren mindestens zwei Kinder bekommen. D. h. mit 50 wäre er zweifacher Vater. Der Gedanke gefiel ihm gut.

In dieser Stimmung fuhr Leander in das Parkhaus des Flughafens ein. Möglicherweise würde er heute schon auf sein erstes ‚Opfer‘ treffen.

Der Wecker klingelte um drei Uhr. Laura stand sofort auf und ging ins Bad. Sie hatte jetzt nämlich noch genau 30 Minuten Zeit, um sich fertig zu machen. Eine kurze, warme Dusche ein schnelles Schminken und ein hastiges Hineinschlüpfen in die Uniform. Bei diesem Tempo hatte sie sich schon oft genug ihre Strumpfhosen ruiniert, doch heute sorgte keine Laufmasche für eine Unterbrechung des Zeitplans. Schon saß Laura in ihrem Fiesta, allerdings ohne eine Tasse Kaffee getrunken zu haben. Den trank sie aus Zeitgründen erst am Flughafen.

Nicht eine Minute zu früh gab Laura den Türcode zum Arbeitsraum ein und ging direkt auf die Wand zu, an der die Einteilung für die Mitarbeiter hing. Oft kam sie zu Dienstbeginn erst gar nicht an die Einteilung heran, weil sich davor so viele Mitarbeiter tummelten, doch heute stand sie als einzige davor. Trotzdem konnte sie sich nur mühsam ihren Tageseinsatz auf einen Schmierzettel abschreiben, weil wieder eine kaum leserliche Kopie von einer schwer entzifferbaren Handschrift ausgehängt war. „Na toll!", murmelte Laura in sich hinein.

An ihrem ersten Arbeitstag war sie ziemlich erstaunt gewesen, dass eine Firma, die bei vielen Innovationen der Vorreiter in Europa war, wie beim elektronischen Ticket oder dem Automatencheckin, in diesem Bereich noch wie vor zwanzig Jahren arbeitete. Ein Disponent, der die Arbeitsplanung ohne Unterstützung eines Computerprogramms austüftelte, benötigte mindestens sieben bis acht Stunden mit Bleistift und Radiergummi, bis er aus Anzahl der Flüge, deren Auslastung und Anzahl von Personal diesen Plan zusammengeschnitzt hatte. Dass sich da auch manchmal Fehler einschlichen, war nur menschlich. So wurden Kollegen manchmal doppelt eingeteilt, oder die Übergänge zur nächsten Aufgabe zu knapp bemessen, was zur Folge hatte, dass manche Ausgänge viel zu spät belegt wurden, und dann die dort anfallende Arbeit in der Hälfte der Zeit erfolgen musste. Bislang hatte aber die EDV-Abteilung, die auch externe Firmen bediente, hierfür noch kein Programm entwickeln können.

Laura war mehrmals den Plan durchgegangen, bis sie keine zeitliche Lücke mehr hatte. Endlich hatte sie alle ihr zugewiesenen Flieger in chronologischer Reihenfolge aufs Papier gebracht. Ihr erster Flug, den sie zu manifestieren hatte, war ‚die Frankfurt'. Laura seufzte kurz. Der Seufzer galt nicht dem Flug, der zwar bekanntermaßen stressig war, sondern dem mit Rotstift durchgestrichenen zweiten eingeteilten Kollegen. So bekam sie laut Plan nur noch zur Einsteigezeit eine Kollegin als Unterstützung. Also herrschte heute mal wieder akuter Personalmangel und Stress für alle.

‚Egal, das bekomme ich auch noch hin‘, dachte sich Laura und öffnete die Tür zum Pausenraum. Sie zog sich noch rasch einen Kaffee und setzte sich dann zu den anderen müden Kollegen, die aus noch recht verquollenen und verschlafenen Augen auf ihre halbvollen Kaffeebecher stierten. Da ihr Kaffee für den sofortigen Verzehr noch viel zu heiß war, musste Laura vor dem ersehnten Koffeinschub noch mehrmals in den braunen Plastikbecher pusten, ein Ritual, das an frierende Obdachlose vor einer wärmespendende Tonne erinnerte, weil sie dabei ihre Hände fest um den Becher hielt und den Oberkörper nach vorne beugte.

„Sagt mal, kann es sein, dass wir heute wieder unterbesetzt sind?“, fragte Laura in die Kollegengrunde hinein.
„Ich habe heute die AB123 nur noch mit einem Einsteiger!“ Lisa, die links neben Laura auf dem Stuhl saß, erzählte daraufhin:
„Laura, wir sind heute minus elf! Vorhin habe ich mit Ulli gesprochen und die hat mir erzählt, dass sich heute fünf Leute krank gemeldet haben und wir von Haus aus schon schwach besetzt waren!“

Ulli war die Disponentin, die heute den Personaleinsatz koordinierte, wenn zum Beispiel durch Verspätungen das Personal kurzfristig anders eingeteilt werden musste.
„Na, da kann ich ja noch von Glück reden, dass ich überhaupt einen Einsteiger bekommen habe!“, setzte Laura sarkastisch hinzu.
Weitere Infragestellungen der Personalpolitik wurde von Ullis Stimme unterbrochen, die über die Lautsprechanlage im Ruheraum brüllte:
„Sind noch Kollegen da für die Halle A?“

„Ja!", rief Lisa zurück und verdrehte dabei die Augen.
„Bitte sofort `runtergehen, die Halle brennt!", beendete Ulli den Dialog übers Stentophon.
„Na klasse!", murmelte Lisa, die für den Checkin in Halle A eingeteilt war.
„Also auf in den Kampf, Mädels!"
Mit Lisa standen noch vier andere Kolleginnen auf, die heute noch eine Menge Passagiere abfertigen mussten. Der allgemeine Aufbruch animierte Laura auch dazu, ihren Flug vorzubereiten.

Laura holte sich dazu aus der EDV im Arbeitsraum alle notwendige Daten, wie Buchungszahlen, Flugzeugversion, Abflugszeit und überprüfte durch bestimmte Eingaben, ob der Flug theoretisch pünktlich abfliegen konnte.
‚Na ja! Das wird ein hektischer Montagmorgen!'
Laut Buchungszahlen war der Flug mit 28 Personen überbucht! Überbuchung gehört leider zur wirtschaftlichen Notwendigkeit aller Fluggesellschaften, um ihre Flugzeuge so gut wie möglich auslasten zu können und so konkurrenzfähig zu bleiben. Denn sehr viele Passagiere änderten häufig ihre Reisepläne und verfälschten so die Zahl derjenigen, die für einen bestimmten Flug tatsächlich erschienen oder fliegen wollten. Die konzerneigene Abteilung ‚Buchungssteuerung' machte daraus eine wahre Wissenschaft, die aber leider nicht immer mit ihren Prognosen Recht hatte. Und dann wurde es unangenehm!

Erfahrungsgemäß trugen noch andere Komponenten zu der konfliktgeladenen Atmosphäre am Ausgang bei:
Viele Passagiere kamen oft erst in der letzten halben Stunde zum Schalter, dann, wenn Sie bereits rein rechtlich keinen Beförderungsanspruch mehr für diesen Flug hatten, weil ihre Meldeschlusszeit abgelaufen war.
Meistens waren sie schon vorher stressgeladen, weil sie A) verschlafen hatten oder zu den ewig zu spät Kommenden gehörten. Oder/und B), weil sie im Stau gestanden hatten oder die S-Bahn Verspätung gehabt hatte oder C), weil sie keinen Parkplatz gefunden hatten.

Dann standen sie D) in Schlangen vor der Sicherheitskontrolle oder am Checkin und zankten sich dort E) mit anderen Passagieren, weil keiner einen anderen vorlassen wollte oder sie solidarisierten sich mit anderen Passagieren, um sich gemeinsam über das unfähige Personal aufzuregen. F) kämpften sie sich dann durch ein Knäuel von Passagieren zum vermeintlich rettenden Ausgang, vorbei an schimpfenden, fluchenden, Selbstgespräche führenden Menschen, um dann G) zu erfahren, dass sie, weil sie zu spät waren, keinen Sitzplatz mehr bekämen.

So bildlich gerüstet für den Ansturm, ging Laura jetzt zu ihrem ‚Frankfurtausgang'. Heute war es das Gate A 20. Sie ging vorbei an einer bereits wartenden Schlange von Passagieren. An die interessierten und bewundernden Blicke hatte sie sich bereits gewöhnt, wenn sie in ihrer Uniform und mit ihrer Löwenmähne auftauchte. Die Uniform unterstrich zugegebenermaßen auch sehr vorteilhaft ihre frauliche Figur und dann noch ein sehr hübsches Gesicht dazu, das war für viele ein Hingucker wert. Am Ausgang angekommen, musste sie erst einmal den Computer mit flugspezifischen Daten speichern, um die wartenden Passagiere überhaupt abfertigen zu können.

Leander fuhr seinen Porsche in die Tiefgarage des Flughafens und fand erst nach zehn Minuten Suchen einen geeigneten Parkplatz. Dann ging er hinauf in die Abfertigungshalle und sah dort keinen Checkin Schalter, an dem weniger als 20 Menschen anstanden. Wenn er sich hier einreihte, würde er seinen Frankfurtflug auf jeden Fall verpassen. Aber zum Glück hatte er heute nur relativ kleines Gepäck dabei, was er bestimmt als Handgepäck durchschleusen konnte. Als Vielflieger wusste er, dass er mit Handgepäck auch noch am Ausgang einchecken konnte.

Bei der Sicherheitskontrolle gab es wie immer wieder ein Problem mit seinem PC. Erst nachdem er den Flughafenangestellten vorgeführt hatte, dass sein Computer auch funktionierte, durfte er die Sicherheitskontrolle passieren. Am Ausgang waren noch bestimmt zehn Passagiere vor ihm an der Reihe. Somit hatte er genügend Zeit, sich sein weibliches Umfeld anzuschauen. Bei den wenigen mitreisenden Frauen konnte er leider nichts nennenswert Attraktives entdecken, doch die Mitarbeiterin der Airborn am Gate gefiel ihm ausgesprochen gut. Sie hatte ein auffallend hübsches Gesicht und tolle Haare. Leider konnte er von ihrer Figur nicht allzu viel erspähen, da der Counter einen Teil verdeckte. Aber zumindest sah der obere Teil ja sehr vielversprechend aus.

Mittlerweile war nur noch ein Passagier vor ihm. Aus dieser Distanz konnte er sehr gut ihre feinen und ebenmäßigen Gesichtszüge und ihre tiefblauen Augen wahrnehmen. Auch ihre Stimme gefiel ihm. Ganz spontan beschloss Leander, das Mädel gleich zu einem Abendessen einzuladen, als nun er an der Reihe war.

„Grüß Gott!", begrüßte Laura Leander wie jeden anderen Passagier. Der lächelte charmant und fragte:
„Könnte ich bitte einen Gangplatz bekommen, so weit wie möglich nach vorne?"
„Dürfte ich dann bitte ihr Ticket bekommen?"
Daraufhin suchte Leander nach seinem Ticket und seiner Senatorkarte. Unter den Vielfliegern war das die Karte mit den größten Vorteilen, die man aber nur durch etliche abgeflogenen Meilen von der Fluggesellschaft bekam. Er war also ein sogenannter ‚Statuskunde'.
‚Mensch, aber wo waren seine Reiseunterlagen?'
Innerlich verfluchte sich Leander für sein unprofessionelles Verhalten. Er klopfte seine Anzugtaschen ab und fand sie nicht. Jetzt blieb nur noch der Aktenkoffer, den er aus Platzgründen nur sehr umständlich aufklappen konnte. Aber in seinem Koffer waren die Unterlagen auch nicht!

Laura, die solche Szenen schon oft beobachtet hatte, meinte mit einem Blick auf die noch nachfolgenden, immer unruhiger werdenden Passagiere:

„Schauen Sie doch mal in Ihrer Manteltasche nach!" Und
tatsächlich zog ihr Gegenüber sein Ticket aus dem
Trenchcoat und überreichte es ihr.
„Herr Pinsel, momentan habe ich leider keinen Sitzplatz
mehr für Sie. Das Flugzeug ist bereits in ihrer gebuchten
Klasse voll!"
So hatte sich Leander den ersten Kontakt nun nicht vorgestellt! „Was soll das heißen, Sie haben keinen Sitzplatz
mehr für mich?", erboste er sich.
Laura konnte sehr gut verstehen, dass die Passagiere in
solchen Momenten erst einmal sauer waren und nahm
daher solche Dialoge bis zu einer gewissen Grenze nie
persönlich.
„Herr Pinsel, es tut mir wirklich leid, aber Sie sind leider zu
spät erschienen! Laut Ihrem Ticket müssen sie 35 Minuten vor Abflug im Besitz einer Bordkarte sein!"
Mit einem Blick auf die integrierte Computeruhr erklärte
Laura: „Und jetzt ist es bereits 25 Minuten vor Abflug! Sie
sind jetzt allerdings auf der Warteliste und in zehn Minuten kann ich Ihnen dann sagen, ob ich noch einen Platz
für Sie bekomme! Bis dahin bitte ich Sie um Geduld!"
Von der Absicht eine Einladung auszusprechen war jetzt
keine Rede mehr. Stinksauer entgegnete Leander:
„Ihre Vorträge können Sie sich schenken! Ich weiß auch
was im Ticket steht. Aber wenn Sie so langsam arbeiten,
dann ist das wohl Ihre Schuld!"
Verärgert drehte er sich um und gesellte sich zu den anderen wartenden Passagieren.

So, wie es ihm gerade ergangen war, erging es noch
einigen später erscheinenden Passagieren. Die Stimmung
um den Schalter herum war recht geladen, doch trotzdem
blieb die Stewardess sachlich, ruhig und ließ sich auf
keine Diskussionen ein. Das musste der Neid ihr lassen,
stellte Leander unwirsch fest, betrachtete sie wieder mit
etwas mehr Sympathie und schämte sich sogar ein wenig
für sein großkotziges Verhalten. Jetzt ging ein Kapitän auf
den Schalter zu, doch leider konnte er nicht hören, was
die beiden zu besprechen hatten.

„Entschuldigung!", sprach ein verdammt gut aussehender Flugkapitän, wie frisch aus der Werbung entsprungen, Laura an.
„Ich habe von meinem Platz aus mitbekommen, dass wir heute mal wieder zu wenig Plätze haben! Also, ich bin heute fest gebucht und wenn sie wollen, kann ein Vollzahler meinen Sitzplatz haben. Für Sie gehe ich gerne auf einen Jumpseat!", und grinste Laura mit einem entwaffnenden Lächeln an.
„Aber das mache ich dann wirklich nur für Sie!" Und er fügte mit etwas gesenkter Stimme hinzu: „Unsere Gäste benehmen sich ja heute mal wieder...!"
„Danke für ihr Mitgefühl, ich werde gleich mal nachfragen, ob heute überhaupt Jumpseats vergeben werden! Gebrauchen könnten wir Ihren Sitz bestimmt! Ich rufe Sie später dann auf, wenn ich eine Info vom Kapitän habe! Also nochmals, vielen Dank!"
Laura fand das freiwillige Angebot wirklich sehr nett, denn die zum Einsatz fliegenden Crew-Mitglieder konnten eigentlich auf ihren Sitzplatz bestehen. Selten bot sich jemand freiwillig an, um auf einem relativ unbequemen Jumpseat in der Galley, der Flugzeugküche, zu sitzen.

Peter musste heute zum Einsatz nach Frankfurt fliegen, um von dort aus seinen Flugumlauf zu beginnen. Seine Bordkarte hatte er sich bereits rechtzeitig am Checkin geholt, da er wusste, wie es Montagmorgens am Flughafen zu ging.
‚Eigentlich sollte man das von den Vielfliegern ja auch denken, aber es war gerade dieses Klientel, das immer auf den letzten Drücker kamen!'
So viel hatte er auch schon mitbekommen, wenn er wie jetzt Zeit zum Beobachten hatte. So wunderte es ihn nicht, dass gerade in dieser Abteilung viele Kollegen den Stress nicht lange aushielten und kündigten. Gerüchteweise hatte er auch schon gehört, dass es regelmäßig an besonders stressreichen Tagen, bedingt durch schlechtes Wetter oder extreme Verspätungen, zu Weinkrämpfen überlasteter Kolleginnen kam. Die Kollegin, die er jetzt am

Ausgang beobachtete, gehörte aber nach seiner Einschätzung eher nicht zu diesem Personenkreis.

Seine Ex-Freundin Ute konnte er sich hier am Boden überhaupt nicht vorstellen. Die verlor immer ziemlich schnell die Beherrschung. Die Erinnerung an ihre ewigen Eifersuchtsszenen war ihm jetzt noch peinlich. Bei ihrem letzten Auftritt hatte sie ihm vor lauter Wut ein Glas Rotwein ins Gesicht schütten wollen. Reaktionsschnell war er dem roten Schwall noch ausgewichen, doch anstatt ins Leere zu zielen, hatte der Rotwein dann das helle Kostüm einer anderen Kneipenbesucherin getroffen. Nur mit viel Diplomatie hatte er sich und Ute noch ohne blaues Auge aus der Situation retten können. Das war auch der Abend gewesen, an dem er sich endgültig von Ute und ihrem „Du-betrügst-mich-Wahn" getrennt hatte. Dabei hatte er Ute nicht ein einziges mal betrogen! Dafür war sein Sexualleben nach der Trennung ziemlich turbulent gewesen, da hatte er all die Dinge gemacht, die ihm Ute die ganze Zeit über unterstellt hatte. Aber auf Dauer war das nun auch nicht sein Lebensziel.

Peter versuchte sich wieder auf seine Tageszeitung zu konzentrieren, die er sich vorher aus dem von seiner Fluggesellschaft bereitgestellten Zeitungsständer genommen hatte. Doch heute konnte er sich gar nicht wie sonst einfach aus der Menschenmenge und der Geräuschkulisse ausklinken, weil immer wieder sein Blick zur Kollegin am Ausgang schweifte.

Als sie ihn vorhin mit ihren blauen Augen angeschaut hatte, war er ganz nervös geworden, zwar nicht offensichtlich, aber ohne Zweifel hatte es ihm diese Dame angetan. Der Anblick einer attraktiven Frau ließ ihn normalerweise nicht nervös werden. ‚Na ja, vielleicht sind das die Auswirkungen der letzten Sechstagewoche!‘, tat Peter sein Verhalten ab.
‚So besonders ist sie nun auch wieder nicht. Eine von vielen hübschen Frauen!‘

Lauras Ansage riss Peter aus seinen Gedanken heraus:
„Herr Crusius, melden Sie sich bitte am Ausgang A20!"
Peter stand sofort auf und ging direkt zum Ausgang, wo
ihm Laura eine neue Bordkarte hinhielt, auf der statt sei-
nem Sitzplatz nun das Wort ‚Jump' gedruckt war.
„Also vielen Dank noch mal, Herr Crusius, dass sie auf
Ihren Sitzplatz verzichten! Der Kapitän gibt Ihnen den
Jump. So bekomme ich, dank Ihnen, noch wenigstens
einen Passagier von der Warteliste mit!"
Laura hatte wenige Minuten zuvor den Kapitän des Flu-
ges auf seinem Bordtelefon angerufen.
Das Bordtelefon war ein Handy, dessen Nummer immer
mit der geraden aktuellen Flugnummer gespeist werden
musste, ebenso wie das Telefon am Gate, damit die
Cockpitbesatzung mit den anderen Abteilungen kommu-
nizieren konnte.
„Guten Morgen, hier ist Pietsch vom Gate der 123!"
„Schmidt, ebenso schönen Morgen!", kam es über das
Telefon zurück.
„Herr Schmidt, wir sind heute mal wieder überbucht. Ver-
geben Sie heute Jumpseats an PADs?", trug Laura ihr
Anliegen vor.
„Mit welchem Status?", wollte der Kapitän wissen. Mit
einem Blick auf die Jumpliste teilte Laura dann mit:
„Also ein IDS0, Kapitän zum Einsatz und drei IDR2 von
der Passage München!"
IDR2 war der Status für Angestellte, die privat mit einem
ermäßigten Stand-by Ticket fliegen wollten.
„Das geht in Ordnung! Also dann haben wir noch zusätz-
lich vier Jumps!"

Laura checkte jetzt rasch, welcher Passagier von der
Priorität den nun frei gewordenen Sitzplatz von Kapitän
Crusius erhalten würde und nahm dann gleich Herrn Pin-
sel an, der an erster Stelle auf der Warteliste stand. Dabei
bemerkte sie gar nicht, dass Peter immer noch an ihrem
Schalter stand.
Peter war ganz spontan die Idee gekommen, die Kollegin
am Gate zu einem Abendessen einzuladen.

„Darf ich Sie noch mal kurz stören?“, begann Peter das Gespräch. Laura schaute Peter fragend an.
„Also, nachdem ich Ihnen einen Gefallen getan habe, würden Sie mir vielleicht auch einen tun?“
Ohne eine Antwort abzuwarten, fuhr Peter dann fort:
„Und mit mir heute Abend zum Essen gehen?“ Bevor Laura Zeit hatte, irritiert zu reagieren, ertönte mal wieder das Stentophon:
„Gate der 123 von Rampe!“
„Ja, hört!“
„Du, wir haben doppelte Sitzplatzvergabe. Wir haben drei Gäste, die behaupten auf 20A zu sitzen! Kannst du das mal bitte checken?“
„Klar, sag' mir bitte die Namen der Paxe!“
„Das sind die Passagiere Meier, Hahn und Vogel!“
„Moment, ich check das und komm dann zurück!“

Schnell gab Laura die Namen in die EDV ein, um dann festzustellen, dass natürlich nur ein Passagier auf 20A saß und notierte sich die anderen Plätze. Laura griff zum Stentophon, gab die Funknummer ein und sprach dann:
„Gate 123 an Rampe!“
„Ja, go!“
 Dann setzte Laura zur Erklärung an:
„Also, Meier sitzt tatsächlich auf 20A und die anderen haben wahrscheinlich wieder den Ausgang A20 als Sitzplatz gelesen und sitzen auf 23D und 18F!“

Mit einem entschuldigenden Blick wandte sich Laura an Peter. Sie hatte jetzt überhaupt keine Zeit, sich mit dieser Einladung näher auseinander zu setzen und sagte daher, ohne groß abzuwägen:
„Okay, wann soll es denn soweit sein?“
Peter fragte unüberhörbar erfreut zurück:
„Wie wäre es mit 20.00 Uhr? Falls ich keine Verspätung habe, lande ich um 19.00 Uhr wieder in München! Ich würde Sie dann gerne abholen, wenn es Ihnen Recht ist!“
Schnell kritzelte Laura ihre Adresse mit Telefon auf einen Zettel und schob ihn Peter zu.

„Falls ich Verspätung habe, rufe ich Sie an! Ansonsten bin ich um 20.00 Uhr bei Ihnen!"
„Schönen Flug!" waren Lauras nicht sehr originellen Abschiedsworte an Peter.

Jetzt musste sie erst noch den Passagier Pinsel ausrufen: „Herr Pinsel, gebucht nach Frankfurt, melden Sie sich bitte am Ausgang A 20! Herr Pinsel, bitte!"
Leander, der ganz in der Nähe gewartet hatte, war sofort am Gate. Dort überreichte Laura ihm seine Bordkarte mit den Worten:
„Danke fürs Warten, Herr Pinsel! Nur einen Gangplatz habe ich jetzt für Sie leider nicht mehr bekommen, es ist nur noch ein Fensterplatz frei!"
Leander murmelte noch ein selbstgefälliges „Na bitte, geht ja doch!" und bückte sich dabei nach seinen zwei Handgepäckstücken.

Er hatte im Display über dem Schalter zwar gelesen, dass auf diesem Flug nur ein Handgepäck erlaubt war, fühlte sich davon aber nicht weiter betroffen, da er als Statuskunde mit Sicherheit eine Ausnahme bilden durfte.
„Herr Pinsel, Entschuldigung bitte, heute ist wegen der hohen Auslastung nur ein Handgepäck erlaubt. Den großen schwarzen Rollenkoffer können Sie jetzt gerne aufgeben!"
Seine Kinderstube vergessend, schnaubte Leander Laura an: „Was fällt Ihnen eigentlich ein! Erst muss ich ewig in der Schlange stehen, um dann zu erfahren, dass ich keinen Sitzplatz bekomme, und jetzt soll ich noch mein Gepäck aufgeben! Das kommt überhaupt nicht in Frage!"
„Herr Pinsel, der Kapitän des Fluges hatte uns mit Nachdruck gebeten nur ein Gepäckstück zu akzeptieren, da kann ich für Sie heute auch keine Ausnahme bilden! Vor allem ist in der Economy Klasse, in der Sie heute fliegen so wieso nur ein Gepäckstück erlaubt!"
„Behandelt man also so seine besten Kunden? Das Gepäck gebe ich nicht auf! Ich brauche meinen Lap-Top im Flugzeug!"

Mittlerweile war Lauras Gemütszustand am Kippen, der arrogante Passagier nervte.
„Sie können gerne den Lap-Top herausnehmen und geben dann Ihr Gepäck erst auf. Wenn Sie auf zwei Handgepäckstücke nicht verzichten können, dann muss ich Ihren Platz dem nächsten Passagier auf der Warteliste geben!“
„Das wird Konsequenzen haben!“
Wütend versuchte Leander den Lap-Top wieder auszupacken. Das Gerät hatte sich aber leicht im Koffer verkantet, da er es nach der Vorführung bei der Sicherheitskontrolle ohne große Sorgfalt wieder in den Koffer gequetscht hatte. Doch mit einem kräftigen Ruck hatte er es endlich befreit.

Leander hörte auf einmal hämisches Gelächter und hatte irgendwie das Gefühl dabei, dass die Lacher ihm galten.
‚Oh, ne!‘, durchfuhr es Leander, denn mit dem Laptop hatte er noch eine Vorteilspackung Kondome herausgezogen, die jetzt plakativ vor dem Counter lag. Ein Grauanzug hinter ihm grölte dann auch noch beifallheischend in die Runde:
„Wohl zu viel Viagra geschluckt! Hahaha!“ Daraufhin stimmten noch mindestens fünf andere Grauanzüge ins Gelächter ein.

Laura, die diese Szene natürlich auch mitbekommen hatte, musste sich ziemlich zusammen nehmen, um nicht auch in ein schadenfrohes Gekicher zu verfallen. Statt dessen wandte sie sich aber an die Gruppe:
„Meine Herren, wohl noch nie was von ‚safer Fliegen‘ gehört!?“, und überreichte Leander die Großpackung, der diese dann hektisch in den Koffer zurück quetschte und schnell durch den Ausgang zum Flugzeug verschwand.

Die Zeit drängte, in zehn Minuten musste die Flugzeugtür geschlossen sein mit dem korrekten Passagierabschluss und allen nötigen Papieren: Die Abschlussarbeiten liefen also auf Hochtouren, während 268 Passagiere ins Flugzeug stiegen. Zum Glück war Anna, die Kollegin, die für das Einsteigen eingeteilt war, pünktlich zum Einsteigen erschienen. Kaum, dass Anna am Gate eingetroffen war, teilte der Rampagent auch bereits das Einsteige-Okay über Funk mit.

Der Einsteigevorgang musste immer wieder mal kurz unterbrochen werden, weil Anna fast jedem dritten Gast sein zu schweres Handgepäck mit einem Gepäckanhänger versehen musste. Da die Maschine voll war, hatte der Kapitän des Fluges Laura gebeten, auf Handgepäck zu achten und nur maximal ein Stück zu akzeptieren. An Bord hatten die ‚Kollegen vom Fliegenden' oft große Probleme, Gepäckstücke, die locker ihre 15 kg auf die Waage brachten, zu verstauen. – Bordkoffer, die so vollgestopft waren, dass sie nie und nimmer in einem Konturenrahmen mit den Gardemaßen gepasst hätten.

Zwischendurch schaute Laura immer wieder im Boarding-Controll Gerät nach, um festzustellen, wie viele von den eingecheckten Passagiere noch fehlten. Mittlerweile waren bis auf fünf Paxe alle eingestiegen. Die Namen, der noch fehlenden Paxe schaute Laura über eine spezielle Abfrage nach und rief sie über das Mikrophon auf. Diesem letzten und dringenden Aufruf nach Frankfurt folgten aber nur zwei Passagiere.

Drei fehlten immer noch! Laura überprüfte rasch, ob die noch Fehlenden Gepäck aufgegeben hatten und stellte erleichtert fest, dass dies alles Gäste ohne Gepäck waren. Somit konnte sie diese Gäste canceln, sprich von dem Flug absetzen und ihre Sitzplätze an die nächsten der Warteliste vergeben. Dabei half ihr jetzt Anna. Während Anna die Fehlenden annullierte, vergab Laura deren Plätze an drei erleichterte Passagiere, die bis zum Schluss auf einen Sitzplatz gehofft hatten. Zu den anderen Gästen der Warteliste wandte sich Laura mit den Worten:
„Wir haben gerade die letzten Plätze ausgeben, bitte ge-

dulden Sie sich noch einen Moment, damit wir Sie auf die nächste Frankfurtmaschine um 8.00 Uhr umbuchen können!"

Der korrekte Abschluss dieses Fluges hatte jetzt Priorität. Der Rampagent wartete mittlerweile auch schon am Gate auf seine Abschlusspapiere und fragte:
„Na, wie schaut es aus? Haben wir jetzt alle?"
„Ja, das waren gerade die Letzten, wir sind jetzt komplett!"
Schnell schrieb Laura die aktuellen Zahlen auf einen Abschlusszettel und überreichte diesen mit den noch anderen notwendigen Papiere.
„Uff, das wäre nun fast geschafft!", meinte Laura zu Anna, die bereits die Tickets sortierte und diese dann zählte.
Um sich nicht zu verzählen, nickte Anna nur zustimmend. Die restlichen fünf der Warteliste, die keinen Sitzplatz mehr bekommen hatten, buchte Laura nun noch um auf die nächste ‚Frankfurt'. Zum Glück war das heute möglich, denn es war keine Seltenheit, dass die nächsten Flüge überhaupt nicht mehr buchbar waren und man den Passagieren eine erneute Stand-by Bordkarte aushändigen musste. Und das waren dann Situationen, in denen selbst Leute, die auf seriös und souverän getrimmt waren, oft nicht ganz salonfähige Kommentare losließen.

Dann schloss Laura den Flug AB123 in der EDV ab. Sie schickte flugbezogene Telexe an die Ankunftsstation Frankfurt, mit Informationen über Gäste, die spezielle Hilfe bei der Ankunft benötigten, und versandte so eine Liste mit Passagieren, die ab Frankfurt weiterflogen. Als das alles geschafft war, musste Laura bereits wieder zu ihrem nächsten Flug. Der restliche Arbeitstag verging dann schnell. Das war auch gut so, denn mittlerweile war Laura schon ganz gespannt auf das Date mit dem Piloten.

IV.

Auf der Fahrt nach Hause arbeitete Laura einen kurzen Schönheitsplan aus. Als erstes würde sie sich die Haare waschen und sich dann eine Gesichtsmaske gönnen. Zu Hause angekommen sprang Laura wie geplant erst einmal unter die Dusche. Wohlig ließ sie den erfrischenden Strahl auf ihr Haupt niederprasseln und shampoonierte ihr Haar.

‚Tut das gut!' Die Müdigkeit vom Frühdienst schien wie weg gewaschen, aber dann wurde der Wasserstrahl immer schwächer und kraftloser, bis zum Schluss kein Tropfen mehr aus der Brause kam.

„Mist! Was ist denn jetzt los?", fluchte Laura und betätigte in allen Richtungen die Armatur, doch das Wasser blieb aus. Mit einer prächtigen Schaumkrone stieg Laura aus der Dusche und testete den Wasserhahn im Waschbecken. Hier kam zwar ein zaghafter Strahl, der aber ganz rasch wieder versiegte.

Nicht ohne Wasserspuren hinter sich zu lassen, ging Laura in die Küche und probierte dort das Spülbecken aus. Leider blieben auch hier ihre Bemühungen erfolglos.

‚Was mach` ich denn jetzt nur?', dachte Laura, während sie in der Küche vor sich hin tropfte und den brennenden Schaum aus den Augen wischte.

‚Hoffentlich haben wir noch genügend Mineralwasser im Haus!', fiel Laura jetzt ein und ging in die Speisekammer, um den Wasservorrat zu checken. Der Kasten war zum Glück fast noch voll! Tropfend und nackt trug Laura den Kasten ins Badezimmer und goss den Inhalt von acht Wasserflaschen über ihren Kopf.

‚Endlich wieder schaumfrei!', gratulierte sich Laura zu der rettenden Idee.

Beim Zurücktragen des leeren Kastens entdeckte Laura auf dem Küchentisch eine Notiz von Martin:

„Hallo Schatz, heute wird ab 15.00 Uhr das Wasser abgestellt. Bis heute Abend! "

Ein dicker Tropfen verwischte Martins Schrift. Wie gebannt starrte Laura auf die Stelle, wo der Wassertropfen sich immer mehr vergrößerte. Dabei gingen ihr tausend Dinge durch den Kopf und fuhren Achterbahn.

‚Wieso fiebere ich diesem Treffen mit dem Piloten so entgegen, und wieso habe ich wegen dem Treffen Martin gegenüber keinen Skrupel? Was will ich überhaupt, und wo soll das hinführen?' Laura zog die Gedankenbremse. ‚Kaum bekomme ich eine Essenseinladung, schon gerät mein seelisches Gleichgewicht aus den Fugen! So ein Blödsinn! Ich gehe nur mit einem netten Kollegen zum Essen. Basta!'

Laura zerknüllte die durchgeweichte Notiz und warf sie mit ihren Gedanken weg. Statt dessen widmete sie sich weiter ihrem Styling, Haare föhnen, Maske auflegen, Nägel lackieren und zum Schluss noch das Make-up.

Die Kleiderfrage musste auch noch geklärt werden. Zu sexy sollte ihr Outfit heute auf gar keinen Fall sein, denn sie wollte nicht in die Kategorie eingestuft werden ‚Wie angele ich mir einen Piloten.'

Somit schieden ihr bequemer Minirock und der enganliegende Body sowieso schon mal aus. Nach einigem Hin und Her entschied sich Laura für ihren langen engen schwarzen Rock mit einem leicht taillierten schwarzen Blazer dazu. Damit konnte sie nichts verkehrt machen.
Ein Blick in den Kleiderspiegel bestätigte sie in ihrer Kleiderwahl. Sie war mit ihrem Äußeren sehr zufrieden. Ihr langes Haar fiel in schönen Wellen, ohne dass immer eine Strähne ins Gesicht fiel und das Make-up war ihr auch gut gelungen. Es betonte ihre großen blauen Augen und unterstrich ihre schöne Gesichtsform.

‚Okay, der Abend kann losgehen!' Bei diesem Gedanken klingelte es auch schon an der Haustür. ‚Das muss ein gutes Omen für die Verabredung sein!', entschied Laura, denn ansonsten wurde sie selten zur verabredeten Zeit fertig und stand zum Termin noch in Unterwäsche da.

Unten am Hauseingang wartete Peter.
„Schön, dass Sie meine Einladung angenommen haben!", begrüßte Peter Laura, der auch wie sie ganz in Schwarz gekleidet war und unverschämt gut aussah.
Auf dem Weg zum Auto erzählte er:
„Fast wäre ich zu spät gekommen, weil auf meinem letzten Flug von Hamburg nach München noch Gepäck ausgeladen werden musste!"
„Wieso das?", fragte Laura nach.
„Weil zur Abflugzeit noch ein Passagier mit aufgegebenen Gepäck gefehlt hatte und das Ladepersonal die Koffer anhand der Nummern nicht finden konnte!"
„Oh je! Und wieso habt ihr es dann doch noch pünktlich geschafft?", wollte Laura nun wissen, die diese Situation auch schon des öfteren miterlebt hatte.
„Also, gerade hatte ich eine Gepäck ID angeordnet, als mich das Gate informierte, dass der fehlende Gast jetzt aufgetaucht war!"
Bei einer Gepäckidentifizierung wurde das komplette Gepäck wieder entladen und jeder einzelne Gast musste sein Gepäck identifizieren. Was dann als Gepäck nicht identifiziert übrig blieb, galt als Sicherheitsrisiko und wurde in den Bombenkeller geschickt. Ein absoluter Zeitfresser.

Am Auto angekommen, öffnete Peter Laura die Beifahrertür seines schwarzen Porsches. Diese höfliche Geste war Laura von Martin nicht mehr gewöhnt und empfand sie anfänglich als durchaus positiv. Doch dieses Gefühl hielt nur so lange an, bis sie die geringe Einstiegshöhe des Wagens sah. Fieberhaft überlegte Laura, wie sie in ihrem engen langen Rock, der nur eine minimale Schrittweite hatte, den Beifahrersitz erreichen konnte, ohne sich in

den Sitz reinplumpsen zu lassen oder die Rocknaht zum
Platzen zu bringen. Peter, dem es in diesem Fall nicht an
emotionaler Intelligenz fehlte, grinste Laura mit einem
entwaffnenden Lächeln an und meinte:
„Ziehen Sie sich doch ruhig den Rock hoch! Ihre Beine
habe ich ja heute im Uniformrock schon bewundern kön-
nen!"
Mit einem Lächeln und einem neukreierten Minirock wurde Peter für seinen rettenden Vorschlag belohnt.
„Wenn es Ihnen recht ist, fahren wir jetzt zu meinem Lieblingsitaliener. Oder möchten Sie lieber in ein anderes
Lokal?", wollte Peter wissen.
„Italienisch!", pflichtete ihm Laura bei.
„Am liebsten gehe ich italienisch essen. Und ein neues
gutes Lokal kennen zu lernen, dagegen habe ich überhaupt nichts!"
„Dann habe ich ja noch einmal Glück gehabt!", witzelte
Peter. „Der Tisch ist nämlich schon reserviert! Übrigens
ich bin der Peter! Das Essen schmeckt bei einem ‚du'
bestimmt noch besser!"
„Ich weiß nicht, was ich davon zu halten habe!", witzelte
jetzt Laura, „denn normalerweise wartet man doch mindestens den Aperitif ab, bevor man jemanden das ‚du'
anbietet!"
Fast hätte sich Peter bei dieser Bemerkung verschaltet,
weil ihm der ironische Zusatz nicht sofort aufgefallen war.
Laura, die Peters markantes Profil beim Fahren recht gut
beobachten und bewundern konnte, setzte ein „Ich bin die
Laura!", hinterher.

Peters Lieblingsitaliener „Da Vito" war zum Glück kein
momentaner ‚In'-Laden, ein weiterer Pluspunkt für Peter.
Das Lokal war in Apricot und Creme gehalten, Farben, die
dem Restaurant eine elegante aber auch warme Atmosphäre gaben. Die persönliche Begrüßung durch den
Chef ließ Laura vermuten, dass Peter hier wirklich öfters
zum Essen herkam. Höflich wurde sie zu einem schönem
Fenstertisch geführt, an dem sie Platz nahmen.

Der Chef brachte dann auch gleich die Karte, doch bevor Peter einen Blick hinein geworfen hatte, fragte er bereits: „Franco, was kannst du uns heute besonders empfehlen?“

„Mmh, als Vorspeise kann ich eine ‚Bis di Pasta‘ empfehlen, hausgemachte Ravioli mit Ricotta und Spinatfüllung und frische Lachslasagne! Mögen Sie als Hauptgericht lieber Fisch oder Fleisch?“

Fast gleichzeitig entschieden sich Laura und Peter für Fisch.

„Signorina, ich habe heute ganz frische Seezunge bekommen!“, dabei winkte der Chef einem Kellner zu, der dann auch gleich mit einem kleinen Wagen heran rollte, in dem auf Eis gekühlter Fisch appetitlich arrangiert war. Peter entschied sich für eine Goldbrasse und Laura für eine kleine Seezunge vom Grill, und als Vorspeise nahmen beide die empfohlene Pasta. Während der Chef noch die verschiedenen Weine aufführte, die zum Essen passten, wurden bereits leckere Bruschetta, lecker duftende, geröstete Brotscheiben mit Tomaten und frischen Kräutern, serviert.

„Das könnte auch mein Lieblingsitaliener werden! Es schmeckt einfach köstlich!“, lobte Laura das Essen.

Peter freute sich sichtlich über das Kompliment und strahlte Laura an:

„Das freut mich, Laura! Also auf einen schönen Abend, salute!“, dabei hob Peter sein Weinglas und prostete Laura zu. „Wie lange arbeitest du denn schon für die Airborn?“, leitete Peter ein längeres Gespräch ein. So erfuhr er, dass Laura seit zwei Jahren am Flughafen arbeitete und bis vor kurzem noch parallel zu ihrem Job Betriebswirtschaftslehre studiert hatte.

„Wie hast du das denn zeitlich unter einem Hut bekommen?“, fragte Peter nach.

„So gut wie gar nicht! Zu dem Zeitpunkt war ich zwar nur Teilzeit beschäftigt. Na ja, Teilzeit ist vielleicht das falsche Wort für eine 30 Stundenwoche. Dann habe ich sehr viel am Wochenende gearbeitet und vorwiegend meine Dienste in Spätdienste getauscht, damit ich wenigstens noch zu den wichtigsten Vorlesungen gehen konnte!", erklärte Laura und nutzte die Gesprächspause, um einen Schluck Wein zu trinken, bevor sie ihre Geschichte weiter erzählte: „Tja, und irgendwann wurde mir das einfach zu viel! Für mein Vordiplom brauchte ich doppelt so lange, wie die meisten anderen Studenten und diese ewige Tauscherei mit Kolleginnen artete dann bisweilen auch in richtigen Stress aus!"

Peter nickte verständnisvoll und meinte:

„Dass die anderen Studenten die Hälfte der Zeit gebraucht haben, ist doch völlig klar! Ich meine, wenn man sich nur seinem Studium widmen kann, dann ist das doch absolut logisch!"

„Danke, aber es ist nicht so, dass ich gedacht habe, dass ich zu blöd für das Studium bin. Doch ich habe dann irgendwann erkannt, dass ich diese Doppelbelastung bis zum Abschluss nicht durchstehe und eine Entscheidung treffen muss: Studium oder Job. Und wie du siehst, habe mich dann für diesen Job entschieden!"

Der leicht bedauernde Unterton war Peter nicht entgangen, und er fragte deshalb nach:

„Hast du deinen Entschluss irgendwann einmal bereut?"

Bevor Laura Peter die Antwort gab, griff sie noch mal zu dem süffigen Wein. Das Essen hatte sie durstig gemacht:

„Mm, der Wein ist wirklich gut! - Nach einem halben Jahr habe ich mich dann an der Fernuniversität in Hagen eingeschrieben, aber auch das war für mich eine persönliche Pleite. Gerade mal ein Semester habe ich durchgehalten! Mittlerweile habe ich mich damit abgefunden, dass für mich eine akademische Karriere nicht in Frage kommt, und ich warte jetzt im Unternehmen auf meine Chance. Und du, wie lange bist du schon bei der Firma?"

„Unglaublich, aber wahr, jetzt bin ich schon fast zehn Jahre dabei! Direkt nach meinem Wehrdienst habe ich die Pilotenausbildung angefangen. Das war eine tolle Zeit! Vor allem weil wir den praktischen Teil in den USA absolviert haben. Der Wehrmutstropfen bei dieser Ausbildung ist die Finanzierung. Dafür habe ich einen Kredit aufnehmen müssen, an dem ich heute noch zahle", seufzte Peter leicht bei diesem Satz, „aber zum Glück nicht mehr allzu lange!"

Im Kerzenschein fand Peter Laura einfach wunderschön, und vor allem nicht so affektiert, wie manch eine seiner Kolleginnen. Anfangs war er immer geschmeichelt gewesen, wenn er merkte, dass eine Kollegin ein Auge auf ihn geworfen hatte. Doch das ewige Brillieren-wollen so mancher Werberin war ihm mittlerweile ein Gräuel. Dieses ewige In-Szene-setzen und um keinen Preis eine Schwäche zeigen, fand er oft nur noch mitleiderregend. Mittlerweile hatte es sich aber auch in der Firma herumgesprochen, dass er auch nicht zu den spendablen Begleitern gehörte und das Anhimmeln war stetig zurück gegangen.

Doch heute beglückwünschte sich Peter dazu, Laura doch noch zum Essen eingeladen zu haben. Komischerweise dachte er bei ihr nicht an die kostspielige Rechnung, sondern fühlte sich in ihrer Nähe nur sehr wohl.

Durch seinen Kredit war Peter fast zu einem notorischen Geizhals geworden. Den Spötteleien mancher Zeitgenossen zum Trotz lebte er recht sparsam. So war er in den ganzen zehn Jahren nicht einmal in den Urlaub gefahren und lebte in einem winzigen, aber dafür sehr preiswerten Appartement.

Als er noch mit Ute zusammengelebt hatte, war die Miete für eine größere Wohnung, dank des Halbierens noch geringer als jetzt gewesen. Ute hatte oft versucht, ihn zu einem Urlaub in der Karibik zu überreden, aber es war ihr trotz heftiger Vorwürfe nie geglückt. Durch seinen Beruf hatte er auch des öfteren einen längeren Stopp an Orten, wo andere Leute ihren Urlaub verbrachten, und somit konnte er mit seiner Entscheidung, das Urlaubsgeld lieber zu sparen, auch ganz gut leben.

Seine einzigen teuren Hobbys waren sein Porsche und das gelegentliche Essen gehen, zu dem er aber in der Regel seine Begleitungen nie einlud. Der Porsche kostete eine immense Summe an Versicherung, doch das Auto war ein Erbstück seines verstorbenen Großonkels, der auf seine letzten Tage, gegen familiären Protest, sich noch diesen Wunsch erfüllt hatte.

Onkel Peter, nachdem ihn seine Mutter genannt hatte, war wie ein Vaterersatz für ihn gewesen. Seinen Vater kannte Peter leider nur noch von Fotos, und seine Erinnerungen an ihn wurden nur von den Erzählungen seiner Mutter ab und zu wieder aufgefrischt. Onkel Peter war auch derjenige gewesen, der ihn überhaupt auf die Idee gebracht hatte, Pilot zu werden. Zu gerne hätte sein Onkel damals seine Ausbildung finanziert, doch das ließ seine resolute Frau Renate nicht zu. Aber in seinem Testament hinterließ er Peter den Wagen und seiner Mutter einen kleinen, aber doch unterstützenden Geldbetrag.

Beim Tiramisu erfuhr Peter, dass Laura mit ihrem Freund zusammenlebte. Die irrationale Enttäuschung darüber konnte er gerade noch mit einem Glas Wein herunter spülen. Zwar hatte er auf der Klingel einen zweiten Nachnamen registriert, doch sich keine weiteren Gedanken darum gemacht, weil er zu diesem Zeitpunkt auch noch nicht verliebt war.

„Wie lange lebt ihr beiden denn schon zusammen?", erkundigte sich Peter.

„Lass mich mal überlegen! Jetzt sind es schon über fünf Jahre! Lebst du auch mit jemanden zusammen?", fragte Laura zurück, die ihr Gegenüber immer attraktiver fand.

Nicht nur, dass Peter sehr gut aussah, er war auch ein sehr angenehmer Gesprächspartner. Neben den ernsten Themen hatten sie sich köstlich über ihre gegenseitigen Fliegeranekdoten amüsiert und viel zusammen gelacht.

„Nicht mehr! Seit drei Monaten lebe ich wieder alleine!"

Gerade, als Peter noch mehr dazu erzählen wollte, kam eine sehr attraktive Blondine schnurstracks auf ihren Tisch zu.

„Hallo Peter, darf ich mich zu dir setzen?"

Ohne Laura eines Blickes zu würdigen und Peters Zustimmung abzuwarten, setzte sie sich auch schon an den Tisch. Sie verteilte dann rechts und links zwei Bussis auf Peters Wangen und hauchte Peter mit einem bedeutungsschwangeren Blick zu:

„Habe ich mir doch gedacht, dass ich dich hier treffe!"

Dabei nahm die schöne Unbekannte ganz selbstverständ-

lich und besitzanzeigend Peters Hände in ihre und säuselte ein Vielsagendes:
„Bist du gestern Abend auch noch gut nach Hause gekommen, Peterle?"
Bevor Peter antworten konnte, stand Laura auf.
„Entschuldigt mich!"

Diese Situation war ihr einfach zu blöd. Inständig hoffte Laura, den Weg zur Toilette ohne längeres peinliches Suchen zu finden. Doch der aufmerksame Patrone erkannte gleich Lauras Absicht und deutete mit einem charmanten Blick auf die Toilettenschilder.
Solche Auftritte von Frauen kannte Laura nur aus einschlägigen Fernsehserien, wie Dallas oder Falcon Crest. Live war das heute Premiere. Im Toilettenspiegel prüfte Laura kurz noch ihr Make-up. Sie wollte dieser arroganten Person keinen Anlass zu einem herablassenden, ‚Entschuldigung, Sie haben Lippenstift an den Zähnen', oder ‚Ihre Wimperntusche ist verlaufen', geben.
Laura glaubte ihren Augen nicht zu trauen, als sie wieder in den Raum trat. Peter und die Blondine lagen sich in den Armen und küssten sich. In einem solchen Moment wieder an den Tisch zurückzukehren war für Laura unmöglich. Wütend und enttäuscht beschloss sie dann, lieber gleich zu gehen.
„Der Herr übernimmt die Rechnung! Buona Sera!" Mit diesen Worten verließ Laura, unbemerkt von Peter, das Lokal.
Draußen hatte es zu regnen begonnen, doch das konnte Laura nicht zum Umkehren bewegen. Laura grollte:
‚Natürlich kann Peter küssen, wen er will, aber nicht, wenn er mich zum Essen einlädt und mir schöne Augen macht!'
Ein Gefühl von Demütigung, Enttäuschung und Wut kroch in ihr langsam hinauf, gefolgt von immer größer werdenden Selbstvorwürfen. Laura schoss dabei eine innere Beschimpfungskanonade gegen sich ab:
‚Blöde, naive Kuh! Lässt dich von der netten Atmosphäre einlullen und schon glaubst du, dein Gegenüber ist der

Traumtyp, der auch von dir ganz hingerissen ist! Typen, die dich mit einem Angeberauto abholen und beruflich auch noch goldene Streifen tragen, sollte man nicht trauen! Gott wie peinlich! Wahrscheinlich habe ich Peter auch noch mit riesigen schmachtenden Kuhaugen angestiert!'
Laura schüttelte es allein bei diesem Gedanken und vor Kälte, denn der Regen hatte die Temperatur empfindlich abkühlen lassen und die feuchte, klamme Luft machte sich auf ihrer Haut breit. Zitternd suchte sie in ihrer Handtasche ihr Handy und kehrte den Inhalt von oben nach unten und von unten nach oben. Doch das Handy blieb unauffindbar.
„Mist!", fluchte Laura.
Sie hatte ihr Handy zum Aufladen aus der Tasche genommen und vergessen, wieder einzustecken. Aber nochmals ins Lokal zurück zu gehen und den Kellner zu bitten, ihr ein Taxi zu schicken, ließ ihr Stolz nicht zu.

Am Ende der Straße entdeckte Laura eine beleuchtete Telefonzelle. Von dort würde sie sich ein Taxi bestellen. Als Laura die Tür der Zelle öffnete, kam ihr ein übelerregender Gestank entgegen. Es roch nach altem abgestandenem Zigarettenrauch, gepaart mit noch anderen undefinierbaren Duftnoten. Dann bemerkte sie erst, dass sie vor einem Kartentelefon stand und ihre bereits herausgeholten Münzen leider nutzlos waren. ‚Hoffentlich, habe ich noch eine Telefonkarte dabei!', betete Laura und öffnete ihr Portemonnaie.
Natürlich war keine Karte da. Also blieb nur noch der Weg zum Taxistand in die Goethestrasse, zwei Querstraßen von hier entfernt. Mit schnellen Schritten, soweit ihre hohen Schuhe und der schmale lange Rock es zuließen, machte sich Laura auf den Weg. Plötzlich setzte ein immer stärker werdender Regen ein, der eine Straße weiter zum Platzregen wurde. Binnen kürzester Zeit war Laura pitschpatschnass. In ihren Schuhen hatte sich bereits ein kleiner Teich gebildet, der das stramme Gehen immer mehr behinderte, da die Füße weniger Halt auf der rutschigen Innensohle fanden.

‚Gleich hast du es geschafft!‘, spornte sich Laura selbst an. Doch als sie um die Straßenecke in die Goethestraße ging, konnte sie weit und breit kein Taxi entdecken und ihr Kampfgeist versiegte. Auch die gerade ins Blickfeld geratene Rufsäule trug nicht zur Besserung von Lauras Frust bei. Pessimistisch rechnete Laura mittlerweile eh damit, dass die Rufsäule außer Betrieb war. Doch, oh Wunder, die Taxizentrale teilte mit:
„In spätestens fünf Minuten ist wieder ein Wagen am Platz! Wohin geht ihre Tour?“
Der Regen hatte aufgehört, doch die nassen Sachen klebten unangenehm am Körper, die Haare pappten am Kopf und die Nase kribbelte verdächtig. Endlich fuhr das Taxi vor. War das Einbildung oder schien der Fahrer einen Moment abzuwägen, ob er diesen jämmerlich aussehenden Fahrgast mitnehmen sollte? Da er schließlich die Zentralverriegelung öffnete und Laura sich triefend vor Nässe auf die Polster setzte, blieb er diese Antwort schuldig. Zumindest erhielt er ein fürstliches Trinkgeld, denn beim Verlassen des Taxis entdeckte Laura auf ihrem Platz einen dunklen, großen feuchten Flecken.

Erschöpft und angeschlagen öffnete Laura die Wohnungstür. In der Wohnung war es überall dunkel. Gott sei Dank! Martin war von seiner montäglichen Kneipentour noch nicht zurückgekehrt. Das ersparte ihr wenigstens weitere Erklärungen für ihren Zustand. Schnell zog sie sich die nassen Sachen aus und suchte sich ihren wärmsten Pyjama aus.

Am nächsten Morgen erwachte Laura schlecht gelaunt und mit allen Anzeichen einer Erkältung. Der Hals kratzte, die Nase lief und die Glieder schmerzten leicht. Der gestrige Abend hatte seine Spuren hinterlassen, doch die Erinnerungen daran war für Laura im Moment absolut irreal, so als hätte nicht sie den Abend durchlebt. Die Erinnerung daran war vielmehr wie ein Film, aus dem immer wieder bestimmte Sequenzen vor Lauras innerem Auge abliefen. Real war dagegen Martin, der noch tief und fest schlummerte und der Dienstbeginn in einer Stunde.

Peter war ziemlich entsetzt, dass sein Rendezvous mit Laura einen so peinlichen Ausgang genommen hatte. Das war wieder einmal typisch für seine Ex-Freundin Ute, dass sie sich vor anderen potentiellen Konkurrentinnen aufführte, als hätten sie und Peter gerade die letzte Nacht zusammen verbracht. Dabei hatten sie sich schon vor Monaten getrennt und ein Grund war Utes Eifersucht gewesen. Am liebsten hätte sie ihn mit Bewegungsmelder und Funkgerät zur Dauerüberwachung ausgestattet.
Obwohl auch Ute inzwischen einen neuen Liebhaber hatte, konnte sie es nicht lassen, Peter bei jeder sich bietenden Gelegenheit Steine in den Weg zu legen, wenn es darum ging, andere Frauen kennen zu lernen. Und eine dieser Techniken war, sich wie eben gerade aufzuführen, wenn sie zufällig am gleichen Ort wie Peter war - und das war sie oft, denn sie kannte seine Gewohnheiten und Lieblingsrestaurants - und damit andere Frauen vor den Kopf zu stoßen.

Peter konnte Lauras Reaktion nur zu gut verstehen. Schade nur, dass sie so schnell weg war, dass er sie nicht mehr einholen konnte. Bis er bezahlt und das Restaurant verlassen hatte, war Laura schon nicht mehr auf der Straße zu sehen. Seufzend stieg Peter in seinen Porsche und fuhr los. Es goss wirklich in Strömen. Da er wusste, dass Laura keinen Schirm dabei hatte, hoffte er nur, dass sie ein Taxi genommen hatte. Trotzdem hielt er rechts und links nach ihr Ausschau.
Plötzlich knirschte es unschön, und er wurde nach vorne geschleudert. In Gedanken versunken, war er von der Straße abgekommen und hatte sein schönes Auto schräg gegen einen Straßenpoller gesetzt, der verhindern sollte, dass an dieser Stelle jemand parkte. Schließlich befand er sich in einem verkehrsberuhigten Wohngebiet.
‚Hoffentlich hat mich keiner gesehen!‘, war Peters erster Gedanke. Schnell setzte er zurück und fuhr eilig in der

Gegenrichtung davon nach Hause zu seiner Garage. Auf halbem Wege merkte er, dass er seinen Hals nicht mehr richtig bewegen konnte. Irgendwie fühlte dieser sich ‚eingerastet‘ an. Spontan beschloss er, doch noch schnell bei dem Krankenhaus, das sowieso auf seinem Heimweg lag, anzuhalten und seinen Hals ansehen zu lassen. Einen steifen Nacken konnte er sich in seinem Beruf nicht leisten.

Im Krankenhaus ‚Schwester Ursula‘ angekommen, wurde Peter gleich vom Pförtner zur diensthabenden Ärztin Rosalinde Paarhufer geschickt. Frau Dr. Paarhufer entpuppte sich trotz ihres Namens als durchaus menschliche, durchschnittlich attraktive Person mittleren Alters. Insgesamt erschien sie Peter ziemlich unauffällig. Nachdem Peter Frau Dr. Paarhufer seine Beschwerden geschildert hatte, fragte diese, um die peinliche Stille zu brechen:

„Was war denn der Auslöser für Ihren steifen Nacken?“

Peter gab zu, dass er mit seinem Auto ein klein wenig Bekanntschaft mit einer Straßenbarrikade gemacht hatte.

„Aha, dann tippe ich bei Ihnen auf ein Schleudertrauma! Ich verordne Ihnen vorsorglich eine Halskrause für jetzt, und morgen lassen Sie sich röntgen“, sagte Frau Dr. Paarhufer.

„Und wie sieht Ihr Auto jetzt aus? Hat es viel abbekommen?“, fragte Frau Dr. Paarhufer, die eine Autonärrin war.

„Mein Auto muss ich mir erstmal zu Hause in der Garage und bei Licht ansehen. Viel konnte ich im Licht der Straßenlampen und im Regen nicht erkennen. Es scheint vorne rechts etwas verbeult zu sein. Auf jeden Fall fährt es noch, und ich kann damit nach Hause fahren. Hoffentlich ist nicht allzuviel kaputt. Sonst wird es richtig teuer“, antwortete Peter.

„Was haben Sie denn für ein Auto?“, fragte Frau Dr. Paarhufer.

„Einen Porsche. Schwarz. Noch fast wie neu. Auf den habe ich mich gefreut wie ein Kind, als ich ihn geerbt habe. Und nun das! So etwas ist mir noch nie passiert. Ich bin bisher immer unfallfrei gefahren.“ Langsam taute Peter wieder auf. Er hatte das Bedürfnis, nach diesem misslungenen Tag bei jemandem etwas zu jammern.

„Das ist ja witzig. Ich habe auch einen schwarzen Porsche. Mit dem habe ich mich im letzten Jahr für meine ganzen Nachtschichten und Überstunden belohnt. Ich habe eisern dafür gespart. Ich kenne übrigens eine sehr gute Werkstatt, die sich auf Porsche spezialisiert hat."

Rosalinde Paarhufer freute sich, endlich jemanden getroffen zu haben, der anscheinend ihre Porscheleidenschaft teilte. Ihr Ehemann Helmut Wernickel arbeitete zwar als Lotse am Flughafen, aber für Autos oder andere Fahrzeuge als Flugzeuge interessierte er sich nicht. Im Gegenteil, in den letzten Jahren hatte er sich wie in Opposition zu ihrer Autoleidenschaft zu einem fast militanten Autohasser entwickelt. Im Gegenzug dazu war Rosalindes Leidenschaft für Autos nur noch gewachsen. Noch nicht einmal war Helmut in Rosalindes Porsche gestiegen! Lieber ging er zu Fuß oder fuhr mit dem Fahrrad. Notfalls nahm er seinen alten VW-Käfer. Die Umwelt mit noch einem weiteren Auto zu schädigen, fand Helmut rücksichtslos und unverantwortlich.

So kam es, dass Rosalinde und Helmut sogar manchmal mit getrennten Fahrzeugen zu gemeinsamen Einladungen oder Veranstaltungen kamen, weil jeder sich weigerte, bei dem anderen mitzufahren. So wie sie sich nicht auf einen gemeinsamen Familiennamen bei der Eheschließung hatten einigen können, waren ihre Meinungen bei den meisten Dingen konträr.

„Bitte schreiben Sie mir doch den Namen der Werkstatt auf!", sagte da Peter in ihre Gedanken hinein. „Ich kenne noch keine, denn bisher habe ich noch keine gebraucht."

Rasch schrieb Frau Dr. Paarhufer die Adresse auf einen kleinen Notizzettel. Dabei überlegte sie fieberhaft, wie sie es bewerkstelligen könnte, Peter wieder zu treffen. Nur selten hatte sie das Glück, auf einen so gut aussehenden, sympathischen Mann zu treffen, der auch noch ihr Hobby teilte. Da kam ihr eine Idee:

„Hier ist die Adresse der Werkstatt. Und was die ‚Reparatur' ihres Halses anbelangt, schlage ich vor, dass Sie morgen zwischen 10.00 und 11.00 Uhr nach dem Röntgen wieder bei mir vorbeischauen und mir den Befund mitteilen. Dann können wir sehen, wie wir mit der Behandlung weitermachen." Rosalinde hatte dabei im Stillen schon ein paar ganz konkrete Vorstellungen von privaten Behandlungsmöglichkeiten.

„Vielen Dank für die Adresse, und bis morgen dann!", bedankte sich Peter. ‚Eigentlich ist diese unscheinbare Person doch vielschichtiger als man auf den ersten Blick vermuten würde', ging es Peter durch den Kopf.

‚Erstaunlich, dass sich eine Frau für Autos interessiert! War sie vielleicht nicht ganz normal? Wahrscheinlich lesbisch!', schlussfolgerte Peter messerscharf.

Nach dieser Erkenntnis aus seiner Irritation befreit, machte Peter sich auf den Heimweg. Zu Hause angekommen, begutachtete er sein Auto. Vorne rechts war der Kotflügel verbeult und der Scheinwerfer zerborsten.

‚So ein Mist!', dachte Peter. Morgen würde er zur Werkstatt fahren und den Schaden richten lassen. Doch nun war er so müde, dass er sich sofort in sein Bett legte und einschlief.

Nach einer unruhigen Nacht, die darauf zurückzuführen war, dass er oft aufwachte, weil er sich nicht richtig drehen konnte, brachte er zuerst seinen Wagen in die Werkstatt und ging dann wieder in das ‚Schwester Ursula'-Krankenhaus. Mit dem Befund aus der Röntgenabteilung wurde er wieder bei Frau Dr. Paarhufer vorstellig, die immer noch Dienst hatte.

„Guten Morgen! Wie haben Sie denn geschlafen?", fragte Frau Dr. Paarhufer in bester Stimmung, denn sie hatte sich schon auf diesen Spezialpatienten gefreut und auf ihn gewartet.

„Schlecht, wie die Prinzessin auf der Erbse! Ich fühle mich ganz zerschlagen, weil ich mich kaum drehen konnte", jammerte Peter - vor einer Lesbe musste er ja nicht tapferer erscheinen als er war. Er sprach mit ihr wie zu jedem anderen Mann oder Kumpel - wegen der Autoleidenschaft.

‚Aha, der Mann hat auch noch Humor!‘, dachte sich Rosalinde. „Ihr Befund gefällt mir gar nicht. Sie haben sich Gott sei Dank nichts angebrochen, aber Sie haben tatsächlich ein leichtes Schleudertrauma. Ich glaube, Sie müssen jeden Tag zur Massage hierher kommen“, sagte Rosalinde. Eigentlich hätte das 14-tägige Tragen der Halskrause mit Nachkontrolle vollauf gereicht. Aber das Verordnen von Massagen erlaubte Rosalinde, Peter jeden Tag zu sehen.

„Ach, du Schreck!“, entfuhr es Peter.

„Das ist vollkommen unmöglich! Ich muss in drei Tagen nach Montreal fliegen und dann über New York wieder zurück.“

„Dann genießen Sie doch den Flug und schlafen und lassen sich danach wieder hier sehen“, schlug Rosalinde vor.

„Ich darf leider nicht während des Fluges schlafen - ich bin der Flugkapitän“, schmunzelte Peter.

„Tja, dann kommen Sie auf jeden Fall morgen zur Massage. Lassen Sie sich gleich einen Termin bei der Krankengymnastin hier im Haus geben und schauen Sie, dass Sie noch vor dem Abflug einmal und nach dem Rückflug sofort noch einen Termin bekommen. Danach sehen wir weiter!“, löste Rosalinde das Problem.

„Eine gute Idee, vielen Dank und auf Wiedersehen!“, bedankte sich Peter.

Eine Stunde nach dem Peter gegangen war, rief Rosalinde bei der Krankengymnastin an:

„Hier Dr. Paarhufer. Frau Dinkelsbühl, können Sie mir sagen, wann mein Patient Peter Crusius seine nächsten drei Termine hat? Der erste ist morgen.“

„Selbstverständlich, Frau Dr. Paarhufer. Die Termine sind morgen um 14.00 Uhr, übermorgen um 8.30 Uhr und dann Montag nächster Woche um 11.00 Uhr. Jeweils eine halbe Stunde“, antwortete Frau Dinkelsbühl.

„Vielen Dank, Frau Dinkelsbühl! Auf Wiederhören!“ Rosalinde war zufrieden. Sie würde schon dafür sorgen, dass sie Herrn Crusius zufällig im Rahmen seiner Krankengymnastik begegnete.

V.

Laura sah den Blumenstrauß und bekam sofort ein total mulmiges Gefühl im Magen. Wie sollte sie sich nun Peter gegenüber verhalten? Sollte sie auf seine Entschuldigungen eingehen, oder sollte sie ihn erst einmal ein bisschen zappeln lassen. Von ihrer Wut und dem ‚Nie-wieder-Peter-Gefühl‘ waren anscheinend nur Rudimente übrig geblieben. Doch hinter dem Blumenstrauß lugte ein Gesicht hervor, das ihr irgendwie bekannt vorkam, aber mehr auch nicht. Es war eindeutig nicht Peter, der da vor ihr stand.

Leander Pinsel musste heute nach Mailand fliegen, um dort einen neuen Beratungsvertrag mit der Firma Platina auszuhandeln. Die neuen Geschäftspartner waren ein zäher Brocken und eigentlich konzentrierten sich seine ganzen Gedanken dann immer auf ein solchen bevorstehenden Termin, doch heute war das etwas anders. Leander war unter anderem mit dem Ziel zum Flughafen gefahren, vor seinem Abflug noch die Bodenstewardess ausfindig zumachen, bei der ihm die Vorteilspackung Kondome aus seinem Bordcase gefallen waren. Passte Sie doch ganz gut in seine Zukunftsvision, vor allem hatte sie auch in stressigen Situationen noch Witz und einen kühlen, hübschen Kopf - als repräsentative Partnerin an seiner Seite genau die Richtige.

Im Blumenladen des Flughafens kam er sich noch richtig großartig und weltmännisch vor, als er ohne Wimpernzucken 250,-- DM für die 50 roten Rosen bezahlte; aber jetzt bei der Suche nach ihr wurde es ihm immer unbehaglicher. Nicht, dass ihn die neugierigen Blicke anderer Passagiere und Abholer störten, die er mit dem Riesenstrauß auf sich zog, aber er verfluchte sich, weil er nicht vor dem Blumenkauf seine ‚Auserspähte‘ ausfindig gemacht hatte. Wie selbstverständlich war er davon ausgegangen, sie, deren Namen er noch nicht einmal kannte, heute, hier und jetzt zu treffen.

Seinen geschäftlichen Erfolg hatte Leander unter anderem seinem analytischen Verstand und seinem berühmten Organisationstalent zu verdanken.
‚Gut, dass mich so nicht die italienischen Gigolos von Platina sehen, meinen Beratungsauftrag könnte ich dann wohl in den Wind setzen!‘, dachte sich Leander und zwang sich, seine alte Form wiederzugewinnen.
Zielstrebig ging er nun auf den Senatorschalter der Airborn zu, legt seine heißgeliebte Senatorkarte mit seinem Mailand Ticket auf den Schalter. Bevor Frauke, Lauras Kollegin, einen Gruß loswerden konnte, legte Leander schon los.
„Guten Tag, bitte geben Sie mir einen Gangplatz in der ersten Reihe!“
Frauke fand ihr Gegenüber äußerst attraktiv, genau der Typ Mann, der ihr gefiel: großzügig, das verriet der Strauß Rosen, geschmackvoll, denn sein Anzug saß super und die Haare hatten einen guten Schnitt, und vor allem gefiel ihr dieses markante Gesicht. Frauke sah im Geiste schon die klassische Partnerin vor sich, typisch erfolgreiche Geschäftsfrau, langweilig, attraktiv mit guter Figur im Lady Di Look.
Frauke überreichte die Mallandbordkarte und wollte Herrn Pinsel noch einen schönen Flug wünschen, als dieser sich nach einer Kollegin von ihr erkundigt:
„Frau Klotz“, diesmal nahm Leander das Namensschildchen zur Hilfe, denn Fehler passierten ihm selten zweimal, „ich suche eine Kollegin von Ihnen, die gestern Dienst hatte und am Frankfurt Ausgang der AB123 war. Leider habe ich mir ihren Namen nicht gemerkt.“
Fraukes Interesse war nun doppelt geweckt :
„Herr Pinsel, ich darf Ihnen über Kollegen keine Auskünfte geben. Tut mir leid!“
„Frau Klotz, ich möchte mich bei Ihrer Kollegin nur entschuldigen und ihr diesen Blumenstrauß schenken.“
Frauke war viel zu neugierig und wollte selber wissen, wer

diese glückliche Kollegin wohl sei, um nicht sofort in Aktion zu treten.

„Einen Moment, Herr Pinsel, ich muss nur einen Anruf tätigen, vielleicht wissen wir dann mehr."

Nach dem Telefonat bekam Leander die Auskunft, dass die Gesuchte am Schalter 115 in Halle A zu finden sei.

Frohen Mutes ging Leander zum Schalter A 115. Dort saß sie und gefiel ihm fast noch genauso gut wie gestern, aber irgendwie sah sie heute nicht ganz so frisch und lebendig aus, wie in seiner Erinnerung. Auch hatte er mit etwas mehr Begeisterung gerechnet, so wie eben bei dem Mädel am Senator-Schalter. Statt dessen hörte er sie nun ganz geschäftsmäßig fragen:

„Guten Tag, was kann ich für Sie tun?"

„Einiges, Frau Pietsch", setzte Leander an, der nun mit geübten Blick jedes Namenschildchen registrierte, was in seine Nähe kam, „zum Beispiel meine Entschuldigung für mein rüpelhaftes Verhalten von gestern annehmen!", und er überreichte dabei den überdimensionalen Rosenstrauß so linkisch, das sich Laura erst einmal kräftig einen Dorn in den Daumen jagte.

Der kurze Schmerz ließ Laura auch nicht begeisterter schauen, zudem gesellte sich auf ihr Gesicht noch ein großes Fragezeichen.

Leander, dem das im Raum stehende Fragezeichen nicht entgangen war, wollte gerade mit einer Erklärung anfangen, als Laura die komische Szene am Frankfurt Gate wieder vor Augen hatte.

„Oh, vielen Dank für diesen riesigen Strauß, bei Ihnen fällt wohl alles etwas überdimensional aus."

Kaum hatte Laura diesen Satz ausgesprochen, wurde ihr bewusst, wie unhöflich und vor allem zweideutig dieser Satz war und stammelte ein:

„Die Rosen sind wirklich wunderschön!" und „Das wäre doch nicht nötig gewesen!", hinterher und kam sich selten dämlich dabei vor.

Obwohl ihm sein innerer Schweinehund schon die passende Antwort gab, tat Leander natürlich so, als wäre ihm

die Zweideutigkeit nicht aufgefallen. Erst jetzt bemerkte er auch Lauras leicht blutenden Daumen und überschlug sich vor lauter Entschuldigen und dick aufgesetzter Fürsorge:
„Darf ich Ihnen ein Pflaster holen? Tut es denn sehr weh? Oh, ihre Bluse hat auch einen Flecken abbekommen. Die Kosten für die Reinigung übernehme ich selbstverständlich.“
„Ne“, meinte Laura mittlerweile etwas genervt, „bestellen Sie mir lieber einen Krankenwagen!“
Der selten komische Gesichtsausdruck ihres Gegenübers reizten dann Lauras Lachmuskeln so sehr, das Sie laut losprusten musste und nicht mehr aufhören konnte.
Lauras Lachattacke brach zum Glück die gestelzte Atmosphäre und Leander traute sich nun sein Hauptanliegen vorzubringen:
„Eigentlich wollte ich Sie zu einer Vernissage einladen, zu der ich morgen Abend hin muss. Haben Sie Lust mitzukommen? Ich verspreche, ich werde Sie weder beschimpfen, noch verletzen und meine Vorratspackung lasse ich auch daheim.“

Laura musterte ihren Gegenüber nun etwas genauer. Na ja, ihr Traumtyp war er nicht gerade, aber zugegeben, er sah objektiv betrachtet sehr gut aus. Für Lauras Geschmack war er nur eine Spur zu geschniegelt. Nach dem Desaster mit Peter tat ihr diese Einladung einfach nur gut und war wie eine kleine Streicheleinheit für ihr geschundenes Selbstbewusstsein.

In Bruchteilen von Sekunden jagten bei Laura wieder ähnliche Gedanken durch den Kopf wie nach der Einladung von Peter. Wieso nahm Sie auf einmal Einladungen an, deren Natur höchstwahrscheinlich nicht nur von platonischer Art waren? Was war mit ihren Gefühlen zu Martin? Dieser rasante, oberflächliche Streifzug durch ihre Gefühlswelt wurde durch ein kleines Räuspern, ‚Ich bin auch noch da‘, schnell wieder beendet.

„Eine Vernissage? Also, wenn ich ganz ehrlich sein darf, bin ich eher ein Kulturbanause! Mit viel Glück unterscheide ich gerade mal einen Karwinski von einem Bonet! Von daher bin ich nicht gerade die richtige Begleitung für diese Einladung.“

Leander lachte kurz auf. In seinem Umfeld, vielleicht lag das auch an seinem Beruf, versuchten seine Mitmenschen eher immer mit Kulturkenntnissen Eindruck zu schinden, was nur zu oft offensichtlich war.

„Sie würden mir wirklich einen großen Gefallen tun, wenn ich mich mit Ihrer Anwesenheit schmücken dürfte. Wissen Sie, die wenigsten von den Anwesenden wissen wovon sie reden. Das kann vielleicht als Zaungast ganz witzig sein! Also, bitte sagen Sie einfach ,ja‘!“

„Um wie viel Uhr fängt denn diese wunderbar witzige Vernissage an?“

„Bereits um 17.00 Uhr, die Ausstellung ist in der Zentrale der Muffelbank am Friedensplatz! Dürfte ich Sie vorher abholen? Es reicht auch, wenn wir eine Stunde später eintreffen“, fragte Leander, der sich der Zustimmung Lauras bereits sicher war. Nach einer kurzen, obligatorischen Bedenkpause, schlug Laura vor, sich um kurz vor 18.00 Uhr am U-Bahnausgang des Friedensplatzes zu treffen.

Während der Massage im Krankenhaus beschloss Peter, noch vor seinem Flug bei Laura am Checkin vorbeizufahren, um sich für den gestrigen Abend zu entschuldigen. Er war sich zwar keiner Schuld bewusst, aber er kannte ja die Frauen.

Um die Erfolgschancen zu maximieren, kaufte er noch schnell einen kleinen Blumenstrauß an der Flughafentankstelle.

,Na, jetzt kann ja nichts mehr schief gehen‘, entschied Peter und bezahlte gut gelaunt die geforderten 15,-- DM für den Strauß. ,Es sei denn, dass mir Ute hier über den Weg läuft.‘

Um keine Zeit zu verlieren, ging Peter direkt auf den Senator-Schalter zu, um sich dort nach Laura zu erkundigen.

Dienst hatte sie heute, das hatte sie gestern Abend noch vor Utes Debütstück, erwähnt.

Frauke sah schon von weitem den gut aussehenden Kapitän, der zielstrebig auf ihren Schalter zukam. Sofort rückte sie sich erst einmal richtig in Positur: gerader Rücken, zurückgenommene Schultern, die Brust ein wenig heraus geschoben und ein verbindliches Lächeln auf den Lippen. Ihr Kreuzworträtselheft und das ‚Holde Blatt' versteckte sie schnell in der Schublade, der Kunstführer über Florenz durfte hingegen plakativ liegen bleiben. So gewappnet für eine kleine Flirtattacke begrüßte Frauke den Kapitän mit offenem Blick.
„Guten Tag! Was kann ich für Sie tun?"
„Hallo, ich suche Frau Pietsch! Können Sie mir sagen, wo sie momentan eingeteilt ist?"
Frauke glaubte ihren Ohren nicht trauen zu können: „Doch das kann ich Ihnen sagen: Sie sitzt am Checkin Schalter hier in Halle A auf 115 und macht dort bald einen Blumenladen auf." Peter belächelte den witzigen Kommentar und meinte dann beim Gehen:
„Jetzt übertreiben Sie mal nicht! So groß ist der Strauß doch auch wieder nicht."

Peter, der Laura am angegebenen Schalter nicht sofort finden konnte, sah von weltem erst einmal nur einen riesigen Strauß roter Rosen. Dann sah er sie! Hinter diesem protzigen Strauß, in angeregter Unterhaltung vertieft mit so einem Lackaffen, die er täglich von X nach Y flog. Die Situation war nur zu eindeutig! Jetzt verstand er auch die Bemerkung der Kollegin vom Senator-Schalter.
‚Ich Idiot', stöhnte Peter innerlich, ‚mach mich hier zum verliebten Deppen. Die Frauen sind doch alle gleich!', und verließ schnurstracks das Terminal, ohne dass Laura ihn hätte sehen können. Auch bekam er nicht mehr mit, dass Leander mit einem dringenden Aufruf zu seinem Mailandflug gerufen wurde.
„Achtung bitte! Dringender Aufruf für Passagier Pinsel, gebucht mit der Airborn nach Mailand, bitte kommen Sie

umgehend zu Ihrem Ausgang A18! Wir schließen diesen Flug!"
Daraufhin meinte dann Leander zu Laura:
„Oh, jetzt muss ich mich wohl beeilen, man ruft mich schon auf! Also, dann bis morgen!"
„Jetzt weiß ich zumindest Ihren Namen! Herr Pinsel, also dann mal zügig zum Ausgang!"

Leander verschwand durch die Sicherheitskontrolle, nicht ohne sich vorher noch von Frau Klotz durch ein grüßendes Kopfnicken zu verabschieden. Im Gegensatz zu Frau Pietsch hatte sie wohl reges Interesse an Kunst. Er hatte nämlich den Kulturführer über Florenz an ihrem Schalter bemerkt. Leander bewunderte sich mal wieder selbst für seine schnelle Auffassungsgabe, auf die er insgeheim schon immer sehr stolz war.
Jetzt freute er sich erst einmal auf morgen. Leander war neugierig, wie Laura sich auf der Ausstellung schlagen und auf welche Akzeptanz sie bei seinen Geschäftskunden treffen würde. Er fand ihre Art auf jeden Fall erfrischend, wenn auch nicht unbedingt für jeden salonfähig. Na ja, morgen würde er mehr wissen! Zudem gehörte die Muffelbank auch nicht zu seinen größten und wichtigsten Kunden, so dass dies eine gute Gelegenheit war, Lauras Gesellschaftsfähigkeit zu testen. Denn darüber war sich Leander klar, an seiner Seite konnte er nur eine Frau akzeptieren, die seinem Geschäft nicht schadete, egal wie attraktiv er sie fand.

Wenige Minuten nachdem Leander gegangen war, verließ auch Laura ihren Schalter. Sie hatte endlich Feierabend und drei freie Tage warteten nun auf sie. Von weitem hörte Laura das Klingeln des Telefons an ihrem Schalter und wollte zum Hörer abnehmen gerade wieder umkehren, als ein suchender Abholer sie ansprach.
Der fliegerseidene Jogginganzug und das T-Shirt mit dem Aufdruck ‚*Bier formte diesen wunderschönen Körper*‘ signalisierte Laura gleich, dass es sich hier nicht um einen Flughafenprofi handeln konnte.

„Fräulein können Sie mir vielleicht sagen, wo die Maschine aus der Demokratischen Republik ankommt?"
Laura, die aufgehört hatte sich über irgendetwas hier am Flughafen zu wundern, fragte zurück:
„Meinen sie vielleicht die Dominikanische Republik?"
„Mädel, das weiß ich doch nicht, ich will doch nur die Familie Meier abholen!"
Gott sei Dank erübrigten sich dann weitere Geographieerklärungen, da Familie Meier mit einem großen Hallo entdeckt wurde.
Auch das Telefon hatte aufgehört zu klingeln. Frauke hatte es etliche Male läuten lassen, doch Laura war wohl schon weg. So ein Ärger, jetzt musste sie mindestens fünf Tage warten, bis sie ihre Kollegin über die Blumenspender ausfragen konnte, denn im Anschluss an Lauras freie Tage hatte sie ihre Off-Tage.
Es war nicht der Kapitän, dem ihr Hauptinteresse galt. Der gehörte wohl eher zu der Spezies ‚nicht besonders spendabel'. Und solche Männer hatte Frauke langsam dicke. Für sie kam nur noch ein Mann in Frage, der ihren Wert auch zu schätzen wusste. Nicht umsonst investierte sie jede Mark in schöne Unterwäsche, Kleidung und Kosmetik, schwitzte regelmäßig im Fitnessstudio und quälte sich durch die langweiligsten Kunst- und Kulturführer. Nein, dann schon sowas wie der Rosenkavalier! Aber was will bloß so einer von der faden Laura? In fünf Tagen würde sie mehr wissen, oder sie müsste sie zu Hause unter einem fadenscheinigen Grund anrufen.
‚Mal sehen', hielt sich Frauke offen, ‚kommt Zeit kommt Rat!'

Laura hatte ganz schön Mühe, ohne weitere Dornenpiekser nach Hause zukommen. Doch die Mühe lohnte sich, die Rosen sahen wirklich wunderschön in dem schwarzen Sektkübel aus. Was würde Martin wohl dazu sagen, der auch ein großes Faible für die schöne Dinge im Leben hatte? Im Moment hatte Laura mal wieder keine besondere Lust, über ihre Beziehung zu Martin nachzudenken, weil das Nachdenken sie seelisch hinunter zog.

Es war längst nicht mehr so wie früher, als sie stundenlang im Bett lagen und engumschlungen lange Gespräche führten, oder über die gleichen blödsinnigen Kleinigkeiten kichern konnten. Klar, Martin war ihr total vertraut und die nonverbale Kommunikation funktionierte auch jetzt noch bestens. Auch konnte sie heute noch mit ihm reden, doch entweder fehlte die Tiefe oder sie gerieten immer über die gleichen Themen in Streit.

Der Initiator der Gespräche war zugegebenermaßen leider immer sie selbst. Themen, wie mehr erwartete Hilfe und Unterstützung im Haushalt oder Martins berufliche Zukunft waren zwar abendfüllend und in bestimmten Zyklen immer wiederkehrend, doch verliefen sie für beide Parteien immer total unbefriedigend. Laura hatte das Gefühl, dass sie sich dabei im Kreis drehten, da die Gespräche immer nach dem gleichen Schema anfingen und aufhörten.

Aus einer harmonischen Stimmung heraus sprach Laura oft die Reizthemen an. Gerade dann, wenn sie das Gefühl der gegenseitigen geistigen Nähe hatte, startete sie einen neuen Versuch, Martin zu erreichen. Aber was wollte sie eigentlich erreichen? Was wollte sie von ihm hören? Seine entnervte Standardantwort ‚Dann such' dir doch einen anderen, wenn du mit mir so unzufrieden bist!', auf jeden Fall nicht!
‚Vielleicht ist das der Grund, warum ich momentan so bereitwillig und gerne neue Bekanntschaften schließe', analysierte sich Laura selbst. ‚Und ich möchte ihn so endlich wachrütteln.'

Die Türglocke holte Laura von ihrem kurzen Gedankenspaziergang zurück. Das musste Carla sein, mit der sich Laura heute nach dem Dienst verabredet hatte. Carla war ihr schon länger eine sehr gute Freundin. Sie hatten sich kennen gelernt als Carla, die als Purserette bei der Airborn arbeitete, schwanger war. Da Schwangere nicht mehr fliegen dürfen, musste Carlas Arbeitskraft anders eingesetzt werden und somit wurde sie in die Passage versetzt, in der auch Laura arbeitete.

Aus der anfänglichen Sympathie wurde Freundschaft. Vor allem in der Zeit als Carla ihr Baby im fünften Monat verlor, war Laura ihr seelischer Halt gewesen. Von ihrem Umfeld bekam Carla damals sehr wenig Trost und fand kaum Verständnis für ihre Trauer. Vielmehr spürte sie die Erleichterung bei Freunden und ihrer eigenen Familie. Carlas Schwangerschaft basierte auf einem One-Night-Stand mit einer Kneipenbekanntschaft, der sie nach dem positiven B-Test eine Chance geben wollte. Doch schon bald stellte Carla fest, das Heinz ein ziemliches seelisches Wrack war.

Sein großes Problem war der Alkohol. Trank er, wurde er unzuverlässig, hielt keine Verabredung ein und ging am nächsten Tag auch nicht in den Gemüseladen seiner Eltern zur Arbeit. Trank er, wurde er oft aggressiv und legte sich mit jedem an - der Grund für seine Vorstrafe wegen Körperverletzung. Auch wenn sie als Paar keine Zukunft hatten, so sollte das Ungeborene eine haben, beschloss damals Carla und bereute diese Entscheidung keinen einzigen Tag. Vielmehr freute sie sich auf das kleine Wesen und konnte kaum noch die Niederkunft abwarten.

Für ihr Umfeld, vor allem für ihren erzkonservativen Vater, war die Fehlgeburt dann fast ein Segen. Doch Carla brauchte lange, bis sie mit diesem Verlust umgehen und den Schmerz annehmen konnte. Das war auch der Anlass für Carlas Umzug nach Kleinklexdorf. Sie konnte und wollte nicht mehr länger in der Einliegerwohnung ihrer Eltern leben, die ihr ständig mit einem ‚Was hast du uns nur angetan!‘-Gesicht begegneten. Zwar liebte sie die Villa am Starnberger See mit ihrer schönen Umgebung, doch ihr Selbsterhaltungstrieb war Gott sei Dank groß und ihre Luxusabhängigkeit klein genug um diesen Schritt zu tun.

Der Vorschlag kam damals von Laura. Carla hatte sich mal wieder für eine Nacht auf Lauras Wohnzimmercoach einquartiert, nachdem sie fast die ganze Nacht über gequatscht, gelacht und leider auch geweint hatten. Vor dem Einschlafen hatte ihr Laura noch das Versprechen abgenommen, sich endlich auf eigene Beine zu stellen und sich eine Wohnung in der Nähe vom Flughafen zu suchen. Ihre Eltern konnten dann allen erzählen, dass das ‚Carlchen‘ (oh, wie sie diese Verstümmelung hasste), jetzt nicht mehr so weit zur Arbeit fahren musste, und sie hatte ihre Ruhe. Als dann aber ihre Freundin mit einer duftenden Tasse Kaffee, einem Teller mit geschmierten Brötchen und einer Tageszeitung in das Zimmer platzte, die Rollos erbarmungslos hochzog und sie mit einem munteren: ‚Nun aber raus aus den Federn weckte!‘, war das Versprechen längst wieder vergessen.

Doch Laura blieb hartnäckig, drückte ihr einen Rotstift in die Hand und legte das Telefon parat. Zwar fanden sie nicht am gleichen Tag eine passende Wohnung, doch war zumindest Carla aus ihrer Lethargie gerissen. Sie entwickelte sogar Eigenengagement, in dem sie die Maklerstelle ihrer Firma beauftragte und sich mit steigendem Spaß in Frage kommende Objekte anschaute.

Die passende Wohnung fand Carla dann nur fünf Autominuten von Laura und nur 10 Minuten vom Flughafen entfernt. Das war nach den Langstrecken, bei denen sie dann 14 Stunden und mehr auf den Beinen stand, eine wahre Wohltat. Schon nach kurzer Zeit konnte sich Carla gar nicht mehr vorstellen, dass sie nach dem Dienst noch eine Stunde nach Hause gefahren war. Auch genoss Carla die Möglichkeit, nur mal so eben auf einen Kaffee und Ratsch bei ihrer Freundin vorbeischauen zu können, ohne dass ein solches Treffen vorher immer umständlich geplant und organisiert werden musste.

Heute brannte Carla darauf, Laura von ihrer neuen Eroberung zu erzählen, doch dass Ottmar noch verheiratet war, würde Laura erst zu einem späteren Zeitpunkt erfahren. Sie kannte Ottmar ja noch nicht und würde somit einen völlig falschen Eindruck von ihm gewinnen, und diese Vorbehalte würden ein unbelastetes Kennenlernen später recht schwierig machen. Carla wollte auch ihre rosarote Brille noch ein wenig länger tragen und das auch genießen. Laura würde das später schon verstehen.

Die Begrüßung fiel sehr herzlich aus, hatten sich die beide doch seit drei Tagen nicht mehr gesehen. Zur Feier des Tages öffnete Laura erst einmal eine Flasche Prosecco, während Carla von ihrem letzten Flug plauderte.

„Stell dir vor Laura, auf dem Flug nach Istanbul sind wir in eine recht heftige Gewitterfront gekommen! Du kennst mich ja! Ich hing mal wieder ständig über der Kloschüssel, so dass ich mich erneut fragte, ob ich nicht doch den falschen Beruf ergriffen habe. Aber eine Kollegin von mir hat mit Sicherheit den falschen ergriffen. Die Turbulenzen wurden irgendwann dann so stark, dass wir den Service einstellen und uns auch anschnallen mussten. Und jetzt kommt der dicke Hund: Da fängt auf einmal meine Kollegin voller Verzweiflung lauthals zu beten an! Kannst du dir sowas vorstellen?“

Laura kicherte, als sie sich die betende Stewardess vorstellte und meinte:
„Ich habe auch noch eine nette Geschichte für dich: Heute hatte ich den ganzen Tag Halle, Checkin bis zum Umfallen, die üblichen Schlangen zum Peak, du kennst das ja. Zwei Schalter neben mir eine neue Kollegin mit wenig Routine. Bei Sonderfällen hatte sie natürlich noch ihre ärgsten Probleme und fragte ziemlich oft bei uns nach. Dann stehen Passagiere mit einem Vogelbauer vor ihrem Schalter und sie brüllt durch die volle Halle ‚Wie ist das mit Vögeln in der Kabine?' Die Reaktion war irre, bestimmt drei Kollegen hatten für Minuten einen Lachkrampf, der sich auch auf die Passagiere übertrug. Die arme Kollegin glühte im Gesicht wie eine Tomate, konnte

aber den Schalter nicht verlassen, weil doch noch die ganze Halle voll war!"

Carla und Laura kicherten schon leicht beschwipst um die Wette. Dann platzten beide fast gleichzeitig damit heraus, dass sie sich noch was ganz Wichtiges zu erzählen hätten. Carla wollte gerade mit ihrer Geschichte anfangen, als die Wohnungstür aufging.

Es war Martin: „Hallo Mädels!", und schmatzte Laura einen Kuss auf die Wange.
„Carla, dich habe ich mindestens 24 Stunden nicht mehr gesehen", lachte Martin in Anspielung auf das enge freundschaftliche Verhältnis zu Laura.
„Schatz, darf ich ein Gläschen mit Euch trinken?", und schon hatte es sich Martin auf den Küchenstuhl gemütlich gemacht.
„Stell dir vor, wen ich vorhin im Schlosspark getroffen habe. Den weiblichen Teil unseres Vorzeigeehepaars von gegenüber. Der war aber unser Zusammentreffen mehr als unangenehm, Frau Saubermann war nämlich in männlicher Begleitung. ‚Mein Bekannter, der Rosenliebhaber!', äffte Martin Reinhilde stark übertrieben, aber doch treffend nach. In dem Moment registrierte Martin die Rosen und meinte nur.
„War der Rosenliebhaber vielleicht auch etwa bei uns?"
Martin und Laura waren jetzt einen kurzen Moment allein im Zimmer, weil Carla ihre Blase entleeren musste. Martin nahm Laura in den Arm und flüsterte ihr ins Ohr:
„Schatz, die Rosen sind wirklich wunderschön, aber -", Martin setzte eine kunstvolle Redepause ein, in der es Laura schon ganz mulmig wurde, hatte sie doch ein schrecklich schlechtes Gewissen, „aber, du sollst doch dein Geld lieber für unseren nächsten Urlaub sparen!"

Das war doch wohl wirklich die Höhe, der Kerl war nicht eine Spur eifersüchtig.
‚Glaubt der wirklich, ich würde mir selbst einen solchen Strauß kaufen! Und dann auch noch diese Nummer mit

dem Geldsparen, lustig verpackt, aber mit einem wahren Kern.'

Laura konnte ihrer Wut leider keine Luft machen, da sie gerade die Klospülung hörte und jeden Moment mit Carlas Rückkehr rechnen musste. So vertraut ihr Carla mittlerweile war, aber als Ohrenzeugin für ihre Streitereien sollte sie nicht dienen.

„Ja, was ist nun mit deiner Geschichte von Eurer Nachbarin, Martin, habe ich was verpasst?", wollte Carla wissen.
„Na ja, du musst wissen, dieses Paar gilt als das perfekte Ehepaar hier in dieser Siedlung. Sie sind beide recht attraktiv, finanziell scheint es ihnen auch sehr gut zu gehen, und sie spielen jedem die große liebende Einheit vor. Die meisten schlucken das auch. Nur, er ist ein notorischer Fremdgänger, das weiß ich zufällig durch einen Kommilitonen, der in den Semesterferien in seiner Bank arbeitete. Tja, und seit heute vermute ich, dass nun auch Reinhilde, seine Frau, mit den gleichen Waffen zurückschlägt."

Carla dachte kurz mit einem warmen Gefühl an Ottmar, der es bestimmt nicht leicht hatte! Gerade solche Männer wie Reinhildes Mann nährten natürlich Vorurteile und sie kommentierte deshalb voll Inbrunst:
„Es ist wirklich ekelig, was sich hinter manch bürgerlichen Fassade so alles versteckt."
‚Carla hört sich dabei fast so an, wie ihre Mutter', stellte Laura amüsiert fest. Sie hatte Frau Nördling bei Carlas Umzug kennen gelernt und recht sympathisch gefunden, obwohl Carla ihre Mutter als oberspießig, gefrustet und penetrant beschrieb.

„Carla, ich wusste ja gar nicht, dass du so hohe moralische Ansprüche hast?", witzelte Martin.
„Unsere Reinhilde hat die anscheinend nicht. Läuft die doch total turtelnd mit unserem Nachbarn", hier legte Martin eine theatralische Kunstpause ein, „Helmut durch den Park! Die beiden waren so vertieft, dass Sie mich erst gar

nicht wahrgenommen haben! Zwischen den beiden knisterte es aber ganz gehörig!"
„War das schon deine Sensationsstory?", fragte Laura bissig. „Dann habe ich Reinhilde noch erzählt, dass ich zum Billardspielen gehe!"
Irritiert schaut Carla Martin an:
„Hast du mir nicht gestern am Telefon vorgestöhnt, dass du heute eine Prüfung hast?"
Mit einem Augenrollen erklärt Laura ihr dann:
„Martin liebt es, Reinhildes Vorurteile ihm gegenüber zu schüren. Sie hält ihn für einen faulen Studenten, der mich arbeitendes, gutmütiges Wesen nur ausnutzt. Na ja, Reinhilde hat dich ewigen Studenten halt durchschaut!"
Jedem war in diesem Moment klar, dass der ironische Zusatz absolut ernst gemeint war. Das peinliche Schweigen brach Laura dann selbst, in dem sie Martin nach seiner Prüfung befragte.

„Wie ist die Prüfung denn gelaufen?"
Martin empfand diese Frage als Inbegriff für ihre Beziehungsprobleme, die wesentlich mehr Fragen beinhaltete, und erwiderte nur ein:
„Wird schon passen!"

Carla wollte die angespannte Stimmung ein wenig auflockern. Sie erzählte ein Anekdötchen aus ihrem Fliegeralltag, so als hätte sie die Schwingungen gar nicht wahrgenommen:
„Martin, ich habe mal wieder einen Dialog für deine Stammtischsammlung. Neue Kollegin geht zu einem Passagier, der sie heran gewunken hat. Der: „Könnten Sie mir bitte einen ´runterholen?" - Sie daraufhin total pikiert. „Na, hören Sie mal! Was fällt Ihnen denn ein?!" Leider hatte die Kollegin nicht mitbekommen, dass der Passagier auf die Zeitschrift ‚Focal' über sich gedeutet hatte und keineswegs um erotische Entspannung bat. Unter den nun neugierigen Blicken der umliegenden Passagieren stammelte sie dann eine Entschuldigung!"
Martin schüttelte den Kopf:

„Was Ihr beiden immer für Geschichten erzählt, das ist wirklich unglaublich!"
„Aber wahr!", stimmten Laura und Carla ein.
Mit einem Blick auf ihre Uhr meinte Carla:
„Und jetzt muss ich auch schon wieder gehen, ich habe morgen einen Frühflug."

Laura brachte Carla noch bis zur Wohnungstür und schickte ihr einen vielsagenden und zugleich fragenden Blick hinüber. Carla, die ihn richtig gedeutet hatte, flüsterte gerade noch ein:
„Bin verliebt!", in Lauras Ohr, als Martin schon wieder bei ihnen im Flur stand.
„Wir telefonieren!", rief Laura Carla noch hinterher.
Kurz danach verschwand Martin bereits wieder, um sich mit einem Studienkollegen zu treffen.
Mit einem „Bis heute Abend Schatz!" und einem Schmatz war er dann schon zur Tür heraus.
„Sowas nennt man perfektes Timing!", stellte Laura sarkastisch fest.

Kaum hatte Martin die Tür hinter sich geschlossen, griff Laura auch schon zum Telefon. Neugierig wählte sie Carlas Handynummer, aber statt Carlas Live-Stimme ertönte nur ihre Mailbox. Schade, zu gern hätte sie jetzt noch mit Carla ihre Neuigkeiten ausgetauscht und die Kleiderfrage für ihr morgiges Rendezvous geklärt. ‚Egal, letztendlich kommt ja eh nur das ‚kleine Schwarze' in Frage!' und freute sich jetzt auf einen gemütlichen Abend im Bademantel.

Laura saß eingekuschelt auf dem roten Sofa, einem Erbstück von Tante Else. Ein Glas Rotwein stand noch unberührt auf dem weißen Ikea-Tisch und in dem Buch, das auf ihrem Schoß aufgeschlagen lag, war seit geraumer Zeit keine Zeile mehr gelesen worden. Gedankenverloren starrte Laura in den Raum. So vieles ging ihr durch den Kopf. Vor allem nervte sie das Gefühl, nicht zu wissen, was sie selbst wollte.

Sie drehte sich mit ihren Gedanken im Kreis herum, mal streiften sie ihre Beziehung zu Martin, dann wieder war sie bei dem gestrigen Abend mit Peter. Kurz glitten ihre Gedanken zu ihrem neuen Verehrer. Doch nichts ließ sich ordnen, kein Gefühl war klar und eindeutig, kein Ansatz ließ sich in seiner Konsequenz zu Ende denken, ein Kreis ohne Anfang und Ende. Vielleicht lag ihre mangelnde Konzentrationsfähigkeit und ihre hervorragende Verdrängungspolitik auch an den Folgen des Frühdienstes. Unzufrieden mit sich, wechselte Laura dann irgendwann ins Bett über und schlief im Nu auch ein. Sie hörte weder Martin nach Hause kommen, noch wurde sie wach, als er ihr ziemlich ausdauernd über die Haare strich.

Am nächsten Morgen wurde Laura vom Telefon geweckt. Noch recht verschlafen murmelte sie ihren Namen in den Hörer:
„Pietsch!?"
„Hallo, du Schlafmütze!", kam es von Carla hellwach zurück.
„Die Einsatzleitung hat mir meinen Frühflug gestrichen, statt dessen schicken die mich bis Freitag Abend über den Teich! Schade! Unsere Plauderstunde muss also noch bis zum Wochenende warten. Hast du dann überhaupt Zeit?"
„Mensch, Carla, du ratterst wie ein Maschinengewehr! Ich muss erst mal wach werden! - Hm, am Wochenende habe ich Frühdienst und Martin fährt am Wochenende zu einer Familienfeier, sein Onkel Karl feiert den 60-sten Geburtstag! Dank meines Dienstes habe ich die beste Entschuldigung, um nicht mitfahren zu müssen und werde auch noch bedauert!"
„Bedeutet das, dass du am Wochenende Zeit hast, oder nicht?", lachte Carla ins Telefon hinein.
„Klar, habe ich Zeit! Oder glaubst du, dass ich noch einen Tag länger auf deine Berichterstattung warten kann?"
„Ich muss jetzt auch los! Am Samstag telefonieren wir noch mal zusammen! Ciao!"
„Ciao, Carla!"

Kurz überlegte Laura, ob sie wieder ins Bett kriechen sollte, Zeit genug hatte sie heute ja. Die Verabredung für die Vernissage war erst um 18.00 Uhr, und die paar Einkäufe waren auch schnell erledigt. Dennoch entschied sie sich gegen ihr warmes Bett und plante statt dessen mal wieder einen Besuch im Fitnessstudio ein. So konnte sie für heute zumindest Martin aus dem Weg gehen, und brauchte ihren Vernissagebesuch nicht weiter erwähnen.
Leise schlich sie sich ins Schlafzimmer, um ihre Sportsachen zusammen zu suchen. Wo war nur wieder ihre weiße Jogginghose? Hatte sie die nicht bereits gebügelt in den Schrank gelegt? ‚Mist, da ist sie nicht!‘, haderte Laura mit sich.
‚Vielleicht liegt sie ja doch bei der Bügelwäsche!‘
Und schon wühlte sie in einem nicht unbeachtlichen großen Korb voller Wäsche. Dabei musste sie sich allerdings auf ihren Tastsinn verlassen, da das bisschen Licht aus dem Flur nur zur Umrisserkennung ausreichte. Endlich hatten ihre Hände ein Kleidungsstück ertastet, das von der Form her passen konnte: lange Hosenform, weicher Baumwollstoff. Bei der näheren Betrachtung im Flurlicht entpuppte es sich allerdings als Martins Skiunterhose.
‚Oh je! Gut, dass das jetzt nicht Mama Hedwig gesehen hat! Eine Skihose noch im Hochsommer unter der nicht gemachten Wäsche. Skandal! Vielleicht hätte sie uns geglaubt, dass wir zum Skifahren zum Mount Kenia gejettet sind?! Zutrauen würde die mir das!‘, schweiften ihre Gedanken zu Martins Mutter ab. Erneut suchte Laura in der Wäsche und schwor sich dabei, wie schon so oft, ihr Wäscheproblem demnächst in den Griff zu bekommen.
‚Das kann sie sein!‘ Und das war sie auch. Laura packte die Hose in ihre Tasche.

Aus guter Gewohnheit schrieb sie noch schnell eine Notiz für Martin: *Bin beim Sport und danach in der Stadt – Bussi.* Den Zettel klebte sie an die Warmhaltekanne und stellte diese unübersehbar auf den rasch arrangierten Frühstückstisch, danach schloss sie betont leise die Haustür hinter sich zu.

Mittlerweile stand Laura unter Zeitdruck, die Aerobic-stunde fing gleich an, und sie quälte sich immer noch durch den Stadtverkehr. Der Lokalsender beschrieb diesen Zustand mit ‚dichtem Berufsverkehr im gesamten Innenstadtbereich'. Endlich vor dem Studio angekommen, war wie immer kein Parkplatz frei. Somit musste sie noch eine Runde um den Block drehen, bei der weitere kostbare Minuten verrinnen würden.
‚Prima! Da ist ja ein Parkplatz.'
Doch nach dem dritten Versuch in die kleine Lücke einzuparken, gab Laura auf. Ohne Servolenkung war das Einparken eine rechte Plackerei und zum anderen hupten bereits mehrere Autos hinter ihr und verlangten lautstark nach freier Fahrt.
‚Soll halt nicht sein!'
Und kurzerhand disponierte Laura ihren ‚Fluchtplan' um und beschloss zuerst einzukaufen.

Beim großen Supermarkt *Deka*, gab es dann auch gleich in der ersten Reihe einen breiten Parkplatz. Der Einkauf war rasch erledigt und die Sachen schnell in die gekauften Plastiktüten gepackt, die nur noch im Wagen verstaut werden mussten. Laura schloss in aller Ruhe ihren Golf auf, als just in diesem Moment die Tüte platzte. Der teure Orangensaft ergoss sich auf dem Asphalt und gab mit dem leckerem Balsamico-Essig eine unappetitliche Farbkombination auf dem Wurstpaket ab. Der Joghurt auf ihren weißen Sportschuhen fiel gnädigerweise gar nicht so auf, wären da nicht die Knusperflakes gewesen, die auch noch nach mehrmaligem hektischem Schütteln des Fußes hartnäckig auf dem Schuh kleben blieben.
Laura sammelte mit einem kritischem Blick die noch brauchbaren Sachen auf und packte diese dann mit der noch intakten Tüte zurück in den Einkaufswagen.
Sie wollte sich schnell noch eine neue Tüte besorgen und schob den Wagen deshalb zurück zur Kasse. Die zerrissene Tüte, deren untere Falz komplett aufgetrennt war, hielt sie zur Unterstreichung ihrer Bitte, der Kassiererin entgegen.

„Könnte ich bitte eine neue Tüte bekommen, die ist gerade gerissen!?"
„Das macht dann noch 20 Pfennige!"
„Die Tüte habe ich gerade erst bei Ihnen gekauft!", erklärte Laura der Dame und war sich sicher, damit ein Missverständnis aus dem Weg geräumt zu haben. Aber von wegen! Die Kassiererin ereiferte sich auch noch recht schnippisch:
„Das ist halt Pech! Ich kann doch nicht jedem eine Tüte schenken! Da kann ja jeder kommen!"
Mit dieser enthusiastischen Antwort hatte Laura nun wirklich nicht gerechnet und wollte gerade zum verbalen Gegenschlag ausholen, als ihr die Sache zu doof wurde.
„Hier haben Sie die 20 Pfennige!", und ging kopfschüttelnd zum Auto. So banal wie die Sache an sich auch war, sie ärgerte sich trotzdem.

20 Minuten vor der nächsten Aerobicstunde war Laura bereits wieder im Studio und hatte noch Zeit, bei der 10.00 Uhr Stunde zuzuschauen. Nur durch eine Glasscheibe war der Gymnastikraum vom Barbereich getrennt. So konnte Laura ihren Energietrunk zu sich nehmen und zuschauen, während die anderen sich bei wirklich guter Musik auspowerten. Die Frauen, die dort ihr letztes gaben, waren zwischen 18 und 50 Jahre alt, von dick bis dürr, von sehr hübsch bis unscheinbar und quälten sich im glänzenden Stringbody oder im einfachen Baumwollripp. Vom total durchtrainierten Superbody bis zur keuchenden Anfängerin war heute alles vertreten.

Laura war nicht die einzige Zuschauerin, immer wieder pausierten ein paar Männer an der Bar und starrten recht unverhohlen durch die Scheibe. ‚Die reinste Fleischbeschau! Ob dieses Guckloch an der Bar bewusst so geplant war, mit Sabber- und Lechzeffekt?' Den Vertrag deshalb zu kündigen, hatte Laura schon manchmal erwogen, doch die speziell eingeräumten Sonderkonditionen für Airborn-Mitarbeiter ließen Laura dann doch immer wieder die Kündigungsfristen verstreichen.

Die Stunde war zu Ende, die Erschöpften klatschten Beifall und räumten, bis auf drei besonders Fitnesshungrige, ihren Platz. Schon drängten die Nächsten in den Raum, um sich den vermeintlich besten Platz mit einem Handtuch zu sichern. Mit hochrotem Kopf und etwas wackligen Beinen verließ Laura das Studio. Die Stunde war heute ganz schön anstrengend gewesen. Von falschem Ehrgeiz gepackt, wollte sie unbedingt mithalten und ja nicht mittendrin schlappmachen. Klar, da rächten sich die drei Wochen Sportpause sofort. Dennoch war Laura jetzt sehr zufrieden und genoss das wohlige Gefühl. Hinterher wusste sie immer, dass es sich mehr als lohnte, den inneren Schweinehund, den Gegner ihrer besten Vorsätze, zu überwinden.

Vielleicht war das ja jetzt auch so mit ihrer Einladung für heute Abend. Ihr innerer Schweinehund sagte: ‚Ich habe gar keine Lust mehr auf so eine blöde Schickimicki-Veranstaltung, ich will gemütlich auf meinem Sofa liegen und höchstens noch zum Kühlschrank gehen!'

Peter war nach seinem Flug immer noch total verärgert, dass er hatte zusehen müssen, wie Laura sich gestern von diesem ‚Rosenkavalier' hatte becircen lassen, denn genauso interpretierte er seine Beobachtung. Missmutig war er nun auf dem Weg ins Krankenhaus zu seiner nächsten Massage. Eigentlich fühlte er sich wieder ganz gesund. Auch seinen Hals konnte er wieder gut bewegen. Aber einmal wenigstens wollte er noch hingehen und dann alle weiteren Termine absagen.
Als er in den Parkplatz des Krankenhauses einbog, fiel ihm der schwarze Porsche von Frau Dr. Paarhufer auf, der direkt neben dem Eingang geparkt war. Da entstieg sie ihm auch schon lächelnd und winkte ihm zu.
„Na, ja, wenigstens Eine, die mich heute beachtet", dachte er voller Selbstmitleid.
„Guten Tag, Frau Dr. Paarhufer."
„Guten Tag, Herr Crusius! So ein Zufall, Sie hier zu treffen!", begrüßte ihn Rosalinde. In Wirklichkeit hatte sie

dem Zufall etwas nachgeholfen und schon eine Viertelstunde in ihrem Auto auf das Eintreffen von Crusius gelauert.

„Wie geht es Ihrem Hals? Die Halskrause steht Ihnen wirklich sehr“, fragte sie.

„Oh, mir geht es schon richtig gut. Heute komme ich das letzte Mal“, antwortete Peter.

‚Merkwürdig!‘, dachte Rosalinde. ‚Ich hätte schwören können, dass er noch einige Termine hatte. Aber da kann ich ja nicht nachfragen, ohne aufzufallen. Er bricht die Behandlung also eigenmächtig ab. Das heißt, dass heute meine einzige Chance ist, ihn näher kennen zu lernen. Ich setze alles auf eine Karte!‘

„Ich war übrigens mit dem Wagen in der Werkstatt, die Sie mir empfohlen haben. Wie Sie sehen, sehen Sie nichts!“ Peter zeigte auf seinen Wagen. „Die haben dort wirklich ausgezeichnete Arbeit geleistet! Danke noch mal für den Tipp!“, sagte Peter und war schon im Vorbeigehen.

„Hätten Sie nicht Lust, mich zum Treffen des hiesigen ‚Clubs der Porsche-Freunde‘ zu begleiten? Den kennen Sie doch sicher?“ Rosalinde ging aufs Ganze.

Peter war überrascht von dem Angebot, aber da er so frustriert über den bisherigen Verlauf der letzten Tage war, dachte er, dass ein wenig Abwechslung ihm gut tun würde. „Nein, diesen Club kenne ich noch nicht. Ich habe den Wagen ja auch erst sehr kurz. Ist der Club vom Hersteller organisiert?“, fragte er.

„Nein, das ist ein örtlicher, sehr exklusiver Club. Man kommt nur auf persönliche Empfehlung hinein.

Das nächste Treffen ist am Samstag Abend im Hinterraum des ‚Excelsior‘ um 20.00 Uhr.

„Gut, ich komme! Wir treffen uns dann vor dem Excelsior um 20.00 Uhr, wenn es Ihnen Recht ist“, antwortete Peter.

„Ja, das ist in Ordnung. Bis Samstag dann!“

Rosalinde atmete tief durch. Das hatte ja besser geklappt, als sie zu hoffen gewagt hatte. Jetzt musste erst mal ihr Adrenalinspiegel wieder langsam absinken, bevor sie sich auf den Weg zu ihrer Station machte.

VI

Der innere Schweinehund war überwunden, und Laura saß mit einem etwas mulmigen Gefühl im Bauch in der U-Bahn. Noch zwei Stationen und dann war sie am Treffpunkt. Leander wartete bereits auf sie mit aufgespanntem Regenschirm; ihr Regenschirm lag im Auto zu Hause.

Während der kurzen Fahrt hatte es mal wieder angefangen zu regnen, zwar nicht so heftig wie am Montag, aber doch so stark, dass man innerhalb von fünf Minuten von der gestylten Diva im ‚kleinen Schwarzen‘ zur skurril geschminkten Edelpunkerin wurde.

Selbstverständlich nahm sie Leanders Regenschutz an und wich mit ihm gemeinsam ein paar Pfützen aus. Bei einer stapfte Laura trotzdem noch hinein, dabei wurde ihre Waden mit einigen kleinen schwarzen Spritzern versehen. Egal, die Strumpfhose konnte sie nachher auf der Toilette ausziehen! Dann mussten halt die vornehmen Bildbetrachter ihre unbestrumpften Beine ertragen. Leander taxierte sie sicher zu dem Gebäude der Muffelbank und plauderte dabei ununterbrochen.

Schnucki stand vor dem Schminktisch in ihrem Schlafzimmer und begutachtete kritisch ihr Make-up. Irgendwie gefiel sie sich nicht. Mal erschien sie sich zu auffällig geschminkt - wie ein Indianer auf dem Kriegspfad - dann wieder zu blass. Seit einer Stunde malte und wischte sie in ihrem Gesicht herum.

Entsetzlich! Immer wenn sie mit Ottmar aus beruflichen Gründen an seiner Seite zu einer Veranstaltung miterscheinen musste, wusste sie überhaupt nicht mehr, was der für den jeweiligen Anlass angemessene Kleidungsstil war. Einerseits wollte sie nicht aufgedonnert erscheinen, schließlich war ihr Mann ja ein seriöser Banker, andererseits durfte sie auch nicht wie eine graue Maus erscheinen, denn als ‚Frau an seiner Seite‘ durfte sie nicht gegen seinen perfekten Aufzug abfallen.

Der Ökolook, den sie sonst bevorzugte, war natürlich indiskutabel. Die Kleidung aus der Boutique, in der sie arbeitete, zu overdressed. Am liebsten hätte sie sich das Zirkuszeltkleid von Frau Schrickbomber übergestülpt und wäre darin verschwunden. Aber nein, heute war eine Vernissage. Ein unbekannter, aber wohl sehr talentierter Künstler stellte in den Räumen der Zentrale der Muffelbank aus. Es konnten also alle möglichen Leute kommen. Eingeladene Kunden, Vorstände mit Gattinnen, falls sie Lust hatten, und natürlich die Angestellten des mittleren Managements, die sich mit den Kunden unterhalten mussten oder wollten, und die die Gelegenheit nutzen wollten, einen Vorstand aus der Nähe zu sehen.
Schnucki graute es vor diesen Veranstaltungen. Zum einen langweilte sie sich meist schrecklich bei den Gesprächen, die sich meistens um das liebe Geld drehten, zum anderen interessierte sie sich nicht für moderne Kunst.

Nach langem Hin und Her entschied sich Schnucki schließlich für ihr ‚kleines Schwarzes‘. Damit konnte man nie viel verkehrt machen. Das Make-up hielt jetzt auch zufriedenstellend. Jetzt war es auch schon Zeit, aufzubrechen. Ottmar erwartete sie in seiner Filiale, um dann gemeinsam mit ihr auf der Vernissage zu erscheinen.

Pünktlich zur Eröffnung der Ausstellung waren Ottmar und Schnucki zur Stelle. Ottmar begrüßte fröhlich einige Kunden und stellte seine Frau vor, die immer freundlich grüßte und so tat, als würde sie die Ausstellung brennend interessieren. In Wirklichkeit übertrafen die Kunstwerke ihre schlimmsten Alpträume: Großflächige Bilder in eintönigen Farben waren zu sehen. Die Farben, wie es ihr schien, willkürlich zusammen geklatscht. Um keinen Preis der Welt hätte sie auch nur einen Pfennig für diese monströsen Machwerke ausgegeben.

Leander Pinsel und Laura trafen ca. eine Stunde nach Beginn der Vernissage in der Zentrale der Muffelbank ein. Laura sah hinreißend aus. Leander hatte einfach eine seiner üblichen ‚Unternehmensberateruniformen' angezogen: grauer zweireihiger Anzug und dazu passende Krawatte. Er sah smart und intelligent aus – immer noch zu glatt für Lauras Geschmack.

Normalerweise wäre Leander nicht zu einer Vernissage gegangen, da ihn Kunst - egal in welcher Form - überhaupt nicht interessierte. Die Muffelbank war zur Zeit jedoch ein Kunde seiner Firma, und deshalb musste er sich dort sehen lassen. Vermutlich würde Aufsichtsrat Prof. Dr. Böllerbogen dort sein und diesem musste er durch sein Erscheinen signalisieren, dass er auch privat Interesse an den Aktivitäten der Muffelbank hatte - was natürlich nicht stimmte.

Die Bank hatte die Unternehmensberatung ‚Würger' damit beauftragt, zu untersuchen, ob die aktuelle Filialstruktur noch sinnvoll war und außerdem herauszufinden, wo es Einsparpotentiale gab. Schließlich wollte die Muffelbank endlich ihren langsam ungeduldig werdenden Aktionären Gewinnsteigerungen ausweisen, und die Topführungskräfte wollten ihre Gehälter amerikanischen Verhältnissen anpassen.

Leander war froh, dass er bei dieser Veranstaltung gleich zwei Fliegen mit einer Klappe schlagen konnte: Erstens konnte er Laura zu etwas Besonderem einladen, zweitens würde er sich mit dem Hinweis, dass er in Begleitung sei, die sich für Bankgeschäfte nicht interessierte, leichter von Prof. Dr. Böllerbogen loseisen können, falls dieser ihn wieder mit irgendwelchen Bankproblemen überschwemmen wollte.

Genau wie Leander es vorausgesehen hatte, kam fast sofort nach seinem Eintreten jemand mit ausgestreckter Hand auf ihn zu marschiert. Es war Ottmar Filius, der

Leiter der Filiale in Kleinklexdorf, die Leander schon auf Einsparpotentiale hin untersucht hatte.

„Herr Pinsel, was für eine angenehme Überraschung, Sie hier zu sehen!", rief Ottmar aus, der darauf brannte, herauszufinden, wie Leander seine Filiale beurteilt hatte, und ob sein Stuhl noch sicher war oder schon wackelte.

„Gibt es schon Ergebnisse Ihrer Untersuchungen über die Muffelbank?"

„Guten Abend, Herr Filius! Es gibt schon Ergebnisse, aber Sie werden sicher dafür Verständnis haben, dass ich nicht mit Ihnen darüber reden darf", erwiderte Leander, dem natürlich klar war, dass Ottmar nur deshalb so freundlich zu ihm war, weil er sich von ihm ‚Insiderinformationen‘ erhoffte.

„Oh, natürlich verstehe ich das. Ich dachte, es gäbe vielleicht schon etwas, was demnächst sowieso veröffentlicht wird und deshalb nicht mehr geheim ist. Wie gefällt Ihnen die Ausstellung?", antwortete Ottmar enttäuscht und leitete schnell zu einem anderen Thema über.

„Ich bin kein Kunstkenner. Und wenn ich ehrlich bin, sehen für mich alle Bilder hier gleich aus. Aber sie haben sicher einen hohen künstlerischen Anspruch, auch wenn ich ihn nicht verstehe. Dr. Bimmelbinder ist ja ein großer Kunstsachverständiger und Mäzen, wenn ich recht informiert bin", sagte Leander ausweichend.

„Da haben Sie allerdings Recht, besonders wenn es um seine eigene Verwandtschaft geht", sagte Ottmar gehässig, um seinen Frust darüber loszuwerden, dass er nichts aus Leander herausbekommen konnte.

„Im letzten Jahr hat seine Frau ausgestellt und davor sein Bruder. Und die Bank hat jedes mal alle nicht verkauften Exponate - und davon gab es reichlich - angekauft. Hier ergäbe sich also auch ein schönes Einsparpotential."

Laura verfolgte die Konversation mit Belustigung. Sie fand die ausgestellten Bilder auch fürchterlich, aber es machte ihr auch Spaß zuzuhören, wie respektlos sich Ottmar über Dr. Bimmelbinder äußerte. Laura hatte in Ottmar sofort den Ehemann ihrer Nachbarin Schnucki erkannt, die gegenüber wohnte. Laura hatte Ottmar schon oft das Haus verlassen sehen, aber es hatte sich noch nie die Gelegenheit ergeben, dass sie beiden einander vorgestellt worden wären, oder ein paar Worte gewechselt hätten. Ottmar interessierte sich auch nicht für die Nachbarschaft und pflegte keine Freundschaften außerhalb der Bank, es sei denn sie konnten ihm von Nutzen sein.

Laura war gespannt, was Schnucki zu ihrem jetzigen Begleiter Leander Pinsel sagen würde. Schnucki fragte Laura ständig über ihre Beziehung zu Martin aus und gab immer wieder zu erkennen, dass sie - Laura - zu gut für diesen ‚Taugenichts‘ sei - schließlich kannte sie seinen Tagesablauf zum Teil ganz gut durch ihre Beobachtungen mit dem Fernglas.

Laura hatte Schnucki schon in der Menschenmenge erspäht, und sie hatten sich kurz auf die Ferne begrüßt, ohne sich unterhalten zu können. Dabei hatten sie wechselseitig festgestellt, dass sie das gleiche Kleid trugen. Laura fand das total witzig. Sie war sich sicher, dass Schnucki dieses Kleid in der superteueren Boutique ‚Couscous‘ als ‚Kleid für jeden Anlass‘ gekauft hatte und ein kleines Vermögen dafür ausgegeben hatte. Aus ihren gemeinsamen Unterhaltungen wusste sie, dass Schnucki am liebsten leger herumlief und sich für ‚Business-Angelegenheiten‘ ihres Mannes total ‚aufstylen‘ musste und das absolut hasste. Aus Rache gab sie dann für diese ungeliebte Kleidung dann gleich einen Haufen Geld aus.
Laura hingegen hatte das Kleid als Schnäppchen beim Sommerschlussverkauf letztes Jahr in einem Billiggeschäft gekauft. Vermutlich war das Kleid eine Raubkopie von Schnuckis Kleid und würde schnell verschleißen. Aber man sah es ihm nicht an, und schließlich wollte sie es ja auch nicht ewig tragen.

Schnucki war leider in ein Gespräch mit einem wichtig aussehenden Herren vertieft, so dass Laura sich nicht mit ihr unterhalten konnte.

‚Nun ja,‘, dachte sich Laura, ‚Herr Pinsel sieht gut aus, ist gewandt und wird hier respektvoll behandelt. Ottmar weiß, wer er ist. Ich bin mir sicher, dass Schnucki ihren Ottmar über Herrn Pinsel ausquetschen wird, nachdem sie uns zusammen hat stehen sehen. Sicherlich wird sie ihn mir dann als eine bessere Partie als Martin schmackhaft machen wollen. Auf diese Art und Weise werde ich auch über Herrn Pinsel noch einiges erfahren, nämlich alles das brühwarm, was Schnucki von Ottmar weiß.‘

„Frau Pietsch, möchten Sie vielleicht noch einen Sekt, bevor wir uns weiter durch die Menschenmenge drängeln?“, fragte Leander charmant.

Ottmar war inzwischen weitergegangen, und endlich ergab sich wieder für sie beide eine Gesprächsmöglichkeit.

„Leider muss ich Sie jetzt noch zu Prof. Dr. Böllerbogen mitschleppen. Ich muss ihn heute Abend noch begrüßen, sonst ist er beleidigt. Es dauert nicht lange. Wenn es Ihnen zu langweilig wird, gähnen Sie einfach offensichtlich und dann werde ich mich ganz höflich um Sie kümmern und mich verabschieden. Prof. Dr. Böllerbogen entschuldigt bei Damen fast alles und erwartet gar nicht von Ihnen, dass Frauen sich in irgendeiner Weise für Finanzen interessieren, obwohl er selber drei Töchter hat! Wir werden dann im Anschluss, wenn es Ihnen Recht ist, noch in eine kleine Bar um die Ecke gehen, die ich sehr schätze.“

„Einen Sekt trinke ich noch gerne, aber dann muss Schluss sein mit dem Alkohol. Ich gähne nämlich sonst mehr vor Müdigkeit als vor Langeweile. Das mit der Bar werden wir klären, wenn wir Prof. Dr. Böllerbogen abgehakt haben.“

Laura bekam ihren Sekt, und tapfer ging sie mit Leander zur nächsten Pflichtübung.

„Guten Abend, Herr Prof. Dr. Böllerbogen! Wie schön, dass wir uns auch einmal außerhalb der Arbeitszeit treffen!“, begrüßte Leander Pinsel den Aufsichtsrat.

„Guten Abend, Herr Pinsel. Was haben Sie denn für eine reizende Begleitung?", antwortete Böllerbogen.
„Darf ich Ihnen vorstellen: Das ist Frau Pietsch. Sie hat mir am Flughafen aus einer sehr unangenehmen Situation geholfen", sagte Leander.
„Und nun soll sie Ihnen wohl wieder aus einer anderen unangenehmen Situation helfen?", sagte Böllerbogen ironisch.
Er war längst nicht so dumm anzunehmen, dass Leander Pinsel freiwillig zu dieser Vernissage erschienen war. Er musste kommen, weil die Muffelbank Kunde war, das war offensichtlich.
„Ganz so schlimm ist es hier für mich nicht, wie Sie vielleicht annehmen", gab Leander zurück, der keine Lust hatte zu schleimen.
„Immerhin können wir uns ein paar zeitgenössische Kunstwerke ansehen."
„Es gab auch schon bessere Zeiten", knurrte Böllerbogen, „leider verfügt Dr. Bimmelbinder über den Kunstetat und nicht ich. Ich hätte diesen ‚Künstlern' schon längst den Geldhahn zugedreht. Können Sie im Rahmen Ihrer Einsparungsanalyse nicht vorschlagen, das Kunstbudget so zusammenzustreichen, dass nur noch die Postkarten fußmalender Künstler ausgestellt und in unseren Filialen verkauft werden? Das hätte dann auch gleich wieder einen sozialen Touch und würde unser ramponiertes Image aufbessern."
Prof. Dr. Böllerbogen war an diesem Abend offensichtlich nicht bester Laune.
„Wie ich sehe, langweilt sich ihre Bekannte, sie gähnt schon! Und das zu Recht. Ich bin heute kein guter Gesellschafter. Ich wünsche Ihnen noch einen schönen Abend!", verabschiedete sich Prof. Dr. Böllerbogen.
„So, das haben wir hinter uns gebracht", sagte Leander zu Laura.
„Haben Sie nun noch genug Energie, um mit mir in die kleine Bar zu kommen? Sie haben das mit dem Gähnen übrigens wirklich sehr gut hin bekommen", lobte Leander Laura.

„Ach, da habe ich mich gar nicht verstellen müssen, denn ich war plötzlich so müde, dass ich mich überhaupt nicht mehr beherrschen konnte. Aber jetzt habe ich meinen toten Punkt überwunden und habe noch keine Lust, nach Hause zu gehen“, antwortete Laura.
„Na prima, dann lassen Sie uns jetzt gehen!“
Leander nahm Laura sanft am Arm und geleitete sie durch die Menschenmenge zum Ausgang.

Schnucki beobachtete neidisch, dass Laura und Leander sich schon aus dem Staub machen konnten, während sie selbst noch auf dieser grauenvollen Vernissage ausharren musste.
„Ist der Künstler Meyer-Hering nicht genial?“, säuselte da plötzlich neben ihr eine Stimme.
Es war der kunstbesessene Vorstand der Bank, Dr. Bimmelbinder, der die Vernissage organisiert hatte.
„Oh, ja, er hat einen ganz eigenen Stil“, erwiderte Schnucki höflich.
‚Nämlich einen, bei dem sich mir die Haare sträuben‘, dachte Schnucki entnervt.
„Es freut mich, dass Ihnen die Ausstellung gefällt“, sagte Herr Dr. Bimmelbinder.
„Es gibt nicht viele, die gute Kunst zu schätzen wissen. Die meisten, der hier Anwesenden sind Kunstbanausen, das weiß ich. Sie sind nur da, um kostenlos Sekt zu trinken, zu essen und um gesehen zu werden. Oder, um mit mir ins Gespräch zu kommen. Glauben Sie mir, ich durchschaue diese Dinge sofort.“
Dr. Bimmelbinder war entzückt von Schnucki, die sich verzweifelt nach einem rettenden Ausgang umsah. Gott sei Dank nahte da Ottmar. Doch zu Schnuckis Entsetzen wollte Ottmar sie nicht aus der Gesellschaft von Dr. Bimmelbinder befreien, sondern sich dazugesellen und etwas kriechen, in der Hoffnung, damit seine Karriere zu befördern.
‚So ein Glück, dass Bimmelbinder, der alte Frauenheld, sich ausgerechnet an Schnucki heranmacht!‘, dachte Ottmar.

‚Das ist meine Chance, mich mit ihm bekannt zu machen.‘

„Guten Abend, Herr Dr. Bimmelbinder! Filius ist mein Name. Ich bin der Leiter unserer Filiale in Kleinklexdorf. Wie ich sehe, unterhalten sie sich gerade sehr gut mit meiner Gattin. Sie ist sehr kunstinteressiert. Was für eine wundervolle Vernissage. Der junge Künstler Meyer-Hering ist wirklich begnadet. Ein zweiter Schmölker, wenn man das so sagen darf.“ Ottmar schleimte, was das Zeug hielt.

„Ja, Sie haben vollkommen Recht. Er ist wirklich unglaublich begabt. Wenn man bedenkt, dass er so gar keine künstlerischen Vorbilder in der Familie hatte, ist das wirklich unfassbar. Er ist nämlich der Neffe meiner Schwägerin. Alles Banker oder Versicherungsleute in der Familie und Verwandtschaft. Und dann dieses Genie mitten darin! Ich habe für unsere Bank vorsorglich schon zehn Bilder angekauft, um unsere Filialen damit auszustatten“, sagte Dr. Bimmelbinder redselig und voller Begeisterung.

‚Oh, Schreck!‘, dachte Ottmar

‚Ein solcher Schinken in unserer Filiale! Aber da hilft nichts. Für die Karriere müssen eben auch ästhetische Opfer gebracht werden, und wenn ich aufsteige, brauche ich ja nicht mehr in der Filiale zu sitzen und dieses Bild zu sehen.‘

„Herr Dr. Bimmelbinder, wäre es zuviel verlangt, wenn ich Sie bitte, mich bei der Verteilung der Bilder auf die Filialen zu berücksichtigen? Sicher gibt es eine Warteliste. Aber man kann vielleicht die Bilder auch ab und zu wechseln oder wandern lassen“, sagte Ottmar und dachte ‚Hoffentlich kann man sie wandern lassen, weit, weit weg. Für immer!‘

„Ich habe in Ihnen und Ihrer Frau gleich wahre Kunstkenner erkannt“, sagte Dr. Bimmelbinder erfreut.

„Bisher wollte noch niemand ein Bild, deshalb können Sie gerne zwei oder drei bekommen. Suchen Sie sich die schönsten aus. Die für uns reservierten sind markiert. Einen schönen Abend wünsche ich Ihnen noch. Dort hinten ist Aufsichtsrat Prof. Dr. Böllerbogen. Er wartet schon auf mich.“

„So, das hast du nun davon! Such dir die schönsten Bilder aus!", äffte Schnucki Dr. Bimmelbinder nach.
„Na, welche möchtest du denn?" „Egal, welche ich ansehe, sie erinnern mich immer von der Farbe her an das, was Nachbars Waldi gestern erbrochen hat", stöhnte Ottmar. Aber es half nichts, sie mussten sich für zwei Bilder entscheiden.

Ottmar überlegte im Stillen, wie wohl Carla sich auf dieser Vernissage verhalten hätte. Wäre sie auch so cool geblieben wie Schnucki, oder hätte sie gerade heraus ihre Meinung gesagt und Dr. Bimmelbinder beleidigt? Für seine Karriere war es wichtig, eine Partnerin zu haben, die stromlinienförmig auf seine Vorgesetzten einging und sie nicht durch eigene abweichende Meinungen brüskierte. Nun ja, Carla wusste nichts von der Veranstaltung, denn er hatte ihr wohlweislich nichts davon erzählt. Außerdem hatte sie heute Dienst und war gerade in der Luft.

Nachdem Ottmar sich schweren Herzens für zwei Bilder entschieden hatte, die entfernt an Morast im Dunkeln erinnerten, begab er sich mit Schnucki auf den Heimweg, und beide fielen erschöpft in ihre Betten.

Laura zog sich verstohlen unter dem Tisch der Theatinerbar den linken Pumps aus. Bereits auf der Vernissage hatte sie den unbändigen Drang verspürt, ihre Schuhe auszuziehen. Außer einem dekorativen Sofa war in den Ausstellungsräumen aber keine Sitzgelegenheit. So ging und stand, stand und ging sie mit unterschiedlicher Gewichtsverlagerung auf ihren peinigenden zehn Zentimeter hohen Pumps. Die Bilder gefielen ihr genau so wenig wie die geladenen Gäste. Dieser Smalltalk ging ihr irgendwann ganz schön auf die Nerven. Vielleicht lag es auch daran, dass sie ab einem gewissen Zeitpunkt nur noch an ihre Füße denken konnte.

Leander war auf der Vernissage die ganze Zeit sehr zuvorkommend gewesen. War nie so lange im Gespräch mit anderen, dass es für sie unangenehm wurde und bezog sie, wenn möglich in die Gespräche mit ein. Seine Gelassenheit, die er hier an den Tag legte, ließ ihn absolut souverän wirken. Das gefiel ihr. Was Laura nicht gefiel, war der Gedanke, dass Schnucki bei passender Gelegenheit Martin von ihrem Zusammentreffen auf der Vernissage erzählen könnte.

‚Egal! Ich tue ja nichts Verbotenes!', und sie verscheuchte damit die kleinen bösen Gewissensgeister.

Hier in der Bar fühlte sich Laura wieder viel wohler. Der Schmerz in den Füßen ließ langsam nach, die Musik war ganz nach ihrem Geschmack und ihr Begleiter war sichtlich um ihr Wohl besorgt. Leander bestellte gerade beim Kellner zwei Gläser Champagner und eine Vorspeisenplatte.

Der restliche Abend verging wie im Flug, die ganze Zeit über unterhielten sich die beiden total angeregt über Gott und die Welt. Leander war wirklich ein amüsanter Erzähler, vor allem seine witzigen Reiseberichte brachten Laura oft zum Lachen. Den zwei Gläsern Champagner folgten fast wie von selbst noch einige ungezählte Gläser, die ihre Wirkung auch nicht verfehlten: Beim dritten Glas tranken sie Brüderschaft und Laura bekam einen kleinen Schwips, der dann auch noch von einem recht penetranten Schluckauf begleitet wurde. Der Schluckauf war seit Jahren schon ein sicheres Indiz für Lauras Alkoholspiegel. Leander sagte immer wieder, wie putzig er dieses „Hicks, Hicks" bei Laura fand, und unterstrich diese Sympathiekundgebung mit einem ständig geringer werdenden Körperabstand.

Laura war schon bis zum äußersten Rand der Bank vor gerutscht, um das Näherrücken ein wenig auszugleichen, als Leander sein Gesicht vor Lauras schob, in der Absicht sie zu küssen. Der etwas vorgestülpte Mund und die halbgeschlossenen Augenlider ließen keinen Zweifel daran. Wie hypnotisiert schaute Laura auf Leanders Nasenspitze, den Pickel darauf hatte sie vorher noch gar nicht gesehen. Erst als sie merkte, dass ihre Augen anfingen zu schielen, riss sie ihren Blick von dem prallgefüllten Pickel los und murmelte im Aufstehen: „Bin gleich wieder da!", und deutete mit einer Kopfbewegung auf das Toilettenhinweisschild.

Leander nickte nur zustimmend. Ein wenig war er ja nun schon enttäuscht über das ruppige Ende seiner Annäherungsversuche, aber dann hellte sich sein Gesicht plötzlich wieder auf. Klar, auf fast jeder Toilette gab es ja diese praktischen Kondomautomaten. Laura war halt eine moderne Frau und wollte sich wohl nicht auf die Existenz seiner Großpackung verlassen. Zufrieden wartete er auf ihre Rückkehr und überlegte währenddessen, wo sie beide noch den Rest des Abends verbringen konnten. So sich die Nacht ausmalend dachte er:
‚Gut, dass ich Erna heute noch den Auftrag gegeben habe, die Betten mit der Satinwäsche frisch zu beziehen. Das macht bei den Mädels nämlich immer wieder Eindruck. Die meisten sind eh schon hin und weg, wenn sie aus dem Porsche aussteigen und dann meine Jugendstilvilla sehen. Manche versuchen das zu überspielen, doch den wenigsten gelingt es wirklich.‘
Oft rei(h)ten sie sich dann in seine One-Night-Stands ein. Laura schätzte er da schon anders ein, das machte sie auch so begehrenswert für ihn.
‚Champagner scheint ihr wohl zu schmecken, da der sowieso bei mir immer auf Eis liegt, kann ja nichts mehr schief gehen!‘

In der Damentoiletten roch es so stark nach Klostein und einer heftigen Darmentleerung, dass es Laura ganz arg würgte. ‚Bloß nicht tief einatmen!‘, beschwor sich Laura, während sie sich kaltes Wasser über ihre Handgelenke laufen ließ. Ihr Patentrezept, um wieder schnell auf den Boden der Tatsachen zurück zu kommen, ließ sie wieder klarer denken.

In Sekundenschnelle zog sie Resümee aus dem heutigen Abend: ‚Leander gefällt mir zwar sehr gut, doch auch nicht so umwerfend gut, dass ich jetzt eine Affäre mit ihm will.‘

Darauf lief es nämlich hinaus, wenn sie der erotischen Spannung die in der Luft lag, nachgeben würde. Trotz Leanders weltmännischem Auftreten, Martin hätte es als ‚Gehabe‘ bezeichnet, war er doch eher konservativ. Er verabscheute zwar wahrscheinlich den Sex am ersten Abend nicht, hatte aber hinterher ein Problem damit, dass seine Partnerin so ‚leicht zu haben‘ war.

‚Aber am schlimmsten ist, dass ich selbst gar nicht weiß was oder wen ich will! Solange muss die Spannung eben noch halten.‘

Nun viel nüchterner, kehrte Laura zu ihrem Tisch zurück und verkündete noch im Stehen.

„Du, Leander, ich will jetzt nach Hause!“

Leander, dem der Aufbruch auch sehr gelegen kam, bestellte sofort ein Taxi beim Ober. Kaum standen die beiden vor dem Lokal, hielt auch schon das Taxi neben ihnen. So liebte es Leander. Im Wagen lehnte sich Leander erst einmal genüsslich in die Polster zurück und zog dabei Laura zu sich heran. Dabei fragte er sie dann:

„Sollen wir nicht doch lieber zu mir nach Hause fahren?“, und streichelte ihr dabei sanft übers Haar.

Ohne ihre Antwort abzuwarten, teilte Leander bereits dem wartenden Taxifahrer seine Adresse mit:

„Bitte fahren Sie uns in die Schlossallee 2!“

„Entschuldigung! Könnten Sie zuerst in der Blumenstraße 54 halten?“, wendete sich Laura an den nicht besonders helle dreinblickenden Taxifahrer, der auch noch mit einem Blick signalisierte, dass er auf die Zustimmung von Leander warten würde.

Leander konnte es gar nicht fassen, dass diese Nacht anders verlief, als geplant. Er hatte sich dann aber doch ziemlich schnell wieder im Griff und nickte dem Fahrer sein ‚okay‘ kurz zu.

„Wie kommst du darauf, das ich die Nacht bei dir verbringe?" giftete Laura Leander an.
„Wäre das kein schöner Abschluss für diesen wunderschönen Abend?", entgegnete hingegen Leander und wollte bereits versöhnlich ihre Hand in seine schließen.
„Hör mir bitte gut zu, Leander: der Abend war ausgesprochen nett mit dir. Das heißt aber noch lange nicht, dass ich mit dir ins Bett gehe! Haben wir uns da verstanden?! Ich kenne dich ja kaum!"
Mit einem verdammt charmanten Augenzwinkern beteuerte Leander:
„Laura, ich find dich nur so wahnsinnig sexy, aber ich lass dir die Zeit, die du brauchst, um mich besser kennen zu lernen! Tut mir wirklich leid, ich wollte dich nicht verletzen oder beleidigen, okay?"
„Okay", meinte Laura dann und fing an zu kichern.
„Leander, wir beide hören uns an, wie aus einem billigen Dreigroschenroman, findest du nicht auch?"
Leander verzog keine Miene, sondern schaute ihr mit einem tiefen Blick in die Augen, nahm Laura erneut in den Arm und entgegnete endlos zärtlich, so übertrieben schnulzig in Lauras Ohren, dass sie fast wieder das Kichern angefangen hätte:
„Mir ist es aber verdammt ernst mit dir! Du gefällst mir. deine Art ist einfach wunderbar erfrischend. Du bist so, wie ich mir eine Partnerin an meiner Seite vorstelle. Ich habe schon so lange auf so jemanden wie dich gewartet, dass es auf ein paar Tage oder Monate mehr oder weniger auch nicht mehr ankommt!"
Vor lauter Lachreiz bekam Laura wieder ihren typischen Schluckauf, die Rettung in letzter Minute vor dem Losprusten.
Endlich in der Blumenstraße angekommen, sprang Leander aus dem Wagen und wollte ihr die Tür aufhalten, doch Laura war bereits aus dem Taxi geklettert und kramte wie immer in ihrer Handtasche nach dem Wohnungsschlüssel.
„Wollen Sie denn noch wieder mitfahren?", bellte der Taxifahrer Leander an.

Bevor dieser noch einen weiteren Kommentar von sich geben konnte, hatte Leander ihm einen Zwanzigmarkschein in die Hand gedrückt und raunte ihm zu:
„Zwei Minuten Geduld! Dann fahren wir weiter!“
Zu Laura gewannt sagte er:
„Wann können wir uns wiedersehen?“
„Hm, ich weiß nicht recht! Ich habe meinen Dienstplan auch nicht dabei. Am besten telefonieren wir noch mal miteinander.“

Da Laura keine Anstalten machte, ihre Telefonnummer kundzutun, griff Leander in seine Jackentasche und zog eine Visitenkarte heraus.
„Ruf mich bitte an! Warte, ich schreib dir auch noch meine private Handynummer auf“, und kritzelte diese auf die Rückseite der Karte.
Dann schloss er Laura, ungeachtet der mürrischen Blicke des Taxifahrers kurz in seine Arme und küsste sie. Es wurde ein langer und sehr intimer Kuss, Leander konnte seine Begierde kaum noch verbergen und presste sich aufs höchste erregt an Laura.
„Hallo, die zwei Minuten sind schon fünfmal um!“, tönte es empört vom Vordersitz. Mit einem bedauernden Schulterzucken nahm Leander wohl oder übel Abschied.

Noch ein anderer war empört. Martin hatte den ganzen Abend auf Laura gewartet, um mit ihr einen schönen gemütlichen, und vor allem gemeinsamen Abend zu verbringen. In letzter Zeit waren diese Abende, die ihre Beziehung unbedingt zum Ausgleich brauchte, zur Rarität geworden. Deshalb wollte Martin Laura an diesem Abend mit einem kleinen romantischen Essen verwöhnen und überraschen. Für die italienischen Antipasti und den Rotwein aus der Toscana hatte er im besten Feinkostladen ein kleines Vermögen bezahlt und sich bei der Auswahl auch viel Zeit gelassen. Er freute sich auf den Abend, doch wer nicht kam, war Laura.
Bereits nach einer Stunde waren von den Vorspeisen nur noch Krümel übrig, während der Montepulciano in der

Karaffe noch verschont blieb. Statt dessen trank Martin von dem preiswerten Lambrusco, der vom letzten Spieleabend mit Freunden übrig war, aber selbst diese zwei Liter Magnumflasche war nach drei Stunden bis auf den letzten Tropfen geleert. Dann gab er es auf, die edlen Tropfen für Madame aufzuheben.

Martin hatte nie Lauras Ängste nachvollziehen können, wenn er mal später nach Hause kam. Ihre darauf folgenden Vorwürfe und Vorhaltungen waren ihm ziemlich auf die Nerven gegangen. Letzten Winter war Laura sogar soweit gegangen und hatte die Polizei angerufen! Wenn er daran zurück dachte, musste er wieder grinsen. Damals hatte er einen Studentenjob bei einer Zeitung angenommen und musste dort immer freitags bis zwei Uhr nachts arbeiten. Einen Monat vor Lauras Anruf bei der Polizei war er auf der Heimfahrt nach der Spätschicht bei Glatteis ins Schleudern gekommen. Sein sauer verdientes Auto hatte, nachdem es leicht einen Baum gestreift hatte, einen Totalschaden. Bei einem Sachwert von 3000.-- DM ging das natürlich ruck-zuck.

Tja, und in der Nacht, als Laura um fünf Uhr früh wach wurde und Martin immer noch nicht von der Schicht zurückgekehrt war, machte sie sich große Sorgen. Vor allem das Waldstück, das er durchfahren musste und in dem Martin auch den Unfall hatte, lag absolut einsam. So zogen damals vor Lauras innerem Auge die schrecklichsten Bilder vorbei. Vor allem ein Bild drängte sich ihr immer wieder auf: So sah sie Martin blutüberströmt und eingeklemmt in seinem neuen Gebrauchtwagen liegen. Kein Mensch kam ihm zur Hilfe, und keiner hörte seine Schmerzensschreie.

Nach einer Stunde Warten rief dann Laura mit blanken Nerven die Polizei an und teilte dieser ihre Befürchtungen mit. Liebend gern hätte sie sich damals selbst auf den Weg gemacht, doch der Zufall wollte es, dass ausgerechnet zu dem Zeitpunkt ihr Wagen in der Werkstatt war.

Die Polizei war an diesem Morgen auch wirklich sehr hilfsbereit gewesen und hatten einen im Umkreis befindlichen Streifenwagen die Strecke abfahren lassen. Nach 45 Minuten riefen die Beamten bei Laura zurück und versicherten ihr, dass dort niemand im Straßengraben lag.

Nach weiteren 30 Minuten, in denen sie wie eine Tigerin im Käfig durch die Wohnung schritt, kam Martin mit einer mordsmäßigen Alkoholfahne heim. Laura überschüttete ihn damals mit Vorwürfen:
‚Wieso rufst du denn nicht einmal an?! Wie kannst du nur so betrunken noch mit dem Auto fahren!‘
Heute konnte Martin sich selbst nicht mehr verstehen und ihm wurde jetzt noch ganz flau, wenn er daran dachte, dass an diesem frühen Morgen die Polizei nach seinem Wagen Ausschau gehalten hatte. Wäre er vielleicht nur eine halbe Stunde früher durch den Wald gefahren, hätte er jetzt keinen Führerschein mehr, so viel war ihm schon klar. Denn die Beamten hätten ihn bestimmt angehalten. Eine Lehre war ihm das ja gewesen, heute trank er höchstens ein Glas Bier, wenn er mit dem PKW unterwegs war oder er ließ den Wagen stehen.
In seiner bereits sehr sentimentalen Stimmung ließ er immer wieder ‚ihre Platte‘ von Pink Floyd abspielen, und wurde dabei immer nachdenklicher. Was war in letzter Zeit zwischen ihnen schief gelaufen? Martin befand sich mittlerweile im ständigen Auf und Ab der Gefühle. Um 1.00 Uhr, nach fünf Stunden Warten, übertrumpfte die Sorge um Laura die Wut und Enttäuschung. Bei jedem Fahrzeuggeräusch lugte er aus dem Fenster. Je öfter er aber am Fenster hing, um so idiotischer kam er sich vor. Schon wieder ein Auto, und schon war er am Fenster:
„Na endlich!“, seufzte er, als er Laura aus dem Taxi aussteigen sah.
Laura sollte ihn bloß nicht so nervös am Fenster stehen sehen, darum setze er sich sofort wieder hin und schaltete schnell den Fernseher an. So konnte Martin auch gar nicht mehr sehen, dass Laura in Begleitung nach Hause gebracht wurde.

Laura, die so leise wie möglich den Schlüssel im Schloss drehte, war nicht darauf vorbereitet gewesen, Martin noch wach anzutreffen. Irritiert und noch ganz von den letzten Eindrücken benommen, ging sie zu Martin ins Wohnzimmer, der noch vor dem Fernseher saß. Sie gab ihm einen kurzen Gute-Nacht-Kuss und verabschiedete sich gleich wieder, um ins Bett zu gehen. Martin brummelte noch:
„Ich komme auch gleich nach!“, und war sich klar, dass wohl heute kein Gespräch mehr mit Laura statt finden konnte. Vor allem jetzt, wo sie wieder da war, schien ihm ein Gespräch auch nicht mehr so wichtig.

Am Frühstückstisch am nächsten Morgen fragte Schnucki Ottmar neugierig:
„Wer war denn der smarte Typ, mit dem Laura gestern auf der Vernissage war?“
Ottmar sah Schnucki verständnislos an: „Welche Laura? Welcher Typ?“, fragte er verwirrt.
„Na, unsere Nachbarin Laura, die hier mit ihrem Freund Martin gegenüber wohnt. Du willst mir doch nicht erzählen, dass du unsere direkten Nachbarn nicht kennst, obwohl wir hier schon seit vier Jahren wohnen.“, antwortete Schnucki gereizt.
„Du weißt doch genau, dass ich mich nicht um Krethi und Plethi kümmern kann. Es reicht mir schon, wenn ich mir alle meine Kunden merken muss. Aber nun beschreibe mir mal die beiden, vielleicht fällt es mir ja ein, wer sie waren.“ Ottmar war genervt. Immer dieses Nachbargetratschte. Das war ihm doch schnurz, wer mit wem wohin ging.

„Das kannst du noch einfacher haben“, sagte Schnucki patzig.
„Sieh einfach mal aus dem Fenster, wer jetzt gerade zum Brötchenholen geht, während der Herr Student sich vermutlich noch im Bett wälzt. Das ist die gutmütige Laura. Ich würde ihr endlich einmal einen vernünftigen Mann gönnen, der sie nicht nur ausnutzt, sondern auf Händen trägt, wie sie es verdient hat.“

„Ach, das ist Laura!", entfuhr es Ottmar.

„Das ist doch die Dame, die erstens das gleiche Kleid an hatte wie du gestern Abend. Du siehst bei Kleidung entgeht mir nichts! Und zweitens war sie mit Herrn Pinsel da. Er ist Unternehmensberater bei ‚Würger' und tigert durch unsere Bank, um herauszufinden, wo eingespart werden kann. Er war auch schon in meiner Filiale, ist dort herumgestromert und hat einen Haufen neugieriger Fragen gestellt. Ich würde nur zu gern herausfinden, zu welchen Resultaten die ‚Würgerleute' gekommen sind", sagte Ottmar auf einmal sehr interessiert.

„Und dieser Pinsel ist mit unserer Nachbarin liiert. Schau, schau! Das ist ja eine interessante Konstellation. Wie gut kennst du Laura?" Ottmar war auf einmal ganz wach.

„Ich kenne Laura ganz gut. Wir unterhalten uns öfter auf der Straße", antwortete Schnucki.

Ottmar grübelte vor sich hin.

„Wie stelle ich es an, mit dieser Laura unauffällig ins Gespräch zu kommen? Ich habe gestern beobachtet, wie Herr Pinsel und sie mit Prof. Dr. Böllerbogen sprachen. Vielleicht hat sie etwas mitgehört, dass sie mir erzählen kann. Du kannst sie ja schlecht zu diesem Thema befragen."

„Aber ich würde gerne diesen Smartie kennen lernen", sagte Schnucki.

„Was hältst du davon, wenn wir ein Grillfest geben, zu dem wir unsere Nachbarn einladen? Dann kannst du dich ganz zwanglos mit Laura unterhalten, und vielleicht bekommst du etwas aus ihr heraus. Eventuell musst du mit etwas Alkohol nachhelfen", schlug Schnucki vor. Insgeheim stellte sie sich vor, wie sie ihrerseits Laura über diesen Pinsel ausfragen würde.

„Eine gute Idee!", befand Ottmar.

„Es muss nur möglichst bald sein, denn die ‚Würger' arbeiten schnell. Ich brauche dringend Informationen."

„Was hältst du vom nächsten Wochenende? Samstag?", fragte Schnucki.

„Gebongt! Übernimm' du die Organisation! Ich werde da sein", antwortete Ottmar begeistert.

‚Typisch!‘, dachte Schnucki. ‚Überlässt mir die ganze Arbeit und will nachher wieder den Ruhm ernten.‘

Aber zur Strafe für Ottmar würde sie auch ihren Nachbarn Helmut einladen, um das Grillfest für sich selber noch etwas spannender zu gestalten. Außerdem konnte Ottmar den ‚Öko‘ Helmut kaum ertragen.

‚Ha, ha, kleine Rache am Rande!‘, dachte Schnucki, die sich ausgenutzt vorkam.

Am Nachmittag schrieb Schnucki schnell ein paar Einladungskarten mit Datum und Uhrzeit für das Grillfest am Samstag und warf sie bei den Nachbarn in die Briefkästen. Insgesamt lud sie zwanzig Personen ein.

‚Ich bin gespannt, wer kommt‘, dachte sie.

‚Und hoffentlich kommt die Hauptperson Laura. Sonst wären alle Anstrengungen umsonst.‘

Aber es war klar, nun konnte nicht gezaudert oder gar Termine abgestimmt werden, denn die Zeit drängte.

‚Hopp oder Top!‘, dachte Schnucki.

VII.

Am Nachmittag war Martin bereits unterwegs zur Uni als Laura sich auf dem Weg zum Briefkasten machte. Unter mehreren Rechnungen und Reklame befand sich - ‚oh, man staune‘ – eine Einladung von Familie Filius.

Liebe Nachbarn,
wir würden gerne mit Euch am Samstag grillen, für leibli-
ches Wohl wird gesorgt.
Fröhliches Kohleglühen ab 18.00 Uhr.
Rosenstraße 3 bei den Filius, Tel.: 3489

‚War das Zufall, dass diese Einladung direkt nach der Vernissage hier eintraf?‘
Laura machte sich ihre Gedanken. Auf jeden Fall musste sie Reinhilde anrufen. Informativ würde das Treffen bestimmt werden. Da fiel ihr ein, dass sie am Samstag bereits mit Carla verabredet war.
‚Na ja, Carla hat bestimmt nichts gegen eine Einführung in die nähere Nachbarschaft.‘
Wie erwartet, hatte Reinhilde auch nichts gegen das Mitbringen von Carla einzuwenden, und das Fernbleiben von Martin schien ihr sogar fast recht zu sein.

Laura schickte Carla noch schnell eine Mail, um die kurzfristige Änderung in ihrem Samstagabendprogramm anzukündigen. *Hey, gehst du am Sa. mit auf eine Grillparty?!? Zeit 18.00! Guten Flug!* Carlas Handy war zu ihrem treuesten und teuersten Begleiter geworden, von daher konnte sich Laura sicher sein, dass Carla die Message selbst in den USA lesen würde.

Für heute hatte Laura Gott sei Dank, keine Verabredung getroffen. Ihrem Haushalt tat das ganz gut, denn ein riesiger Wäscheberg schrie nach wie vor nach Säuberung, und die Krümel, die an ihren nackten Fußsohlen klebten, ermahnten sie an ein längst fälliges Bodencleaning. Aber das war ja schnell gemacht, und sie hatte heute alle Zeit der Welt. Dieser Gedanke hob Lauras Laune um ein paar Nuancen nach oben.

Schnell räumte sie die Reste von Martins Abendessen ab, brachte sie in die Küche, und verteilte dabei einen stillen Tadel an Martin:
‚Typisch, diniert hier fürstlichst alleine und für mich kriegt er gerade mal eine Dose Tomatenravioli auf, und dann kann ich noch seinen kulinarischen Dreck wegräumen!‘
Bei der Geschmacks- und Geruchserinnerung an dieses Fertiggericht schüttelte es Laura kurz. Die Erinnerung an den gestrigen Abend ließ ihr dagegen wohlige Schauer über den Rücken jagen. Ob sie wollte oder nicht, Leanders Kuss klang noch nach!
‚Bin ich verliebt? Oder hat der Alkoholgenuss mein Empfinden fehlgeleitet? Oh je, was soll ich jetzt bloß tun? Liebe ich Martin noch? Wieso kann mich dann ein anderer Mann so berühren?‘ Dabei starrte Laura auf die Visitenkarte von Leander.
‚Anrufen werde ich ihn auf gar keinen Fall‘, beschloss Laura in der Hoffnung, dass sich so ihre Fragen von selbst lösen würden.

Leander hingegen war sich sicher, dass er sich in Laura verliebt hatte. Sein erster Gedanke nach dem Aufwachen, galt ausnahmsweise nicht dem Börsenbericht, sondern er dachte über sich und Laura nach. Nach außen würden sie ein sehr attraktives Paar abgeben; dies hatten ihm schon die Blicke von anderen auf der Vernissage signalisiert. Außerdem fühlte er jetzt noch die Erregung, die er gestern Abend ihr gegenüber verspürt hatte. ‚Leider habe ich ihr es jetzt überlassen, den ersten Schritt zu unternehmen, aber egal, über die Auskunft bekomme ich ihre Telefonnummer bestimmt heraus.‘ Leander fühlte sich wohler, wenn er die Dinge in die Hand nehmen konnte. ‚Nach der Dusche rufe ich sie an.‘

Ohne Probleme erhielt Leander die Nummer von der Auskunft und erfuhr so dann auch noch den Namen seines Rivalen, *Martin Braun*. Aber das sollte kein Problem für ihn sein, bis jetzt hatte Leander immer alles bekommen, was er sich vorgenommen hatte. Und ab heute Morgen hatte er eine neue Zielsetzung: Die Eroberung von Laura. Leider war der gewählte Anschluss belegt.
‚Na ja, dann versuche ich es nach der Sitzung.‘

Die Sitzung mit den Aufsichtratsmitgliedern der Muffelbank dauerte mal wieder länger. Seine Rationalisierungsvorschläge mussten dort erst einmal verdaut werden. Doch nachher versicherte ihm Herr Prof. Dr. Böllerbogen unter vier Augen, dass er auch persönlich davon überzeugt sei, dass einige Köpfe aus der mittleren Führungsebene rollen mussten:
„Herr Pinsel, Ihr Bericht hat Hand und Fuß. Vor allem solche Menschen wie Herr Filius sind für unsere Bank nicht mehr länger tragbar. Der verwechselt außerdem unsere seriöse Bank mit einer privaten Kontaktbörse. Seine reizende Frau hätte wahrlich was Monogameres verdient. - Ach, Ihre Begleitung von gestern war wirklich sehr reizend, da könnte man ja ganz neidisch werden. Haaa, zehn Jahre jünger müsste man sein!“, seufzte der Professor bedauernd.
„Vielen Dank für Ihr Lob, Sie wissen ja, Ihr Urteil ist mir sehr wichtig. Wir sehen uns dann morgen früh in Ihrem Büro für die weitere Besprechung. Aber jetzt muss ich meine reizende Begleitung anrufen, Sie entschuldigen mich!“ Händeschüttelnd verabschiedeten sich die beiden Geschäftsmänner voneinander. Das Schicksal von Ottmars Laufbahn in der Muffelbank war entschieden.

Noch einmal versuchte Leander, Laura telefonisch zu erreichen, aber schon wieder hörte er nur das Besetztzeichen! Leander, der ein williger Nutzer der modernen Telekommunikation war, musste feststellen, dass Laura keinen ISDN-Anschluss besaß und er somit bei ihr noch nicht einmal anklopfen konnte.

‚Na ja, vielleicht hat sie mir ja mittlerweile eine Nachricht auf meiner Mailbox hinterlassen‘, hoffte Leander und nahm erwartungsfroh sein Handy aus der Jacke.
Die Computerstimme teilte ihm auch gleich mit:
„Sie haben fünf neue Nachrichten ...“
‚Na also!‘, frohlockte Leander und hörte sich die Nachrichten gleich ungeduldig an. Die erste und zweite Nachricht waren von seiner Sekretärin, die wie immer um dringenden Rückruf bat, sich dabei aber anhörte als wäre sie gerade im Begriff einzuschlafen. Man konnte förmlich ihr unterdrücktes Gähnen am anderen Ende der Leitung spüren.

Der dritte Anrufer war seine Haushälterin Erna Wentzke, die wissen wollte, ob sie die Bügelwäsche mit nach Hause mitnehmen könne und eine Dringlichkeit in ihre Stimme legte, als müsse sie in Sekundenschnelle über ein Milliardenprojekt entscheiden. Der vierte Anruf kam noch einmal von seiner Sekretärin, die ausnahmsweise etwas energischer darum bat, Signor Mauro von Platina anzurufen. Der fünfte Anrufer war dann Signor Mauro selbst, der um baldigen Rückruf bat und das natürlich ‚molto, molto importante!‘
‚Schade! Aber was soll´s, dann ruft halt nur die Pflicht und nicht das Vergnügen!‘, dachte Leander und wählte pflichtbewusst die Nummer von Signor Mauro. Bereits nach einem Klingelzeichen hatte er Signor Mauro in der Leitung:
„Finalmente, mi chiama! ......“, fing der aufgeregte Lagebericht vom italienischen Geschäftsführer an.
„Sie müssen unbedingt supido, äh mi scusi, so schnell wie möglich nach Mailand kommen!“ Die weiteren Informationen, die Leander zu hören bekam, gefielen ihm in keinster Weise. Ein Konkurrenzunternehmen aus der Schweiz plante wohl die feindliche Übernahme von Platina. Ein alter Internatsfreund von Signor Mauro, der im Aufsichtsrat von dem Konkurrenzunternehmen Siverius saß, hatte ihm diese höchst brisante und geheime Information am Morgen zugespielt.

Nachdem das Telefonat mit Italien beendet war, rief Leander gleich seine Sekretärin Frau Wolf-Schmidt an, um ihr weitere Instruktionen zu geben:
„Ella, buchen Sie mich bitte morgen auf den 11.00 Uhr Flug nach Mailand ein! Dann sagen Sie bitte alle Termine für morgen ab! Ah ja, und im Hotel ‚Il Duomo‘ sorgen Sie für ein Zimmer zum Innenhof!“
Auf Ellas Frage, für wann sie den Rückflug buchen sollte, antwortete Leander:
„Machen Sie bitte eine Open-Buchung! Momentan weiß ich noch nicht, wie lange ich vor Ort bleiben muss! Alles klar!? Ach, noch was, lassen Sie die Tickets bitte als E-lektronisches Ticket buchen, dann brauch' ich mich nicht auch noch morgen an den Ticketschalter zu stellen!“

Auf der Fahrt nach Hause führte Leander vom Auto aus noch einige wichtige Telefonate. Er brauchte unbedingt noch ein paar Insider-Informationen über Siverius, damit er sich bis morgen ein komplettes Bild über die Situation machen konnte! Dann musste er auf jeden Fall noch einen Strategieplan ausarbeiten und, so weit möglich, unauffällig Kontakt mit den Hauptaktionären aufnehmen, damit er morgen die aufgeregten Gemüter beruhigen konnte.
‚Hoffentlich!‘, schickte Leander geistig hinterher, denn im Moment wusste er noch nicht, wie brenzlig die Lage wirklich war.
‚Auf jeden Fall wird das noch eine lang Nacht!‘, stöhnte Leander innerlich. Insgeheim hatte er ja gehofft, die Nacht weitaus angenehmer mit Laura verbringen zu können.
Als Leander in der Schlossallee den Schlüssel umdrehte, hörte er schon das Telefon klingeln. Schnell nahm er den Hörer an sich. Es war Henning Braun, der ihm ein paar sehr wichtige Informationen über Siverius lieferte. Leander kannte Henning schon seit seinem BWL-Studium in München, damals waren sie beide in der gleichen schlagenden Studentenverbindung gewesen. Sie hatten ihre Kontakte schon oft beruflich nutzen können. Nach dem Anruf ging Leander erst einmal unter die Dusche, um sich

für eine lange, arbeitsreiche Nacht fit zu machen. Zum Glück waren bereits eine Menge von angeforderten Daten gefaxt worden. Die Arbeit konnte beginnen!

Leander saß bis vier Uhr morgens an seinem Schreibtisch. Nur einmal gönnte er sich eine Pause, um von Ernas selbstgemachtem Kartoffelsalat zu kosten und um dazu ein kühles Rarsteiner Pils zu trinken.
In der Nacht packte er dann noch seinen Koffer und legte alle notwendigen Unterlagen zusammen. Ein Ritual, das er sich erst mühsam anerzogen hatte, damit er morgens nicht voller Hektik nach seinen Sachen suchen musste und sich somit nicht in unnötigen Zeitstress begab.
Todmüde war er, doch trotzdem konnte er ums Verrecken einfach nicht einschlafen. Mal waren seine Gedanken bei Platina, und er rechnete im Geiste immer wieder die wildesten Zahlen zusammen, oder sie schweiften ab und zu zu Laura, die er immer noch nicht erreicht hatte.

Laura und Martin hatten seit langem mal wieder etwas Zeit miteinander verbracht und krönten dies mit einem gemütlichen Fernsehabend. Beide waren heute zusammen zum Fitnesstraining gegangen und hatten sich hinterher hungrig aufs Abendessen gestürzt. Pasta Napoli mit gemischtem Salat, ein Fläschchen Rotwein und dazu der Viertel-nach-acht-Krimi als Nachspeise. Ein gemütlicher Hochgenuss! Doch das Ende des spannenden Krimis bekam keiner von beiden mehr mit.
Während die Martinshörner die wilde Verfolgungsjagd mit dem Bösewicht lautstark untermalten, waren beide zufrieden und eng umschlungen auf dem Sofa eingeschlafen. Die letzten Wochen voller Schlafmangel forderten ihr Tribut. Martins nächtelange Paukerei fürs Examen hatten seinen Verführungsabsichten für den heutigen Abend ein Schnippchen geschlagen. Irgendwann weit nach Mitternacht wurde Laura von erotischen Frauenstimmen wach, die lustvoll um das Wählen bestimmter Telefonnummern warben. Sanft löste sie sich aus Martins Umarmung und schlich ohne Katzenwäsche und Zähneputzen ins Bett.

‚Hatte es nicht gerade an der Tür geklingelt?‘

Ein verquollener Blick auf den Wecker beruhigte Laura, es war erst acht Uhr fünf, um diese Zeit klingelte bei ihnen niemand an der Tür.

‚Traumgespinste!‘, dachte Laura und drehte sich noch einmal genüsslich um.

Doch von wegen, diesmal war die Klingel nicht mehr zu überhören: zweimal kurz, dreimal lang und zum Abschluss noch mal dreimal kurz!

‚Entweder ist das ein Notfall, ein Verrückter oder ein Schulkind spielt Klingelmännchen!‘, schimpfte Laura in sich hinein und griff schnell nach ihrer Jeans und ihrem Lümmel-Sweat-Shirt, das sie am Abend ziemlich unordentlich auf den Stuhl geschmissen hatte.

Schon wieder hallte das Klingeln durch die Wohnung, ein sehr intensives ‚zweimal lang‘, so dass selbst Martin senkrecht im Bett stand. Er ließ sich aber gleich wieder zurück in die Federn fallen, als er sah, dass Laura bereits für den Verrückten mit Notfallgehabe angezogen war.

Durch den Türspion konnte Laura leider nur verzerrte Umrisse von einem männlichen Gesicht mit Käppi sehen. Um den Ruhestörer zu identifizieren, musste sie wohl oder übel die Tür öffnen.

„Morgen, Deutsche Gähnekom, wollt‘ Ihnen nur Bescheid sagen, dass Ihr Telefon nicht geht!“, bollerte der Käppiträger los. „Ach ja?“, zu größeren verbalen Ausführungen war Laura im Moment nicht fähig.

„Dat dauert bis Montag morgen! Kanalarbeiten. N´ Bagger hat dat Kabel gestern zerrissen. Ham´ se dat noch nicht jemerkt?“

„Ne, morgens um diese Zeit schlafe ich!“, sagte Laura und gähnte dabei ganz automatisch.

„Ja, dann Tach auch!“, und schon war der Notfall versorgt und die Tür wieder verschlossen.

Wortlos schlüpfte Laura aus ihrer Jeans und legte sich wieder ins noch warme Bett. Sie gähnte noch mal so richtig herzhaft und streckte mit vollem Genuss alle ihre Glieder aus. Es war dieses Wohlgefühl, was sich immer dann einstellt, wenn man weiß, dass man für die nächsten fünf bis sechs Stunden keine terminliche Verpflichtungen hat.

Martin hingegen fühlte sich gar nicht wohl. Auf die Familienfeier von Onkel Karl hatte er überhaupt gar keine Lust. Nicht dass er etwas gegen seinen Onkel gehabt hätte, aber die Feste verliefen immer nach dem gleichen Schema. Endlos lange wurden alte Familiengeschichten erzählt, die zum ersten Mal gehört vielleicht noch ganz interessant waren, aber nachdem er nun schon bei etlichen Festen pflichtanwesend war, kannte er nur zu gut die Passagen, an denen Tante Irmchen immer seufzend erklärte:
„Ach, wie war das damals noch schön!", oder Onkel Paul seinen Satz, „Früher, das waren noch andere Zeiten!", mit einem bedeutungsschwangeren Kopfnicken begleitete.

Zu allem Überfluss hatte er noch seiner Mutter versprechen müssen, schon zum Mittagessen nach Deckendorf zu kommen. ‚Seufz!' Das bedeutete, er musste jetzt eigentlich schon aufstehen.
„Sag mal Schatz, habe ich das richtig gehört, unser Telefon ist bis Montag kaputt?"
„Ja!", und schon wieder gähnte Laura.
„Dann rufe Ich dich übers Handy an, und erzähl dir von der tollen Party!" Dabei knabberte an ihrem rechten Ohr.
„Sag` mal, musst du nicht jetzt aufstehen, wenn du pünktlich bei deiner Ma zum Essen auftauchen willst?", fragte Laura, die Martins Einstiegsstreicheleinheiten für einen Morgenquicky der -longy nur zu gut kannte.
„Mmh, egal, du schmeckst mir auf alle Fälle besser!", und er widmete sich bereits der erogenen Zone Hals.
Mittlerweile war auch Laura auf den Geschmack gekommen und genoss die erregenden Berührungen von Martins forschenden Händen. Ihre Küsse wurden immer intensiver und drängender, ihre Körper rieben sich dicht aneinander, begierig darauf, dem anderen so nah wie möglich zu sein. Doch bevor sie sich lieben konnten, klin-

gelte es schon wieder an der Tür. Entschlossen, das Klingelzeichen einfach zu überhören, küssten Laura und Martin sich noch um eine Spur wilder.

„Oh, nein! Nicht schon wieder!", kommentierte Laura das zweimal kurz und dreimal lang einsetzende Klingelzeichen. Diesmal hüpfte Martin aus dem Bett und holte sich rasch aus dem Badezimmer seinen Bademantel, der kaum seine Erregung verbergen konnte.

‚In dieser Situation sind Frauen eindeutig im Vorteil.', dachte sich Martin und öffnete die Tür nur einen kleinen Spalt, damit er seinen ausgebeulten Bademantel hinter der Tür verschanzen konnte.

Tatsächlich, der Herr von der Gähnekom war wieder da.

„Schuldigung, wir müssen mal ´n paar Leitungen hier im Haus überprüfen!"

„Ich dachte, der Kabelriss ist bei Kanalarbeiten passiert?" war Martins ungläubiger Kommentar.

„Tja, ich weiß, aber der Chef hat gemeint, ich soll noch was überprüfen, oder wollen ´se nicht wieder telefonieren?", gab der Käppiträger genervt zurück.

„Also gut, kleinen Moment bitte!"

Währenddessen lehnte Martin die Tür noch ein wenig mehr an und verschwand kurz ins Schlafzimmer. Laura, die das Gespräch mitbekommen hatte, war gerade dabei sich wieder an zu ziehen. Mit einem bedauernden Blick streifte er Lauras Körper und bot ihr ungewöhnlich fürsorglich an:

„Schatz, leg du dich doch wieder hin, der Schnarchzapfen muss ja nicht zum Kabelüberprüfen ins Schlafzimmer. Es reicht ja wenn einer auf ist! Tja, und ich muss mich wohl eh anziehen."

Und schon war er wieder an der Tür, um den Herrn von der Gähnekom hereinzulassen. Er zeigte ihm noch kurz das Telefon und verschwand dann zur Dusche ins Bad. Frisch rasiert und nach ‚Anateus' duftend, begleitete er den Techniker aus der Wohnung und ging danach direkt ins Schlafzimmer, um sich von Laura zu verabschieden.

Laura hatte Martins Vorschlag tatsächlich angenommen und war zum zweiten Mal wieder ins Bett geschlüpft und nach kurzer Zeit bereits wieder eingeschlafen. Martin hauchte Laura noch einen Kuss auf die Stirn und schloss dann ganz leise die Tür hinter sich zu. Mittlerweile war es auch höchste Zeit, um loszufahren. Doch mit ein wenig Glück würde er sich diesmal nur um eine Viertelstunde verspäten, und die würde ihm seine Mutter verzeihen.
Als Laura eine Stunde später wieder aufwachte, hing noch Martins Eau de Toilette im Raum. Tief zog sie seinen Duft ein und hatte dabei das beruhigende Gefühl, dass sie Martin wirklich liebte. Die Beziehungsprobleme der letzten Zeit verblassten und waren im Moment unbedeutend. Nur kurz dachte Laura an Leander. Fast wäre sie auf seine Verführungskünste herein gefallen. Heute war sie nur froh, dass es bei einem Kuss geblieben war, und der jagte ihr jetzt schon ein schlechtes Gewissen ein.
‚Auf gar keinen Fall rufe ich ihn an!‘ Sie sprang aus dem Bett und sucht in ihrer Tasche nach Leanders Visitenkarte. Da war sie und verschwand in kleinen Schnipseln im Papierkorb.

Leander hatte sich seinen Wecker extra so früh gestellt, dass er noch vor dem Flug ein paar Runden joggen gehen konnte. Die frische Luft war zwar kühl, doch dafür ließ sie ihn auch immer munter werden. Noch eine Runde und er musste umkehren, sich duschen und zum Flughafen hinaus fahren. Doch vorher würde er noch einmal versuchen Laura anzurufen, denn sein sportlicher Ehrgeiz, sie zu erobern war nun mehr als geweckt.
Noch in den schweißnassen Sportsachen warf er sich aufs Sofa und griff zum Telefon. Ihre Nummer kannte er mittlerweile auch schon auswendig.
„Verdammt!“, fluchte Leander, diesmal hörte er zwar statt dem Besetztzeichen ein Freizeichen, doch nahm niemand ab. Noch nicht einmal ein Anrufbeantworter war angeschaltet, auf der er eine Nachricht hätte hinterlassen können. „Unglaublich!“

Für das Treffen mit Signor Mauro hatte Leander sorgfältig seinen grauen Armwani Anzug und die neuen schwarzen Glucci Schuhe ausgewählt. Die Krawatte von Visage vervollständigte nun sein Outfit um noch einen italienischen Designer mehr. Schon lange hatte er sich angewöhnt, zu jedem noch so unbedeutenden geschäftlichen Termin in der richtigen und passenden Kleidung zu kommen. Wenn an seinem äußeren Erscheinungsbild nichts auszusetzen war, musste er auch keine Zeit damit vergeuden, einen schlechten Eindruck wieder mit besonders viel Geist und Esprit auszubügeln. So konnte er immer gleich die wesentlichen Dinge des Geschäfts angehen. Dass sein gut gestyltes Äußeres auch oft seine Wirkung auf Frauen zeigte, nahm Leander nicht immer wahr.

Doch bei Frauke war es wirklich nicht zu übersehen. Sie hatte Leander schon von weitem wahrgenommen, obwohl heute der Checkin kaum Zeit ließ, den Blick schweifen zulassen. Leander hatte sie bereits in der langen Schlange vor dem Senator-Schalter bemerkt.
‚Mein Gott, sieht der wieder gut aus!‘, stellte Frauke fest und beschloss, sich irgend etwas einfallen zulassen, um sich mit ihm zu treffen. ‚Nur was?‘
Vor allem ließ die Arbeit ihr keine Zeit, in Ruhe darüber nachzudenken.
‚Nur noch drei Passagiere und dann steht er schon vor mir!‘ Frauke musste sich tierisch konzentrieren, um die anderen Passagiere weiterhin gut zu bedienen.
‚Bloß nicht verkrampft wirken!‘, ermahnte sich Frauke und verstreute ein charmantes Lächeln - zumindest hielt Frauke es dafür.

Dann stand er vor ihr. Er gab Frauke seine Senatorkarte und bat um einen Gangplatz in der ersten Reihe. Seine ganze Art und Haltung war heute sehr reserviert und signalisierte, Distanz zu wahren. Zwar war er höflich, doch schien er sie persönlich überhaupt nicht wahr zu nehmen. Und in den wenigen Minuten des Kundenkontaktes ergab sich leider auch keine Möglichkeit, das Blatt zu wenden und sein Interesse auf sie zu lenken. ‚Mist!‘, fluchte Frauke innerlich, aber so schnell wollte sie nicht aufgeben. In letzter Sekunde war ihr noch ein Geistesblitz gekommen: Sie würde einfach unauffällig Leanders Senatorkarte am Schalter zurückbehalten und diese dann später als glorreiche Finderin zurückgeben.

Der Plan glückte! Leander nahm seine Bordkarte und seine Ticketquittung entgegen, ohne dass ihm auffiel, das seine Karte fehlte. Dann ging er zum Ausgang. Auf dieser Senatorkarte waren seine gesamten ‚Elektronischen Tickets‘ gebucht und gespeichert, und zugleich war es auch noch seine Platin-Mexa-Kreditkarte. Ein Verlust bedeutete somit zwangsläufig Ärger und war vor allem ein unausweichlicher Zeitfresser.

Frauke checkte noch zwei Passagiere ein, rief dann eine Kollegin am Economy-Schalter an und bat um Ablöse:

„Hallo Birgit, kannst du mich mal schnell am First ablösen? Ich muss mal dringend aufs Klöchen!“

„Klar, ich habe gerade noch einen Passagier vor mir stehen, dann komm ich `rüber!“

Nachdem die Kollegin sie abgelöst hatte, machte sich Frauke auf den Weg zum Mailand-Gate. Was sie jetzt vor hatte, würde die Kollegin am Ausgang zwar nicht nachvollziehen können, aber das war ihr so ziemlich egal.

Normalerweise wäre in so einem Fall nur eine Servicehilfe gerufen worden, die die Karte zum Ausgang gebracht hätte. Die zuständige Gate-Mitarbeiterin rief dann den Besitzer der Karte aus, oder sie überreichte die Karte einfach beim Einsteigen. Doch jetzt sprach Frauke selbst ins Mikro:

„Herr Leander Pinsel, gebucht auf der AB5302 nach Mailand, kommen Sie bitte kurz zu Ihrem Ausgang A32. Herr Leander Pinsel, bitte!“

Es dauerte auch nicht lange und Leander stand mit fragendem Blick vor Frauke. Frauke kam sofort einen Schritt aus dem Gate heraus, um zum einen das Belauschen durch die Kollegin einzugrenzen und zum anderen so ihre Topfigur besser zur Geltung zu bringen. Bis jetzt hatte Leander sie nur bis zur Hälfte sehen können, da ihre extrem langen und schöne Beine immer hinter dem Counter versteckt waren.

„Herr Pinsel, Sie haben Ihre Senatorkarte vor dem First-Class-Schalter verloren! Und ich dachte mir", hier setzte Frauke ein neckisches Lächeln ein „dass Sie die heute vielleicht noch brauchen werden!"

„Das ist wirklich nett von Ihnen, danke!"

Leander, der gerade vor fünf Minuten versucht hatte, Laura noch mal übers Handy zu erreichen, kam jetzt der Gedanke, doch mal nachzufragen, ob Laura vielleicht arbeiten musste. Eigentlich konnte er sich zwar noch ganz genau daran erinnern, wie sie ihm im Laufe des Abends erzählt hatte, dass sie erst wieder am Samstag arbeiten müsse. Doch wenn sie hier auf der Arbeit war, konnte er sich natürlich noch lange die Finger wund wählen.

„Sagen Sie mal, wissen Sie, ob Laura Pietsch heute Dienst hat?" „Ach Laura, die hat heute frei! Kann ich Ihnen vielleicht weiterhelfen?", bot sich Frauke ganz unschuldig an.

„Nein, nein! Danke, es ist nichts Dienstliches. Ich konnte sie nur daheim nicht mehr erreichen!", warf Leander ein und wollte damit das Gespräch auch beenden.

„Herr Pinsel, mir fällt gerade etwas ein: Ich glaube, Laura ist mit ihrem Freund auf einem Kurzurlaub!"

Schnell fügte Frauke noch hinzu, bevor Leander verschwand und somit auch jede Hoffnung auf eine reelle Chance für ein näheres Treffen mit ihm: „Wissen Sie, das machen die beiden nämlich öfters!"

Leanders Interesse war nun endlich geweckt. Dazu wollte er doch noch ein wenig mehr wissen. „Eigentlich bin ich Ihnen ja noch einen Finderlohn schuldig! Darf ich Sie bald mal zum Essen einladen?", fragte Leander Frauke, die innerlich drei Purzelbäume schlug.

„Danke, gerne!", sagte Frauke sofort zu, die fand, dass sie für vornehme Zurückhaltung und Geziere jetzt keine Zeit mehr hatte. „Geben Sie mir doch bitte Ihre Telefonnummer, dann rufe ich Sie an!" Schnell notierte sich Leander die Nummer in seinem Notebook und stieg dann ins Flugzeug ein.

VIII.

Es war ein lauer Abend, als Ottmar Carla im französischen Lokal ‚Cricri' traf. Carla war zwar gerade erst aus New York zurück gekommen, aber sie war kein bisschen müde. Die Vorfreude auf diesen Abend hatte ihren Adrenalinspiegel nach oben getrieben. Der Abend verlief sehr harmonisch, das Essen war ausgezeichnet, und der Wein floss reichlich.
Zu vorgerückter Stunde fragte Ottmar:
„Wir wollten doch eigentlich noch etwas spazieren gehen. Was halten Sie davon, wenn wir noch an den kleinen Baggersee hier in der Nähe fahren und dort noch eine Runde drehen?"
„Baggersee klingt nach Schlamm und Morast. Ich glaube nicht, dass meine Schuhe dafür geeignet sind", sagte Carla, die keine Lust auf eine Nachtwanderung durch Pfützen und Tümpel hatte.
„Oh, nein! Da kann ich Sie beruhigen. Es ist ein neu angelegter See. Er entstand, als die dort vorbeiführende Autobahn gebaut wurde. Es ist wirklich sehr idyllisch dort", antwortete Ottmar.
‚Autobahn?', dachte sich Carla. ‚Das wird ja immer besser. Hoffentlich wälzen sich dort nicht hinter jedem Busch irgendwelche Paare, die noch keine eigene Wohnung haben.'
Aber um endlich der Debatte ein Ende zu bereiten, willigte sie ein. Schließlich wollte sie keine Spielverderberin sein und den bisher so schön verlaufenen Abend verderben.
„Also gut", sagte sie „fahren wir an den Baggersee neben der Autobahn."

Carla musste zugeben, dass der kleine See doch sehr romantisch war und man die Autobahn kaum hörte. Auch ihre Vorurteile gegen ‚die Jugend von heute' musste sie revidieren. Statt dessen mussten sie und Ottmar aufpassen, dass sie nicht selbst hinter dem Busch von Spazier-

125

gängern erwischt wurden, hinter den sie sich zurückge-
zogen hatten.

Ohne Jackett wirkte Ottmar gleich noch viel sympathischer, befand Carla. Ordentlich war er auch. Damit das
Jackett nicht verknickte, hatte er es an einem Ast aufge-
hängt. Wahrscheinlich wollte er seiner gefühlskalten Frau
auch keinen Anlass zu bohrenden Fragen geben. Carla
konnte das verstehen. Selbst in einer Wohngemeinschaft
wollte man noch ein paar Geheimnisse für sich behalten,
und sicher wollte Ottmar seine Frau nicht vorschnell ver-
letzten. Aber falls eine ernstere Beziehung zwischen ihnen beiden entstehen würde, müsste er ihr irgendwann
einmal reinen Wein einschenken.

Carla merkte, dass sie sich schon ziemlich viele Gedanken über Ottmar machte.

‚Ich habe mich doch nicht schon wieder verliebt?‘, fragte
sie sich.

‚Nach dieser Sache mit Heinz wollte ich eigentlich noch
etwas Abstand haben und mich nicht schon wieder Hals
über Kopf in eine andere Beziehung stürzen. Aber Ottmar
ist nun wirklich nicht mit Heinz zu vergleichen. Er würde
außerdem meinen Eltern gefallen. Er hat einen soliden
Beruf und kennt sich mit Finanzen aus. Alles Dinge, auf
die meine Eltern Wert legen. Andererseits habe ich doch
gerade beschlossen, mich von der ‚Diktatur‘ meiner Eltern
zu befreien und meine eigenen Entscheidungen zu treffen. Nein, selbst, wenn es zu einer Affäre zwischen mir
und Ottmar kommt, werde ich ihn noch lange nicht meinen Eltern vorstellen. Und er soll auch nicht erfahren,
dass ich die Tochter der ‚Schokoladen-Nördlings‘ bin.
Schließlich will ich ja nicht wegen meines Geldes gemocht
werden. Hier in Kleinklexdorf kennt mich niemand. Also,
wer sollte es Ottmar verraten? Ich werde abwarten, ob er
es ehrlich mit mir meint.‘

Nach diesem kleinen Ausflug brachte Ottmar Carla nach
Hause und stellte dabei fest, dass sie gar nicht weit weg
von ihm selbst wohnte.

‚Kann auch ganz praktisch sein....‘, dachte er. ‚Dann kann ich manchmal auf einen Sprung bei ihr vorbeischauen, bevor ich nach Hause gehe. Die Stunde früher oder später, die ich zu Hause ankomme, ist auch egal.‘
Galant öffnete Ottmar Carla die Autotür.
„Gute Nacht, Carla! Ich hoffe wir sehen uns bald wieder“, sagte er.
„Ja, sehr gerne!“, antwortete Carla.
„Ich werde dich morgen anrufen, dann machen wir etwas aus. Einverstanden? Und schließlich müssen wir ja auch mit den Wertpapiergeschäften vorankommen“, sagte Ottmar.
„Morgen geht nicht. Da habe ich schon etwas anderes vor und außerdem gehe ich auf eine Party. Probiere es am Sonntag!“, gab Carla zurück.
„Ach, weißt du was?“, schlug Ottmar vor „Komme doch einfach am Montag gegen elf in die Filiale. Wir reden über das Geschäft und gehen dann anschließend essen. Passt dir das?“
„Oh ja, das geht gut“, antwortete Carla begeistert. „Ich muss erst wieder am Mittwoch fliegen.“
„Also bis Montag!“ Ottmar gab Carla noch einen zärtlichen Kuss, und sie verschwand im Hauseingang.
‚Das ist ja besser gelaufen als ich dachte‘, freute sich Ottmar. ‚Ich brauche mich gar nicht zu verstellen. - Ich mag sie wirklich. Jetzt bin ich mal selbst gespannt, wie diese Geschichte weitergeht.‘ Und beschwingt machte er sich auf den Heimweg. ‚Hoffentlich bin ich bei dem morgigen Grillfest auch so erfolgreich.‘

Peter hatte am Samstag eigentlich gar keine rechte Lust, sich zu dem ‚Club der Porsche-Freunde‘ zu begeben. Da er aber nichts anderes vor hatte und Frau Dr. Paarhufer zugesagt hatte, wollte er sie auch nicht versetzen. Schließlich war sie ja so freundlich und verschaffte ihm Zutritt zu diesem exklusiven Club. ‚Wer weiß, wann sich mir wieder einmal so eine Gelegenheit bietet?‘, dachte Peter, während er sich elegant-lässig anzog.

Rosalinde Paarhufer indessen war schon ziemlich kribbelig, was diesen Abend anbelangte. Endlich würde sie Gelegenheit haben, mit Herrn Crusius auch ein paar private Dinge auszutauschen. Da ihr Ehemann Helmut Dienst hatte, würde sie auch nicht nach ihrem Verbleib gefragt werden. Helmut wusste, dass sie regelmäßig zu den Treffen des ‚Club der Porsche-Freunde‘ ging, und dieser interessierte Helmut nicht. - Im Gegenteil: Rosalinde erwähnte ihn wenn möglich überhaupt nicht, um nicht wieder in endlose Diskussionen über die Nachteile des Autofahrens verwickelt zu werden. Außerdem hatten sie und Helmut von ihren Nachbarn, dem Ehepaar Filius, eine Einladung zum Grillfest bekommen. Dorthin wollte sie auf jeden Fall noch gehen, falls der Abend mit Herrn Crusius nicht so anregend verlaufen sollte, wie sie es erhoffte.

Während Rosalinde schon eine halbe Stunde wartete, kam Peter Crusius zehn Minuten später als verabredet zum Hotel ‚Excelsior‘.
„Haben Sie schon lange auf mich gewartet? Ich habe keinen Parkplatz gefunden und musste erst ein paarmal um das Hotel kreisen“, entschuldigte sich Peter.
„Oh, haben Sie nicht gewusst, dass eine Tiefgarage zum Hotel gehört?“, fragte Rosalinde.
„Doch schon, aber Garagen sind mir zu teuer, da gehe ich lieber ein Stück zu Fuß“, gab Peter zurück.
„Und wo haben Sie geparkt?“
„Ich bin heute mit dem Bus gekommen, weil mein Auto in der Werkstatt ist. Ich lasse einen neuen Heckspoiler anbringen“, sagte Rosalinde.
„Ach ja, so einen könnte ich auch noch gebrauchen“, meinte Peter nachdenklich.

Gemeinsam betraten sie die Hotelhalle. Rosalinde zeigte Peter den Weg in den Hinterraum. Die Bezeichnung ‚Hinterraum‘ war etwas untertrieben. Erstens waren es zwei Räume, die dem Club zur Verfügung standen, und zweitens waren die beiden Räume sehr exklusiv eingerichtet. Ein Raum ähnelte einer Bar, während der andere von einer riesigen Leinwand dominiert war, auf der gerade ein Autorennen gezeigt wurde.

„Hier sehen Sie unser Video von unserem Treffen auf dem Nürburgring. Wir waren letzten Monat dort und sind alle ein paar Runden auf Zeit gefahren. Jetzt sehen wir uns das alles noch einmal in Ruhe an", kommentierte Rosalinde den Film.
„Sind Sie auch dabei gewesen?", fragte Peter interessiert.
„Selbstverständlich!", antwortete Rosalinde „So etwas ist hier Ehrensache. Wer im Club ist, muss auch fahren. Allerdings geht es hierbei hauptsächlich um die Verbesserung der Reaktionsschnelligkeit. Wir haben alle ein Sicherheitstraining absolviert." Peter war beeindruckt.

„Was muss man denn für Voraussetzungen haben, um in den Club aufgenommen zu werden?", fragte er.
„In erster Linie müssen Sie zu uns passen und bereit sein, sich aktiv im Club zu engagieren. Außerdem müssen Sie regelmäßig zu unseren monatlichen Treffen kommen und dürfen höchstens dreimal im Jahr fehlen. Sie können erst ein paar mal zur Probe hierher kommen. Wenn Sie dann meinen, dass der Club zu Ihnen passt, stellen Sie einen Aufnahmeantrag. In einer internen Sitzung wird dann von den Mitgliedern per Mehrheitsvotum über ihren Antrag entschieden", sagte Rosalinde.
„So, dann werde ich mir den Club gerne ansehen und mich hier etwas umschauen", sagte Peter verunsichert.

Peter und Rosalinde waren inzwischen an der Bar angelangt. Peter bestellte für sich ein Bier und bezahlte auch gleich. Rosalinde bestellte ein Glas Champagner und ließ ihn auf ihr Konto anschreiben. Langsam merkte sie, dass Peter ein ziemlicher Geizhals war, und es verging ihr die Lust, noch näher Bekanntschaft mit ihm zu schließen. Außerdem hatte er sich noch kein einziges mal nach irgend etwas Privatem aus ihrem Leben erkundigt. Sie war für ihn anscheinend wirklich nur der willkommene Türöffner für den Club.

Mit ihren Gläsern in der Hand begaben sich Rosalinde und Peter in den angrenzenden Raum und setzten sich vor die Leinwand. Während Peter begeistert auf die Leinwand starrte, winkte Rosalinde einigen Bekannten von ihr über die Reihen hinweg zu. Nach zwei Stunden sagte Rosalinde:

„Ich muss jetzt gehen, sonst verpasse ich noch meinen letzten Bus, und ich habe meinen Nachbarn versprochen, bei ihrem Grillfest vorbei zu schauen."

„Wenn Sie wollen, kann ich Sie nach Hause bringen, wenn es auf meinem Weg liegt", meinte Peter.

„Wo wohnen Sie denn?"

„Ich wohne im Osten von Kleinklexdorf", antwortete Rosalinde.

„Ja, das ist für mich kein Umweg. Ich nehme Sie mit!" Während Peter von seiner Hilfsbereitschaft ganz begeistert war, wurde Rosalinde zusehends verbitterter.

‚Dieser Peter ist doch ein totaler Egoist. Nur, wenn es für ihn kein Umweg ist, fährt er mich heim. Mal sehen, ob er mir noch Benzingeld berechnet!'

Rosalinde dirigierte Peter vor das Haus des Ehepaars Filius und entstieg dem Wagen.

„Vielen Dank fürs Mitnehmen!", sagte sie.

„Gern geschehen! Es lag ja sowieso auf meinem Weg. Wir sehen uns dann vielleicht mal im ‚Club der Porsche-Freunde'. Mir hat es dort gut gefallen und, ich werde sicher öfters hin gehen, wenn es mein Flugplan erlaubt."

„Ja, man sieht sich", antwortete Rosalinde, der inzwischen nicht mehr besonders viel an Peter gelegen war.

Gerade als Rosalinde aus dem Auto stieg und sich von Peter verabschiedete, öffnete sich das Gartentor der Filius´, und es kamen zwei Gestalten heraus, mit denen Rosalinde sich unterhielt. Während Peter den Motor anließ, dachte er:

‚Merkwürdig, jetzt erinnern mich schon wildfremde Personen an diese Laura Pietsch. Sie wohnt ja hier auch gegenüber, wie ich sehe. Eine der Frauen, die mit Frau Dr. Paarhufer spricht, sieht ihr verdammt ähnlich. Aber das kommt davon, wenn man sich zu viele Gedanken um eine Frau macht: Überall meint man sie dann zu sehen.'

Dieses Grillfest war wirklich das totale Fiasko gewesen! Schnucki und Ottmar funkelten sich beide wütend an. Gerade waren sie bei den Aufräumarbeiten der gestrigen Fete. Außer Spesen nichts gewesen!. Helmut war nicht zu der Party erschienen, weil er Dienst hatte, damit war der zusätzliche Kick für Schnucki nicht mehr vorhanden gewesen. Ottmar hatte sich plötzlich Carla gegenüber gesehen und musste so tun, als ob er sie nicht kannte und mit ansehen, wie sie erschüttert mit Laura verfrüht das Fest verließ, so dass weder Schnucki noch Ottmar Laura ausquetschen konnten. Alle anderen Gäste hingegen hatten sich köstlich amüsiert. Sie waren bis drei Uhr morgens geblieben und hatten alle teuren Leckereien aufgefressen.

„Musstest du ausgerechnet in der exklusiven Metzgerei ‚Kalbsfuß' diese sauteuren Grillspießchen bestellen? Du denkst wohl, ich verdiene mein Geld im Schlaf, und du kannst es zum Fenster rausschmeißen?", erboste sich Ottmar.
„Wenn wir schon einmal unsere Nachbarn einladen, will ich mich auch nicht lumpen lassen und nur billige Reste vorsetzen. Wenn du meinst, dass ich das Geld verprasse, kannst du ja künftig selbst einkaufen. Dann wirst du mal sehen, was die Lebensmittel kosten!", gab Schnucki zurück.
„Wozu habe ich dich denn geheiratet, wenn du noch nicht mal in der Lage bist, unser Geld ordentlich zu verwalten?", blaffte Ottmar.
„Ich denke, die Vermögensverwaltung ist deine Spezialität! Aber das gilt wohl nur für fremdes Vermögen. Ich erinnere nur an deine teuren Maßanzüge, für die du dein halbes Monatsgehalt ausgibst", erwiderte Schnucki spitz.
„Das ist Berufskleidung! Aber das verstehst du wohl immer noch nicht. Wenn mir ein reicher Kunde gegenübersteht, der topp angezogen ist, dann sieht der das doch sofort, wenn ich einen Anzug von der Stange trage! Ich

will mich ihm nicht kleidungsmäßig unterlegen fühlen", verteidigte sich Ottmar.

„Du willst doch wohl nicht sagen, dass der Kunde ernsthaft glaubt, du würdest in der Filiale in Kleinklexdorf genauso viel verdienen, wie er, der zum Beispiel ein Vermögen und ein Unternehmen geerbt hat! Ist das so bei euch Männern, dass derjenige den anderen unterwirft, der besser gekleidet ist? Das muss ich mir merken. Dann werde ich meine Nachbarin beim Einkaufen mit meinem ‚kleinen Schwarzen' besiegen, wenn sie in einer Kittelschürze aufkreuzt!", lästerte Schnucki.

„Du verstehst überhaupt nichts! Man muss sich nach oben orientieren! Ich kleide mich jetzt schon meinem künftigen Lebensstil angemessen und signalisiere damit, in welche Einkommensklasse ich eigentlich gehöre", versuchte es Ottmar noch einmal seiner begriffsstutzigen Frau zu erklären.

„Aha, und deshalb können wir uns dann kein Fleisch mehr leisten, wenn wir unsere Nachbarn zum Grillfest einladen. Das nächste mal werde ich Schweinekutteln und Innereien auftischen, die sind billig. Dem Hund des Metzgers schmeckt es auch", giftete Schnucki.

„Es gibt kein nächstes Mal", sagte Ottmar. „Erstmal sind die Nachbarn mit einer Gegeneinladung dran. Bis die alle durch sind, wohnen wir hoffentlich nicht mehr hier in dieser Spießergegend."

„Wieso? Was passt dir hier nicht? Hier ist doch wirklich noch heile Welt. Warum sollten wir hier wegziehen?", fragte Schnucki, die an Helmut dachte.

„Du kapierst doch wirklich gar nichts! Wenn ich aufsteige, müssen wir natürlich standesgemäß wohnen. - Zum Beispiel in einem freistehenden Haus am Starnberger See", sagte Ottmar.

„Dann musst du aber raketenartig aufsteigen und noch ein paar Leuten mehr schön tun, sonst reicht dein Gehalt vorne und hinten nicht, um diesen hohen Lebensstandard zu finanzieren", antwortete Schnucki irritiert.

„Warte nur ab, ich habe Mittel und Wege vorwärts zu kommen, die kennst du noch nicht", sagte Ottmar geheimnisvoll. ‚Und wenn sie sie kennen lernt, dann ist sie nicht mehr mit von der Partie und kann meinetwegen in Kleinklexdorf wohnen bleiben‘, dachte sich Ottmar.

Martin hatte sich den ganzen Samstag zu Hause bei seinen Eltern verwöhnen lassen und musste dafür aber einen hohen Preis zahlen: „Martin, beeil dich! Wir müssen jetzt aber wirklich fahren!“, schrie Mutter Hedwig die Treppe des Reihenhauses hinauf.
„Ja! Bin fast fertig!“, brüllte Martin mindestens genau so laut zurück. Zwanzig Minuten hatte er für den richtigen Krawattenknoten gebraucht. Immer wieder versuchte er den Griff von Neuem. Total entnervt war es ihm dann irgendwann doch noch gelungen, die Krawatte ausgehfertig zu binden.
Laura zog ihn immer mit seinen zwei linken Händen auf. Wenn er dann um ihre Hilfe bat, schmunzelte sie immer ganz süffisant und klatschte ihm ein:
„Tja, die Zeit reicht wohl nicht mehr aus, um noch schnell zur Mami nach Hause zu fahren! - Ich weiß aber nicht, ob ich den Knoten genauso perfekt binden kann, mein Schatz?“, um die Ohren. Dieser Satz nervte ihn so, dass er sich heute das Gegenteil beweisen wollte. - Und es war ihm gelungen. ‚Von wegen Muttersöhnchen, pah!‘ Rasch sprang Martin die Treppe hinunter und öffnete bereits die Haustür, als er seine Mutter hörte:
„Junge, bleib mal stehen! Wie schaut denn deine Krawatte aus!“ Schon war Mutters Hand an seinem Kragen und widmete sich dem Knoten, bis er in ihren Augen perfekt saß.

Auf dem Parkplatz ‚Zum Goldenen Bär‘ wusste Martins Vater zu jedem parkenden Wagen den Besitzer. Onkel Paul fuhr einen Mercedes der A-Klasse, Onkel Karl saß wie üblich in der Luxusklasse, während Tante Ilse von Onkel Fritz in einem VW-Variant befördert wurde. Der Besitzer des rostigen Opels war Vetter Udo.
„Und das ist der Wagen,“ mittlerweile kommentierte sein Vater einen nagelneuen Porsche-Targa, „von deinem

Cousin Henning! Der hat es zu was gebracht...!"
Martin ahnte, in welche Richtung dieser Kommentar gehen sollte. Dahinter lauerte wieder eine Anspielung auf seine längere Studiendauer.
„Freut mich für Henning! Hat er eigentlich immer noch seine starke Akne?" Damit brachte Martin das Thema zu Ende und betrat das Gasthaus.

Zuerst gratulierte er mit seinen Eltern Onkel Karl, der sich ehrlich über sein Kommen freute.
„Freut mich wirklich Junge, dass du noch auf eine Party von so einem alten Bock kommst!"
Er klopfte Martin dabei anerkennend auf den Rücken.
„Schau mal Henning, Martin ist auch mitgekommen!"
Und er wandte sich an den breitschultrigen Mann hinter sich. Henning drehte sich auch gleich um und begrüßte ihn ebenso erfreut, wie sein Vater.
„Mensch, Martin, wie lange haben wir uns nicht mehr gesehen?"
„Zu mindestens so lange, dass aus dir Streuselkuchen ein Pfirsichkuchen geworden ist!", sagte Martin.

Martin hätte Henning auf der Straße bestimmt nicht wieder erkannt, so hatte er sich zu seinem äußerlichen Vorteil verändert. Aus dem Spargeltarzan und pickeligen Achtzehnjährigen war ein gutaussehender Mann geworden. Trotz der zwei Jahre Altersunterschied waren Martin und Henning früher oft zusammen unterwegs gewesen. Jeden Samstag gingen sie in die Disco, und bei jedem Eishockeyspiel ihres Verein feuerten sie gemeinsam lauthals ihre Mannschaft an. Doch der Kontakt brach ab als Henning zum Studieren seine Heimatstadt verließ. Seitdem hatten sich die beiden nicht mehr gesehen.

Nachdem selbst der Gastgeber das Fest verlassen hatte, blieb nur noch ein harter Kern von Biertrinkern übrig, zu denen auch Martin und Henning gehörten. Henning hatte nach seinem Betriebswirtschaftsstudium eine steile Karriere als Unternehmensberater hingelegt und gehörte mit seinen 32 Jahren zu den Top-Verdienern in seiner Branche. Faszinierend erzählte Henning von seinen Geschäften und fand in Martin einen dankbaren Zuhörer und Mittrinker. Weit nach Mitternacht schlug Henning Martin lallend vor, die kommende Woche mit auf sein Boot zu kommen:

„Aber nur unter Männern! Prost Martin!"

„Abgemacht, nur unter Männern!", nuschelte Martin, der bereits stark angeschlagen war.

„Und deinen Einstiegsjob besorge ich dir! Das ist ja wohl Ehrensache!"

„Meine Herren, ihre Taxen warten draußen!", unterbrach der feierabendlechzende Kellner das feuchtfröhliche Männergespräch.

Am nächsten Morgen konnte sich Martin kaum noch daran erinnern, wie er in sein Elternhaus gekommen war. Nachdem er wohl lange, aber vergeblich versucht hatte, den Schlüssel ins Schlüsselloch zu stecken, hatte er seine Eltern einfach wach geklingelt. Von den abfälligen Bemerkungen seines Vaters und den „Ach Gott, oh Gott, der arme Junge!", seiner Mutter hatte er nichts mehr mitbekommen. Was er jetzt mitbekam war, dass sein Vater einen Besucher überschwänglich freundlich begrüßte. Seitdem sein Vater nämlich auf einem Ohr schlecht hörte und zu stolz war ein Hörgerät zu tragen, schrie er seine Mitmenschen fast an.

Kurz darauf klopfte es an seiner Tür. Sein Vater kam herein und schrie ihn an:

„Martin steh jetzt auf! Henning ist hier und will dich abholen!"

Trotz seines noch umnebelten Gehirns, nahm Martin die Anerkennung wahr, die seinem Vater ins Gesicht geschrieben stand, nur weil sein Sohn von dem tollen und einmaligen Henning im offenen Porsche auf eine Spritztour abgeholt wurde.

Martin beeilte sich, doch eine Dusche musste sein! Außerdem hatten seine Eltern so Gelegenheit ihren berühmten Neffen etwas näher unter die Lupe zu nehmen. ‚Der Arme!‘, bemitleidete Martin seinen Cousin. Nur zu gut kannte er die Aushorchmethoden seiner Eltern.

„Hallo Henning, für das Gelage von gestern siehst du aber schon erstaunlich fit aus!“, begrüßte Martin Henning in der elterlichen ‚Guten Stube‘.
„Alles nur Show! Ich habe einen verdammt dicken Brummschädel! Hab` mir gedacht, wir lassen uns ein wenig frische Luft um die Nase wehen!“
„Keine schlechte Idee, wenn dein Alkoholpegel schon unter 0,5 Promille gesunken ist und nicht deine Fahne im Wind weht!?“
„Immer einen Spruch auf den Lippen, das hat sich auch in den fünfzehn Jahren nicht geändert!“, grinste Henning.
„Deine Meinung zu unserem Segeltörn hat sich wohl hoffentlich auch noch nicht geändert, oder Martin?“
Bei dieser Frage blieb Herrn Braun Senior der Mund offen stehen. Nur dank Hedwigs rüdem Knuff in die Rippen, schloss er sich wieder abrupt.
Langsam dämmerte es Martin!
„Klar komm` ich noch mit!“
Zwar war ihm noch nicht klar, wie er es Laura beibringen konnte, aber letzten Endes hatte sie ja doch immer für alles Verständnis.

Lange dauerte ihre Spritztour nicht, dafür waren die Nachwehen des gestrigen exzessiven Besäufnisses zu stark. Nach einer kleinen Überlandfahrt und einer kurzen Einkehr in ihre frühere Stammkneipe brachte Henning Martin wieder zurück.
„Also morgen hole ich dich dann gegen 13.00 Uhr in Kleinklexdorf ab! Wo immer das auch sein mag! Meine Handynummer hast du ja, falls dir was dazwischen kommt! Ciao!“, verabschiedete sich Henning verkatert.

Am Telefon erzählte Martin Laura von dem geplanten Segeltörn mit seinem Vetter und den damit verbundenen Zukunftsaussichten. Früher hatte Martin für solche Art von

Protektion nur Verachtung übrig gehabt, doch mittlerweile sah er die Realität klarer. Ohne Empfehlungen, guten Referenzen und Beziehungen bekam man heutzutage kaum noch eine Chance auf den Traumjob. Nun würde vielleicht auch er Nutznießer einer Vetternwirtschaft sein. Nur sein Vetter machte es ihm auch unsagbar leicht über alte Vorurteile hinwegzusehen.
„Weißt du Martin", hatte er vorhin noch im Auto zu ihm gesagt, „unser Geschäft erfordert Vertrauen, und dir kann ich vertrauen! Wieso soll ich jemanden protegieren, der zwar eine ähnliche Qualifikation hat wie du, aber den ich nicht kenne?"

Leander war noch am Samstagabend wieder zurück geflogen. Da die notwendigsten Vorkehrungen zum Schutz von Platina getroffen waren, konnte er den Rest der anfallenden Arbeit auch von seinem Büro aus managen. Wiederholt wählte er von dort Lauras Telefonnummer. Doch sie blieb auch noch am Sonntag unerreichbar. Der Gedanke, dass Laura mit einem anderen Mann einen Kurzurlaub machte, gefiel Leander überhaupt nicht! Kurzerhand griff er zu seinem Notebook und rief die Nummer von Frauke Klotz ab. Nach nur zwei Klingelzeichen hörte er bereits ihre Stimme.

Frauke hatte auf den Anruf gewartet! Jeder andere Anruf wurde so kurz wie möglich gehalten, um ja die Leitung frei zu halten. Bereits am Freitag nach Leanders Essenseinladung war sie direkt groß einkaufen gegangen, um ‚Schlachtplan Nummer Zwei' einsetzen zu können.
„Ach, Herr Pinsel, nett dass Sie anrufen! - Tut mir leid, für heute Abend kann ich Ihre Einladung leider nicht annehmen! Ich habe nämlich bereits für Freunde gekocht! Sie können uns aber gerne beim Essen Gesellschaft leisten, es reicht mit Sicherheit für eine Person mehr!"
Frauke vollführte nach dem das Gespräch beendet war, einen Luftsprung. - Leander hatte die Einladung angenommen!

Liebe geht bekanntlich durch den Magen. Dieses Sprichwort wollte Frauke heute wahr werden lassen. Gestern hatte sie bereits die hausgemachten Ravioli, die Vorspeise und ein leichtes Dessert vorbereitet. Die Scampis für den Hauptgang waren schnell zubereitet. Den Tisch deckte sie absichtlich für vier Personen, um das gut vorbereitete Mahl besser erklären zu können. Sie würde einfach behaupten, dass sie an diesem Abend für Freunde gekocht hätte, die aber kurzfristig abgesagt hätten, weil die Oma plötzlich erkrankt sei.

Für ihre Pflege hatte Frauke während des Wartens auch viel Zeit gehabt. Ihre Nägel waren frisch lackiert, ihre Haare super frisiert, die Körperbehaarung epiliert und ihren ganzen Körper hatte sie mehrmals mit einer duftenden Körpermilch eingecremt. Sehr sorgfältig schminkte sie ihr Gesicht, besprühte sich noch mit ihrem Lieblingsparfum, rollte dann ihre neuen halterlosen schwarzen Strümpfe über die Beine und zog ihre schönste schwarze Unterwäsche an. Für das Darüber wählte sie ein einfaches schwarzes Strickminikleid aus.

Noch zehn Minuten und er würde kommen! Frauke unternahm noch einen letzten Kontrollgang durch ihre Wohnung, die natürlich auch frisch gewienert war. Zur Feier des Tages öffnete Frauke schon einmal den Champagner und goss sich ein Glas von ihrem Lieblingsgetränk ein. Mit dem Champagnerglas in der Hand öffnete Frauke Leander die Tür.
„Schön, dass Sie gekommen sind, Herr Pinsel, denn sonst hätte ich alles alleine essen müssen!"
Leander betrat die Wohnung und überreichte Frauke eine Flasche Champagner.
„Vielen Dank für die unerwartete Einladung!", bedankte sich Leander und setzte sich an den gedeckten Tisch.
„Das Essen schaut aber phantastisch aus, wie haben Sie denn das hergezaubert?"
„Seit Wochen freue ich mich schon auf diesen Abend mit meinen Freunden! Doch die mussten leider aus familiären

Gründen absagen, die Oma ist heute Nachmittag ins Krankenhaus eingeliefert worden. Die Arme!"

Frauke war eine geschickte und aufmerksame Gastgeberin. Nie blieb Leanders Glas lange leer, und vor allem ließ sie nie eine zu lange, unangenehme Gesprächspause entstehen. Der unermüdliche und stetige Redefluss ließ es nicht zu, ohne unhöflich zu sein das Gespräch auf Laura und ihre Kurzurlaube zu lenken.
Nach dem Dessert sprach Leander ein Kompliment auf Fraukes Kochkünste aus und prostete ihr zu:
„Liebe Frauke", seit der Vorspeise duzten sie sich, „ich habe seit Ewigkeiten nicht mehr so gut gegessen! Ich weiß nicht, wie ich dir danken kann!"
„Tanz mit mir! Gerade läuft mein Lieblingslied!"
Frauke merkte, dass Leander nicht besonders begeistert war von dieser Idee und setzte noch ein „Bitte, Leander!", hinterher.

Natürlich war es ein langsames Lied, bei dem sich Frauke in Leanders Arme schmiegen konnte. Mit all ihrer Raffinesse versuchte sie jetzt, Leander zu verführen. Mitten im Lied drehte sie sich mit einer halben Umdrehung aus seinem Arm und tanzte jetzt mit ihrem Rücken zu ihm. Dabei streifte sie immer wieder, wie ganz zufällig, seine Lenden mit ihrem Po. Sie drehte sich wieder zu ihm um und lehnte sich nun ein wenig enger an ihn an.

Leanders Widerstand war gebrochen: ‚Vielleicht konnte Frauke Lauras Geist aus seinem Hirn vertreiben!' Da wurde er von einer attraktiven Frau verführt, und er dachte in einem solchen Moment an Laura! – ‚Zum Teufel mit ihr!' Sie liebten sich heftig auf dem Wohnzimmerteppich und endeten erschöpft im Bett.

Leander war kurz neben Frauke eingeschlafen, die ihn mit großen Augen anschaute.
„Habe ich lange geschlafen?", fragte Leander und stand dabei schon auf.

„Nicht sehr lange, vielleicht waren es zehn Minuten!", antwortete Frauke jetzt mit Kleinmädchenstimme. Leander suchte seine Kleidungsstücke zusammen und verschwand ins Badezimmer. Nachdem er sich kurz gewaschen hatte, zog er sich rasch an. Angezogen und gekämmt ging er auf die erstaunte Frauke zu.
„Willst du jetzt schon gehen?"
Bei dieser Frage musste sich Frauke absolut beherrschen, um nicht schrill zu werden.
„Du, ich habe morgen einen langen Tag vor mir. Bleib bitte liegen, die Tür finde ich schon!"
Leander beugte sich kurz zu ihr herab und hauchte ihr einen flüchtigen Kuss auf die Wange.
„Ich ruf` dich an, ja?!"
Auf der Fahrt nach Hause grübelte Leander über sich nach. Frauke sah sehr gut aus, war super gepflegt, hatte eine richtige Modelfigur, konnte super kochen und war auch noch sehr erotisch. Und doch trat er jetzt die Flucht an. ‚Idiot!', beschimpfte sich Leander selbst.

Am nächsten Morgen kam ihm der vergangene Abend mit Frauke nur wie ein erotischer Traum vor. Das Erlebte erschien Leander völlig unwirklich! Und schon spukte Laura wieder in seinem Kopf herum. Wütend auf sich, griff er zum Hörer und wählte Lauras Nummer, aber diesmal legte er bevor zu Ende gewählt war, wieder auf.

Bis zum Nachmittag schaffte Leander es ganz gut, den Gedanken an Laura zu verdrängen. Er hatte genügend Arbeit, die ihn ablenken konnte. Aber um drei Uhr griff er wieder einmal zum Hörer. ‚Das wird ja noch zur Manie bei mir!', verurteilte sich Leander für sein Verhalten. Doch diesmal hatte er Glück, Laura nahm den Hörer ab!
„Pietsch!", meldete sich Laura.
„Hallo, Laura, ich bin es, Leander! Na, wie geht es dir ?"
Laura war völlig überrumpelt:
„Danke, gut geht es mir!"
„Weswegen ich anrufe: Ich wollte dich auf eine Tasse Kaffee einladen! Hast du jetzt Zeit?"

„Jetzt? - Na ja, warum eigentlich nicht!", gab Laura nach kurzem Zögern zurück.
„Kannst du in einer halben Stunde fertig sein? Dann würde ich dich abholen!"
„Ja, das schaffe ich, um halb vier stehe ich unten an der Straße! Kannst du dich denn noch an die Adresse erinnern?"
„Klar!" lachte Leander. „Also, bis später!"

Laura hatte sich eigentlich auf das kurze Wiedersehen mit Martin gefreut, doch der war in Aufbruchstimmung. Kaum hatte er die Wohnung betreten und ihr einen flüchtigen Kuss auf den Mund gedrückt, war er nur noch in Bewegung. Bei ihrer Unterhaltung wechselten sie alle paar Minuten das Zimmer. Martin fiel immer noch etwas Anderes ein, was er unbedingt noch zum Segeln mitnehmen musste. Einmal suchte er die Stabtaschenlampe, ein anderes mal einen bestimmten Pullover und fluchte dabei die ganze Zeit wie ein Gossenjunge. Dann ertönte eine Hupe:
„Mensch, das ist schon Henning!"
Das verabredete Signal ließ Martins Hektik noch einmal furios zum Höhepunkt auflaufen. Endlich schnappte er sich seine Segeltasche, küsste Laura dann noch mal genauso flüchtig auf den Mund wie bei der Begrüßung und war verschwunden.
‚Mann, hat der jetzt eine Hektik gemacht!', dachte Laura. Dafür war die Ruhe jetzt fast körperlich fühlbar.

Der Vorsatz Leander nicht zu treffen, war genau so verschwunden, wie die wieder erwachte Liebe für Martin! Von einem schlechten Gewissen konnte keine Rede sein, als Laura unten auf der Straße Leander begrüßte. Sie ging mit ihm ja auch nur einen Kaffee trinken.

Leander führte sie zu einem schwarzen Porsche und hielt ihr die Tür auf.
‚Das kann doch wohl nicht wahr sein', schmunzelte Laura in sich hinein, ‚jahrelang werde ich nur in alten, klapprigen

Studentenautos befördert und innerhalb einer Woche lerne ich das Innenleben von gleich zwei Porsches kennen!' Dank ihrer Stretchhose hatte Laura diesmal keine Schwierigkeiten beim Einsteigen und ließ sich locker in die schwarzen Lederpolster fallen.

Leander chauffierte sie sicher durch München zum Teehaus in den Englischen Garten. Beim Fahren fragte er sie: „Wie war denn dein Kurzurlaub, hast du dich gut erholen können?"
„Meinst du mit Kurzurlaub etwa meine drei freien Tage? Die waren ganz nett! Am Samstag war ich auf einer Grillparty bei meinen Nachbarn eingeladen, die du übrigens auch kennst!"
Neugierig fragte Leander nach:
„Die ich auch kenne? Sag schon, wen meinst du?"
„Ich war bei Ottmar und Reinhilde Filius eingeladen. Er ist Filialleiter bei der Muffelbank und war auch auf der Vernissage! Noch nicht mal ein Grillwürstchen habe ich essen können! Kaum nachdem wir da waren, bekam meine Freundin Carla starke Kopfschmerzen. Tja, und so sind wir schon nach einer Anstandsstunde gegangen. Aber, gelobt seien Carlas Kopfschmerzen, denn selbst der Gastgeber schien sich auf seiner langweiligen Party nicht besonders wohl zu fühlen! Am Sonntag habe ich mich nach dem Frühdienst den ganzen Tag auf den Balkon gelegt!"
„Ach, deswegen bist du so braun geworden, und ich dachte, du hättest einen kleinen Urlaub gemacht!"

Im Teehaus erzählte Leander kurz von seinem Trip nach Mailand, schnitt ganz oberflächlich auch das Abendessen bei Frauke an und erklärte, wie es zu dieser Einladung von Lauras Kollegin gekommen war. Innerlich grinste Laura in sich hinein, Frauke war wohl wieder auf Trophäenjagd!

Mittlerweile war es draußen empfindlich kühler geworden, weil die Sonne untergegangen war, und Laura fing an zu

frösteln. Diese Gelegenheit ließ sich Leander nicht nehmen und rieb ihr wärmebringend über die Arme. Leider spürte er, dass Laura sich bei dieser Berührung versteifte und seine Fürsorglichkeit dankend ablehnte:
„Danke, Leander! Aber es geht schon wieder! Würdest du mich jetzt bitte nach Hause fahren?"
„Magst du vorher vielleicht noch einen wärmenden Cognac bei mir trinken?"
„Lieber nicht, morgen habe ich wieder Frühdienst und bin schon jetzt hundemüde!"

Leander startete keinen neuen Versuch, Laura zeitlich noch etwas zu binden. Beim Abschied vor ihrer Haustür bat er um ein Wiedersehen:
„Hast du am Donnerstag Zeit und Lust mit mir auszugehen?"
Da Martin die ganze Woche nicht zu Hause war und sie am Donnerstag frei hatte, sagte Laura zu:
„Gerne, am Donnerstag habe ich frei und im übrigen bin ich zur Zeit Strohwitwe! Mein Freund macht gerade einen Segeltörn!"
Dass Laura so freimütig ihren Freund erwähnte, gab Leander einen kurzen Stich.
„Am Donnerstag hole ich dich so gegen 19.00 Uhr ab! Ist dir das recht?"
„Die Zeit passt mir, aber wohin soll es denn gehen?", wollte Laura nun doch wissen.
„Muss ich ein ‚kleines Schwarzes‘ oder lieber ein legeres Weißes anziehen?"
„Ach so. - Ich würde dir gerne unseren Porsche-Club zeigen. In dem angegliederten Restaurant kann man nämlich wunderbar essen!"
„Also setze ich mein Nicki Lauda Käppi auf und werfe mich in einen Mechanikeroverall! Alles klar!"
„Laura, du hast ja noch meine Telefonnummer? Wenn dir etwas dazwischen kommt, ruf mich doch bitte an!"

Laura musste jetzt zugeben, dass sie nicht mehr im Besitz seiner Visitenkarte war. Wieso musste sie ihm ja nicht gerade auf die Nase binden und beschönigte:
„Leander, ich glaube, deine Karte habe ich verloren. Hast du noch eine für mich?"
Schon griff Leander in seinen Planer und drückte Laura gleich einen ganzen Stapel in die Hand.
„Also, bis Donnerstag!"

Am Montag Früh überlegte Ottmar fieberhaft, wie er Carla wieder gnädig stimmen könnte. Nach diesem peinlichen Aufeinandertreffen bei seinem Grillfest war es natürlich klar, dass Carla sauer sein würde. Er hatte ihr überraschtes und ungläubiges Gesicht nicht vergessen, das sie machte, als Laura sie einander zur Begrüßung vorgestellt hatte. Gott sei Dank hatte sie Haltung bewahrt und so getan, als ob sie ihn zum erstenmal sehen würde.

Doch wie sollte er ihr das alles erklären? Er war gespannt, ob sie zu dem vereinbarten Geschäftstermin am Vormittag kommen oder absagen würde. Schließlich hatten sie ja auch noch einige finanzielle Dinge zu klären.

Um 11.00 Uhr betrat Carla die Filiale der Muffelbank. Sie hatte das ganze Wochenende überlegt, ob sie kommen sollte oder nicht. Die Dreistigkeit von Ottmar war wirklich kaum zu überbieten. Nur gut, dass die Sache so schnell aufgeflogen war und Laura sie zu diesem verflixten Grillfest mitgenommen hatte. Nicht auszudenken, wenn sie sich noch tiefer in eine Affäre mit Ottmar verstrickt hätte. Martin hatte ja gesagt, dass sein Nachbar ein notorischer Frauenheld und Fremdgänger war. Tja, die Welt war klein! Carla hatte dann aber beschlossen, sich einer Aussprache zu stellen. Das Familienerfolgsmotto lautete schließlich ‚Die Nördlings sind nicht feige und bieten den Widrigkeiten des Lebens die Stirn!'

Als Carla von Ottmars Sekretärin hereingeführt wurde, sprang dieser sofort auf und ließ seinen ganzen Charme spielen:

„Carla, ich bin so froh, dass du kommst! Ich habe schon befürchtet, ich würde dich nach diesem unglückseligen Grillfest nie wiedersehen!"

„Fast wäre die Sache auch so ausgegangen. Ich bin aber kein Feigling, und deswegen will ich von dir eine Erklärung hören!", antwortete Carla.

„Ich hatte dir doch schon erzählt, dass meine Frau und ich nur nach außen hin das Vorzeigeehepaar spielen, aber in Wirklichkeit uns schon innerlich total entfremdet haben. Nun hast du unsere Fassade einmal ‚live' erlebt, und selbst du hast dich täuschen lassen", sagte Ottmar.

„Wie, du willst mir sagen, dass Ihr das alles nur vorgespielt habt, um Eure Nachbarn zu beeindrucken?"

„Genau so ist es. Wir wollen eben nicht, dass es unnötig über uns Gerede gibt", gab Ottmar zurück.

„Gerede gibt es über Euch bereits genug", sagte Carla boshaft.

„Wie meinst du das?", fragte Ottmar besorgt.

„Aus gut informierten Kreisen weiß ich, dass du ein notorischer Frauenheld und Fremdgänger sein sollst. Außerdem scheint sich deine Frau Schnucki inzwischen auch schon nach jemand anderem umgesehen zu haben."

Carla geriet jetzt in Fahrt und wollte sich für die erlittene Schmach rächen.

„Wie meinst du das? Wer behauptet so etwas?", sagte Ottmar irritiert.

„Meine Quellen verrate ich nicht. Aber ich kann nur sagen: ‚Die Welt ist klein.' Die Informationen stammen aus gut unterrichteten Kreisen."

„So, jetzt erstmal eins nach dem anderen. Dass ich ein ‚notorischer Fremdgänger' bin, sehe ich nicht so. Gut, ich hatte die eine oder andere Liebelei, aber du weißt ja inzwischen, wie es um meine Ehe steht, und da musste ich mich etwas ablenken. Irgendeinen Ausgleich brauche ich ja schließlich für meinen Hormonspiegel. Außerdem kannte ich dich da noch nicht und brauche mich deshalb nicht vor dir zu rechtfertigen! Ich glaube aber, dass es mit dir etwas anderes ist. Ich empfinde für dich viel mehr als für all die anderen Frauen vor dir. Das musst du mir einfach glauben. Wir kennen uns ja erst kurz, aber ich hoffe, du gibst mir noch eine Chance. Wenn du sehen willst, wie ernst es mir ist, dann stelle mich doch deinen Eltern vor“, sagte Ottmar und kam sich schon wieder sehr schlau vor, weil er es so schaffen würde, den alten ‚Schokoladen-Nördling‘ kennen zu lernen.

„Ich weiß nicht, ob ich so schnell wieder Vertrauen zu dir haben kann, nach diesem Schock. Aber ich will es versuchen, weil auch ich spüre, dass ich für dich mehr empfinde, als mir eigentlich lieb ist. Den Test mit den Eltern will ich dir aber noch nicht zumuten, dafür ist unsere Bekanntschaft noch zu frisch. Ich werde einfach abwarten, wie sich die Dinge entwickeln. Welchen Zeitraum willst du verstreichen lassen, bis du deine Frau über uns aufklärst, falls es tatsächlich ernst zwischen uns werden sollte?“, antwortete Carla.

„Tja, ich würde sagen: ein halbes Jahr. Aber wenn es stimmt, was du sagst und meine Frau sich tatsächlich einem anderen zugewandt hat, dann kann es sein, dass wir uns schon bald aussprechen, da sie ja dann auch etwas vorzutragen hat. Weißt du denn, wer ihr Verehrer ist?“

Ottmar war beunruhigt, dass Schnucki einen Lover haben sollte. Eigentlich wollte er seine Frau nicht wirklich aufgeben, bevor er sich mit Carla sicher war. Dass Schnucki ihn betrügen sollte, passte ihm überhaupt nicht. Das hatte er nicht verdient. Außerdem hatte er Angst, sie könnte ihm AIDS anhängen.

„Nein, ich weiß nicht, wie ihr Freund heißt, aber er soll Rosen mögen“, sagte Carla.

„Rosen? Dazu fällt mir gar nichts ein“, sagte Ottmar nachdenklich. ‚Aber das bekomme ich schon raus, wer das ist‘, schwor er sich insgeheim.

„Wie verbleiben wir denn jetzt?", fragte Ottmar und hoffte, dass Carla nun wirklich samt ihrem Vermögen bei ihm bleiben würde.

„Wir reden jetzt über die finanziellen Dinge. Und wir können uns ja auch wieder treffen. Wenn du Lust hast, kannst du ja zu mir zum Kaffeetrinken kommen, wenn du 'mal früher Schluss machen kannst", sagte Carla schon wieder versöhnt. Sie war wirklich eine gute Seele und konnte niemandem lange böse sein, ganz egal wie schlecht sie behandelt wurde.

„Damit du siehst, wie ernst es mir mit dir ist, sage ich dir ,such dir irgendeinen Tag diese Woche aus' und ich werde kommen", kam Ottmar ihr entgegen.

„Gut, am Mittwoch bin ich am Nachmittag da. Ab 16.00 Uhr bist du willkommen", antwortete Carla.

„Ich werde da sein", sagte Ottmar und war ganz erleichtert, dass die Sache gerade noch einmal gut gegangen war. Dann endlich befassten sie sich mit den finanziellen Dingen, wegen denen Carla in die Filiale gekommen war.

IX.

Seit dem Grillfest war es Schnucki jeden Morgen übel. Genauer betrachtet, ging es ihr den ganzen Tag über nicht besonders gut. Sie fühlte sich schlapp und hatte Magenbeschwerden. Eigentlich war sie nicht der Typ, der jammerte. Lieber biss sie die Zähne zusammen und ignorierte lästige Dinge wie Kopfschmerzen oder dergleichen. Diesmal jedoch war es anders. Sie hatte sogar schon Magentabletten genommen, aber ihre Beschwerden wurden nicht besser. Hoffentlich hatte sie nicht wieder eine beginnende Magenschleimhautentzündung! Sie beschloss, ihren Internisten aufzusuchen. Schnell ließ sie sich telefonisch einen Termin bei Dr. Dombrovski für den Nachmittag geben.

„Was haben Sie denn für Beschwerden, Frau Filius?", fragte Dr. Dombrovski freundlich und professionell.
„Ich habe seit ein paar Tagen Magenbeschwerden und mir ist oft schlecht", antwortete Schnucki.
Dr. Dombrovski untersuchte Schnucki eingehend, konnte aber nichts finden.
„Wenn Sie nichts dagegen haben, würde ich gerne auch noch eine Röntgenaufnahme Ihres Magens machen", sagte Dr. Dombrovski.
„Wenn es wirklich sein muss...", sagte Schnucki zögerlich.
„Es ist zu Ihrer eigenen Sicherheit. Ich möchte sicher gehen, dass ich nichts übersehe", antwortete Dr. Dombrovski beruhigend.
„Also gut!", stimmte Schnucki zu.

Dr. Dombrovski betrachtete die Röntgenaufnahme nachdenklich:
„Das gefällt mir gar nicht! Ich sehe hier etwas in Ihrem Unterleib, aber ich kann nicht erkennen, was es ist. Sie sollten Ihren Gynäkologen aufsuchen und eine Ultraschallaufnahme machen lassen!"

„Glauben Sie, dass es Krebs ist?" Schnucki war ganz aufgelöst.

„Beruhigen Sie sich! Es kann auch etwas Gutartiges sein, oder vielleicht ist es auch nur ein Schatten. Aber wie gesagt, Sie sollten Ihren Gynäkologen aufsuchen – sobald wie möglich."

Schnucki rief noch von der Praxis ihres Internisten bei Dr. Hallmann, ihrem Frauenarzt, an und konnte noch für den selben Tag einen Nachmittagstermin bekommen.

„Guten Tag, Frau Filius! Was kann ich für Sie tun?", fragte Dr. Hallmann Schnucki.

Aufgeregt schilderte Schnucki Dr. Hallmann den Befund des Internisten.

„Hm, dann lassen Sie uns ´mal nachsehen, was der Ultraschall uns zusätzlich zeigen kann!"

Besorgt sah Dr. Hallmann Schnucki an. Er kannte sie schon seit ihrer Teenagerzeit, und sie war eine seiner Lieblingspatientinnen.

„Frau Filius, wann hatten Sie denn eigentlich Ihre letzte Regel?", fragte Dr. Hallmann, nachdem er einen längeren Blick auf die Ultraschallaufnahme geworfen hatte.

„Ich weiß nicht genau. Sie wissen ja, dass ich einen ganz unregelmäßigen Zyklus habe. Da ich keine Eisprünge habe, wie sie mir ja sagten, habe ich es ganz aufgegeben, darauf zu achten."

„Interessant!", sagte Dr. Hallmann.

„Hier ist eindeutig etwas in Ihrer Gebärmutter. Aber dieses vermeintliche Geschwür scheint mir ganz quicklebendig zu sein. Mal sehen, ob wir schon Herztöne hören können."

Dr. Hallmann holte den Verstärker und nun konnte auch Schnucki ganz deutlich ein regelmäßiges Klopfen hören.

„Ich gratuliere Ihnen. Jetzt haben Sie es doch noch geschafft! Das hätte ich nicht erwartet! Sie sind – der Größe des Embryos nach – circa in der siebten Woche schwanger!" Dr. Hallmann lachte. Nicht häufig nahm der Verdacht auf Krebs eine so glückliche Wendung.

Schnucki war platt. Mit allem hatte sie gerechnet, aber nicht mit einer Schwangerschaft! Sie wusste gar nicht, ob sie lachen oder weinen sollte.

„Dr. Hallmann, ich kann jetzt gar nichts sagen. Ich bin völlig irritiert und aus der Bahn geworfen.”

„Hier ist Ihr Mutterpass. Gehen Sie erst einmal nach Hause, und lassen Sie die frohe Botschaft auf sich wirken. Erzählen Sie es doch gleich Ihrem Mann! Er wird sich sicher auch freuen. Schließlich weiß ich doch, wie sehr sie beiden sich Kinder immer gewünscht haben.”

Dr. Hallmann freute sich wirklich für die Filius. In ein besseres Elternhaus konnte ein Kind kaum hinein geboren werden. Zu dieser perfekten Ehe hatte einfach nur noch der Nachwuchs gefehlt. Und nun stellte er sich doch noch ein. Merkwürdig nur, dass Frau Filius sich gar nicht richtig zu freuen schien. Aber er hatte bei Schwangeren schon die merkwürdigsten Reaktionen erlebt und wunderte sich nur kurz.

„Auf Wiedersehen, Frau Filius! Wir sehen uns dann, wenn Sie weiter keine Beschwerden haben außer, der Morgenübelkeit, in vier Wochen wieder”, verabschiedete Dr. Hallmann Schnucki.

„Auf Wiedersehen, Dr. Hallmann”, antwortete Schnucki immer noch verwirrt.

Dr. Hallmann hatte sich nicht getäuscht. Schnucki freute sich wirklich nicht euphorisch über die Schwangerschaft. Der Grund lag darin, dass sie nicht mit Sicherheit wusste, ob das Kind nun von ihrem Mann Ottmar oder von Helmut war. Hektisch rechnete sie hin und her, aber egal wie sie die Sache drehte und wendete – das Kind konnte von jedem der beiden Männer stammen.

‚Nun ist guter Rat teuer‘, dachte Schnucki. ‚Wem sage ich es zuerst? Soll ich es überhaupt Helmut sagen? Aber meine Schwangerschaft wird ihm nicht verborgen bleiben. Dann kann er eins und eins zusammenzählen und sich ausrechnen, dass er auch der Vater sein könnte. Ich muss es ihm also sagen. Ottmar werde ich noch heute von der Schwangerschaft berichten. Aber muss ich ihm auch von der Affäre mit Helmut erzählen? Wenn er nichts erfährt und Helmut dicht hält, gibt es keine Probleme. Ottmar ist dann eindeutig der Vater des Kindes.'

Schnucki war zwar nicht sehr glücklich darüber, dass sie Ottmar belügen musste, aber sie sah keine bessere Möglichkeit, um unnötige Komplikationen zu vermeiden. Außerdem musste sie ja Ottmar nicht direkt belügen. Sie sagte nur nicht die ganze Wahrheit. Das ersparte ihnen beiden Kummer und Sorgen. Außerdem konnte das Kind ja auch wirklich von Ottmar sein.

Als Ottmar an diesem Abend nach Hause kam, wartete Schnucki ausnahmsweise noch mit dem Abendessen auf ihn, obwohl es, wie öfter in letzter Zeit, ziemlich spät geworden war. Ottmar hatte nämlich einen kurzen Abstecher zu Carla gemacht und sich dort noch schnell ein paar Streicheleinheiten geholt.
„Was für eine Überraschung! Du wartest auf mich mit dem Essen! Gibt es etwas Besonderes?", fragte Ottmar.
„Ja, ich habe eine Neuigkeit für dich, die dich umhauen wird", sagte Schnucki geheimnisvoll. „Ich hole nur schnell noch den Champagner, bevor ich dir alles erzähle. Wir können dann gleich anstoßen."
Eilig lief Schnucki zum Kühlschrank und goss ihnen beiden zwei Gläser ‚Muh & Schuh' ein.
„Jetzt bin ich aber wirklich gespannt. Das scheint ja etwas ganz Außergewöhnliches zu sein, was du auf Lager hast", sagte Ottmar neugierig. „Also, schieß los! Was ist es?"
„Ich bekomme ein Kind!", sagte Schnucki und prostete Ottmar zu.
„Von wem?", fragte Ottmar konsterniert.
„Na, hör mal! Von wem soll es schon sein? Die Frage ist ja wirklich unverschämt! Schließt du jetzt schon von dir auf andere? Ich habe gedacht, du würdest dich freuen und jetzt so eine Unterstellung!" Schnucki war ehrlich empört. Mit dieser Reaktion hatte sie nicht gerechnet.

„Die Frage ist doch berechtigt! Ich weiß doch nicht, was du den ganzen Tag zu Hause machst! Ich habe außerdem gehört, dass du einen Liebhaber hast!", trumpfte Ottmar auf. Ein Kind von Schnucki konnte er nun wirklich nicht mehr gebrauchen. Das würde seine Pläne mit Carla durchkreuzen. Andererseits konnte das Kind von einem anderen ein berechtigter Trennungsgrund sein, der ihn ganz unschuldig aussehen lassen würde.
„Wer behauptet, ich hätte einen Liebhaber?", sagte Schnucki erbost. ‚Diese Kleinstadt hatte doch wirklich überall Augen und Ohren!'
„Ich verrate meine Informationsquellen nicht. Aber soviel sage ich dir noch: Ihr wurdet in einer eindeutigen Situation gesehen! Du kannst es also ruhig zugeben!" Ottmar gab einfach einen Schuss ins Blaue ab und hoffte, dass Schnucki schnell aufgeben würde. Sie war keine gute Lügnerin, das wusste er.

Er hatte sich nicht getäuscht: Schnucki gab auf.
„Okay! Ich gebe es zu. Ich habe einen einzigen Fehltritt begangen. Aber ich glaube einfach nicht, dass daher die Schwangerschaft kommt. Die Wahrscheinlichkeit spricht einfach dagegen."
„Auch von einem einzigen Fehltritt kann man schwanger werden, das weißt du so gut wie ich. Und da es bei uns in den letzten Jahren nie geklappt hat, bin ich mir sicher, dass das Kind nicht von mir ist. Es enttäuscht mich, dass du mir dieses Kind unterjubeln wolltest. Wer ist denn dein neuer Lover? Kann er nicht für das Kind aufkommen? Steht er nicht zu dir und dem Kind?", sagte Ottmar giftig.
„Ich habe ihm bisher noch nichts gesagt, weil ich es bei dem einen Fehltritt belassen und nicht unsere Ehe ruinieren wollte", schluchzte Schnucki.
„Tja, nun wirst du es ihm wohl sagen müssen. Du hast unsere Ehe aufs Spiel gesetzt und ruiniert. Jetzt musst du die Konsequenzen tragen. Wenn du das Kind bekommst, reiche ich die Scheidung ein."

‚Wenn sie abtreiben lässt, werde ich die Scheidung auch einreichen, wenn es mit Carla klappt. Aber dann bin ich sicher, dass es kein Kind von mir aus der Ehe mit Schnucki gibt‘, dachte Ottmar.

„Ich werde auf keinen Fall abtreiben! Helmut wird bestimmt zu mir stehen!", meldete sich Schnucki.

„Helmut? Du meinst doch nicht unseren Nachbarn? Das wäre ja wirklich zu billig! Was für ein elender Ersatz für mich! Du enttäuscht mich immer mehr! Ist es wirklich dieses Weichei mit dem Ökotick?", insistierte Ottmar.

Nun war es heraus. Schnucki war in ihrem Zorn und ihrer Enttäuschung Helmuts Name heraus gerutscht.

„Ja! Es ist unser Nachbar. Er hat jedenfalls mehr Feingefühl als du. Und er kümmert sich um mich. Und er betrügt nicht dauernd seine Frau!", verteidigte Schnucki Helmut.

„Das ist ja lächerlich! Erstens betrügt er seine Frau – und zwar mit dir! Und zweitens: Was soll das eigentlich heißen ‚Er betrügt nicht dauernd seine Frau.‘ Als ob ich dich schon jemals betrogen hätte!" Ottmar war ehrlich getroffen. Schließlich hatte er sich immer um Diskretion bemüht.

„Glaube ja nicht, dass ich nichts von deinen Eskapaden mitbekommen hätte! Du hast doch dauernd irgendwelche Affären. Ich weiß genau, warum du immer später kommst", schlug Schnucki zurück.

„Das musst du mir erstmal beweisen! Wer im Glashaus sitzt, sollte nicht mit Steinen werfen! Halte dich lieber zurück mit deinen Anschuldigungen!", gab Ottmar zurück.

„Ich ziehe ab jetzt sofort in unser Gästezimmer und werde mir morgen einen Anwalt suchen. Du kannst ja morgen mit Helmut reden. Er wird sich sicher freuen! Und seine Frau wird auch begeistert sein! Ich bin gespannt, wie ihr beiden mit einem niedrigeren Lebensstandard als jetzt und einem zusätzlichen Esser zurecht kommen werdet! Auf meine Kosten werdet ihr Euch jedenfalls keinesfalls ein schönes Leben machen!" Scheinbar wütend verließ Ottmar den Raum und knallte die Tür hinter sich zu.

Draußen grinst er. Eigentlich entwickelten sich die Dinge ganz zu seinen Gunsten. Bald würde er für Carla frei sein, ohne für Schnucki aufkommen zu müssen. Wenn er Glück hatte, würde Helmut Vater spielen, Schnucki heiraten und alle drei wären eine glückliche Familie. Pech für Helmuts Frau Rosalinde. Diese würde alleine übrig bleiben. Ottmar konnte sich indessen von Carla über den Verrat seiner Frau hinweg helfen lassen. Beschwingt bezog Ottmar sich ein Bett im Gästezimmer und schleppte seine diversen Badezimmerutensilien in das Gästebad. So würden sie sich morgens im Bad nicht begegnen müssen und er musste nicht mitbekommen, wie Schnucki über der Klo-brille hing.

Unterdessen saß Schnucki immer noch mit ihrem Glas ‚Muh & Schuh‘ in der Hand im Wohnzimmer. Einerseits war sie entsetzt über den Ausgang des Abends, den sie sich ganz anders vorgestellt hatte. Andererseits war sie aber auch froh, dass sie nicht weiter Theater zu spielen brauchte. Ein Kind zur Rettung der Ehe hatte noch selten funktioniert. Besonders, wenn das Kind vielleicht unehe-lich war. Sie beschloss, morgen Früh Helmut anzurufen und ihm alles zu erzählen. Er würde sie trösten und zu ihr stehen. Da war sie sich sicher.

Gleich nachdem Ottmar morgens das Haus verlassen hatte, rief Schnucki bei Helmut an.
„Helmut, ich muss dich dringend sprechen!"
„Was gibt es denn so Dringendes. Ist etwas passiert?", antwortete Helmut besorgt.
„Ja, es ist etwas passiert. Aber ich möchte nicht am Tele-fon darüber reden", sagte Schnucki. „Kannst du nicht gleich hierher kommen?"
„Eigentlich wollte ich hier noch einiges erledigen. Aber wenn es wirklich so dringend ist, dann komme ich selbst-verständlich gleich vorbei", sagte Helmut.
Eilig schwang sich Helmut auf sein Fahrrad und fuhr um die Ecke zu Schnucki. Er war wirklich beunruhigt. So drin-gend hatte Reinhilde ihn noch nie gebeten, zu kommen.

Schnucki erwartete Helmut schon an der offenen Tür.
„Hallo Helmut! Schön, dass du so schnell gekommen
bist!"
„Guten Morgen, Reinhilde! Das ist doch klar, dass ich
sofort komme, wenn du mich darum bittest. Aber jetzt sag
mir bitte, was eigentlich los ist", sagte Helmut.
„Komm doch erstmal herein. Möchtest du einen Tee?",
fragte Schnucki und führte ihn in die geräumige Wohnkü-
che.
„Ja, gerne, wenn du einen grünen Tee hast", antwortete
Helmut.
„Den habe ich sogar hier schon fertig, da ich weiß, dass
du ihn am liebsten magst", sagte Schnucki, setzte sich an
den Küchentisch und goss ihnen beiden zwei Tassen voll
der dampfenden Flüssigkeit ein.
„Tja, ich weiß gar nicht genau, wie ich es sagen soll...",
begann Schnucki. „Also, ich sag's jetzt einfach direkt: Ich
bin schwanger."
Ein paar Sekunden herrschte ein Schweigen, das ihnen
beiden endlos vorkam.
„Und was hat das mit mir zu tun?", fragte Helmut verwirrt.
„Selbstverständlich freue ich mich für dich", setzte er hinzu als er Schnuckis enttäuschtes Gesicht sah.
„Das hat sehr viel mit dir zu tun, oder hast du den Nachmittag vor ein paar Wochen, den wir gemeinsam verbrachten, schon verdrängt?", antwortete Schnucki gereizt.
„Natürlich habe ich den nicht vergessen. Und ich hätte ihn
auch gerne noch wiederholt, wenn unsere Terminkalender
es zugelassen hätten, das weißt du doch. Aber ich dachte, du nimmst die Pille", gab Helmut zurück.
„Nein, nehme ich nicht. Und du hast mich ja auch nicht
danach gefragt", sagte Schnucki.
„Dann war das aber sehr leichtsinnig von dir – so ganz
ohne Verhütungsmittel", sagte Helmut.
„Von dir etwa nicht? Ich verstehe gar nicht, warum ihr
Männer das Thema Verhütung immer den Frauen über-
lasst. Um dich zu beruhigen: Mein Gynäkologe hat mir
versichert, dass ich keine Kinder bekommen kann. Und
jahrelang hat es zwischen mir und Ottmar ja auch nicht

geklappt, mit dem Nachwuchs." Langsam geriet Schnucki in Fahrt. „So, und jetzt bin ich, Gott sei Dank, doch noch schwanger geworden! Das Problem ist nur: Ich weiß nicht, ob von dir oder von Ottmar!"
So, jetzt war alles heraus. Schnucki war gespannt, wie Helmut diese Nachricht verdauen würde.

„Du willst das Kind also bekommen. Meinst du nicht, dass es unverantwortlich ist, in diese schlechte Welt noch Kinder zu setzen? Sieh dir doch die Umweltverschmutzung an, die Bevölkerungsexplosion auf diesem Erdball, die Verstädterung! Es gibt kaum mehr eine kinderfreundliche Umgebung. Und dahinein willst du noch ein Kind setzen?", empörte sich Helmut.
„Also, wenn ich mir Kleinklexdorf so betrachte, kann hier wohl von Verstädterung keine Rede sein. Im Gegenteil, hier herrscht noch heile Welt, und es ist sehr kinderfreundlich. Und die Bevölkerungsexplosion findet zwar weltweit statt, aber nicht in den Industrieländern. Da schrumpft die Bevölkerung sogar, und wir können dringend noch ein paar künftige Rentenzahler gebrauchen. Wer wird für dich sorgen, wenn du einmal alt und krank sein solltest? Willst du ins Pflegeheim? Wäre es dir nicht lieber, du hättest Kinder, die sich wenigstens etwas um dich kümmern würden?" Schnucki versuchte, Helmut aus seiner pessimistischen Weltsicht zu reißen.

„Ja, vielleicht hast du ja Recht. Die Nachricht kommt nur ziemlich plötzlich für mich, das musst du verstehen. Wenn das Kind wirklich von mir ist, freue ich mich. Aber ein Vaterschaftstest muss sobald wie möglich gemacht werden", gab Helmut klein bei.
„Leider geht das erst nach der Geburt des Kindes", sagte Schnucki spitz.
„So lange werden sich du und Ottmar noch gedulden müssen. Für mich ist auf jeden Fall klar, dass es mein Kind ist!"
„Weiß es Ottmar eigentlich schon?", fragte Helmut. „Und wenn ja, wie hat er reagiert?"

„Er ist total ausgeflippt und will mich verlassen, wenn ich das Kind nicht abtreibe. Aber wie ich ihn kenne, würde er mich später wahrscheinlich auch verlassen, wenn ich abtreiben würde. Irgendwie verstehe ich ihn da nicht ganz, schließlich könnte das Kind ja durchaus auch von ihm sein. Ich hatte fast den Eindruck, als sei ihm das ein willkommener Anlass, um aus unserem gemeinsamen Schlafzimmer auszuziehen", erzählte Schnucki nachdenklich.

„Weiß er von uns?" fragte Helmut unsicher. „Ja, mir ist aus Versehen dein Name herausgerutscht. Er wünscht dir viel Spaß mit dem Kind bzw. uns als Kleinfamilie", berichtete Schnucki.

„Das heißt also, dass ich auch Rosalinde die Geschichte beichten muss", murmelte Helmut, dem nun doch etwas flau im Magen wurde. „Na ja, unsere Ehe ist ja sowieso nur noch ein Arrangement und unsere Interessen gehen immer mehr diametral auseinander. Ich werde es ihr heute Nachmittag gestehen. Ich habe keine Ahnung, wie sie darauf reagieren wird."

„Und wie machen wir nun weiter?", fragte Schnucki.

„Ich stehe natürlich zu dir, das ist klar. Du weißt, wie sehr ich dich verehre. Ganz egal, von wem das Kind nun ist. – Ich werde bei dir sein", sagte Helmut nun heldenhaft.

„Da bin ich jetzt aber ganz erleichtert. Ich habe schon befürchtet, du würdest dich auch von mir abwenden, genau wie Ottmar", seufzte Schnucki.

„Es wäre gut, wenn du es sobald wie möglich Rosalinde erzählst. Es ist besser, sie erfährt es von dir als von Ottmar."

„Ja, das denke ich auch. Sonst glaubt sie noch, ich wollte ihr das verschweigen. Nein, gegenseitige Offenheit war immer eines unserer Grundprinzipien. Aber jetzt muss ich gehen. Ich muss heute noch viel erledigen, und außerdem muss ich die Neuigkeiten jetzt erstmal verdauen", verabschiedete sich Helmut.

„Gut, bitte ruf mich an, sobald du Rosalinde informiert hast. Versprichst du mir das?", drängte Schnucki.

„Aber sicher! Sobald es etwas Neues gibt, werde ich dich anrufen, versprochen!" Helmut gab Schnucki einen Kuss und fuhr mit dem Fahrrad nach Hause. Dort angekommen, überlegte er hin und her, wie er am besten seiner Frau die Neuigkeiten schonend beibringen konnte.

Als Rosalinde Paarhufer am späten Nachmittag nach Hause kam, merkte sie sofort, dass etwas nicht stimmte. Es lag irgendwie eine eigenartige Spannung im Raum, als Helmut sie begrüßte:
„Hallo, Rosalinde! Wie war dein Tag heute?"
„Es ging. Keine besonderen Vorkommnisse, Gott sei Dank! Die üblichen Heimwerkerunfälle halt. Und wie war deine Nachtschicht?", erkundigte sich Rosalinde, während sie sich die Jacke auszog.
„Auch keine besonderen Vorkommnisse. Rosalinde, ich muss dir etwas sagen", begann Helmut.
„Das dachte ich mir schon als ich herein gekommen bin. Du machst so ein komisches Gesicht. Ist was Schlimmes passiert? Hat dein Auto endlich seinen Geist aufgegeben und du willst dir mein Auto ausleihen?", witzelte Rosalinde.
„Nein, es ist schlimmer als ein kaputtes Auto!", seufzte Helmut.
„Du kennst doch unsere Nachbarn, das Ehepaar Filius?"
„Ja, die kenne ich. Ich war ja am vorletzten Samstag dort auf dem Grillfest. Ein reizendes, freundliches Ehepaar. Ich habe mich besonders gut mit Frau Filius unterhalten", antwortete Rosalinde nun ganz gespannt.
„Du kennst sie also. Du hast vielleicht bemerkt, dass ich Frau Filius auch sehr reizend finde", fuhr Helmut fort. „Wie sollte ich, du warst doch gar nicht auf dem Grillfest, weil du arbeiten musstest", antwortete Rosalinde langsam misstrauisch.
„Also, ich habe sie schon öfter am Nachmittag getroffen", antwortete Helmut.
„Was willst du mir eigentlich sagen? Hast du ein Verhältnis mit ihr?", fragte Rosalinde genervt.

„Nein, ja. Eigentlich war das bisher nur freundschaftlich. Aber jetzt bekommt sie ein Kind", stotterte Helmut.

„Willst du mich veräppeln", schrie Rosalinde wütend. „Von freundschaftlichen Gesprächen bekommt man keine Kinder. Da bräuchte ich nicht einmal Ärztin zu sein, um das zu wissen. Ist es dein Kind oder nicht?", fauchte Rosalinde.

„Wenn ich das nur wüsste! Reinhilde weiß es auch nicht mit Sicherheit. Es könnte auch von ihrem Mann sein, aber mit dem hat es jahrelang nicht geklappt, also könnte es auch wiederum von mir sein. Andererseits waren wir nur einmal zusammen, also ist die Wahrscheinlichkeit wiederum gering!", sagte Helmut verzweifelt.

„Aha, mit dem Ehemann klappt es nicht, und du springst aus Freundschaft als Samenspender ein! War das so?", höhnte Rosalinde.

„Nein, so war es nicht. Ich habe mich in sie verliebt, damit du es weißt! Du hörst mir ja nie zu, wenn ich dir einmal was erzählen will", konterte Helmut wütend.

„Ich kann dein ewig gleiches negatives Gerede über diese schlechte Welt nicht mehr hören! Und deine Naturverliebtheit geht mir auch auf den Wecker, jawohl. Wie kannst du mit deiner Einstellung eigentlich ein Kind zeugen und in diese grausame Welt setzen", erregte sich Rosalinde immer mehr.

„Reinhilde will das Kind! Und ich stehe zu ihr", gab Helmut zurück.

„Und wenn es nicht deines ist?", fragte Rosalinde hinterhältig.

„Dann vielleicht auch. Das werden wir sehen, wenn das Ergebnis des Vaterschaftstests vorliegt. Bis dahin werde ich sie aber nach Kräften unterstützen", gab Helmut zurück.

„Und was wird aus unserer Ehe?", fragte Rosalinde nun wieder ganz nüchtern.

„Von Ehe kann schon lange nicht mehr die Rede gewesen sein. Ich habe nichts dagegen, den Status quo erst einmal bei zu behalten. Wir haben uns in letzter Zeit sowieso kaum gesehen und uns nur die Türklinke gegenseitig in die Hand gedrückt. Wenn du willst, werde ich künftig eben auf der Couch im Arbeitszimmer schlafen", antwortete Helmut.

„Nein, nein", sagte Rosalinde großzügig. „Da ich sowieso oft Nachtschicht habe, wäre es sinnlos, wenn du aus dem Schlafzimmer ausziehst. Du kannst meinetwegen dort bleiben. Es läuft ja sowieso schon lange nichts mehr zwischen uns. Aber entschuldige mich jetzt bitte. Ich möchte jetzt einen Moment allein sein", sagte Rosalinde und zog sich in das Schlafzimmer zurück, um die Nachrichten erstmal zu verdauen.

Als Ottmar an diesem Abend bei Carla vorbeikam, hatte er große Neuigkeiten:

„Carla, stell´ dir vor: du hattest Recht! Meine Frau betrügt mich mit unserem Nachbarn Helmut! Und sie erwartet ein Kind von ihm! Was sagst du dazu? Ist das nicht dreist?" Ottmar spielte den ehrlich Empörten.

„Das gibt es doch gar nicht", antwortete Carla verdutzt. „Das ist ja wie in einem schlechten Film! Das Kind ist wirklich von ihm? Bist du sicher? Ich meine, könnte es nicht auch von dir sein?" Carla war misstrauisch. Sie wollte nicht schon wieder als Naivchen gelten.

„Na hör mal! Ich habe dir doch gesagt, dass zwischen uns schon lange nichts mehr läuft. Selbstverständlich muss das Kind von Helmut Wernickel sein. Oder von noch einem anderem. Wer weiß, mit wem sie sich noch in der letzten Zeit herumgetrieben hat! Von mir ist es jedenfalls ganz sicher nicht", antwortete Ottmar.

„Und wie soll es jetzt mit Euch weiter gehen? Und wie wirkt sich die veränderte Situation auf uns aus? Hast du deiner Frau auch etwas von uns erzählt?", fragte Carla neugierig.

„Ich bin natürlich aus unserem gemeinsamen Schlafzimmer sofort ausgezogen. Das wollte ich eigentlich schon lange, aber ich konnte es nicht tun, ohne Schnucki zu verletzen. Ansonsten haben wir noch nicht viel mehr besprochen. Von dir habe ich noch nichts erzählt. Ich möchte die Dinge nicht vermischen und Schnucki einen Grund geben, mich anzugreifen. Sie versucht dann möglicherweise ihr schändliches Treiben mit dem Verweis auf unsere Beziehung zu rechtfertigen", sagte Ottmar.

„Du meinst, du willst, dass Schnucki sich als Alleinschuldige fühlt, wenn Eure Ehe scheitert. Du hast dann einen guten Grund, ebenfalls eine neue Beziehung einzugehen, und das bin dann ich. Stimmt´s?", erwiderte Carla. Ihr gefiel dieses Versteckspiel nicht mehr. Außerdem tat ihr Schnucki leid. Was Ottmar tat, war verlogen und sollte ihn in ein gutes und Schnucki in ein möglichst schlechtes Licht rücken. Das durchschaute sie.

„So könnte man es sehen, wenn man schlecht von mir denkt. Aber stell´ dir mal vor, was deine Eltern dazu sagen würden, wenn du sie mir eines Tages mal vorstellen solltest, und sie erfahren, dass es so aussieht als hättest du meine Ehe zerstört!", sagte Ottmar listig.

„Was? Wie kommst du denn darauf?", sagte Carla entrüstet.

„Na ja. Du weißt ja, wie die Leute sind. Wenn bekannt wird, dass wir schon ein Verhältnis hatten, bevor Schnucki schwanger wurde, dann könnte man es so deuten, als ob Schnucki sich aus Verzweiflung in die Arme unseres Nachbarn gestürzt hat. Und du weißt ja: Im Zweifel wird immer eine ledige Frau als Einbrecherin in eine intakte Ehe gesehen, die dann die Ehe zerstört", philosophierte Ottmar.

„Aber eure Ehe bestand doch schon lange nur noch auf dem Papier. Das hast du jedenfalls gesagt!", empörte sich Carla.

„Ja, ja! Schon gut! Ich meine ja nur, dass die Leute so reden könnten, denn unsere Ehe gilt ja nach außen hin als ideal. Und ich möchte nicht, dass jemand schlecht über dich spricht. Verstehst du?", beschwichtigte Ottmar.

„Ich möchte mich deswegen erst dann öffentlich zu dir bekennen, wenn Schnuckis Schwangerschaft nicht mehr zu verheimlichen ist. Stell´ dir mal vor, sie würde abtreiben und man hätte uns beide schon zusammen gesehen. Dann würde nichts über sie und Helmut bekannt, und wir wären die Dummen", stellte Ottmar fest.

„Du glaubst doch nicht im Ernst, dass sie abtreiben würde?", fragte Carla entsetzt, der ihre Fehlgeburt immer
noch zusetzte.
„Schnucki traue ich inzwischen alles zu", sagte Ottmar
boshaft. „Warum sollte sie nicht um ihres Vorteiles willen
ein unschuldiges Leben töten? Ich habe sie zwar inständig gebeten, das Kind zu behalten, aber letztlich muss sie
das auch mit Helmut klären, dem Vater des Kindes.
Schließlich muss er zahlen", sagte Ottmar.
„Weißt du, Ottmar", sagte Carla versonnen, „trotz aller
Schwierigkeiten beneide ich Schnucki."
„Wieso denn das?", fragte Ottmar verwirrt.
„Weil sie ein Kind bekommt. Ich habe unlängst eine Fehlgeburt im fünften Monat von meinem damaligen Freund
gehabt. Ich habe das bis jetzt noch nicht überwunden. –
So sehr ich mich auch bemühe", gestand Carla.
„Davon hast du mir ja noch gar nichts erzählt", sagte Ott-
mar. „Was ist aus eurer Beziehung geworden?"
„Ach, die war von vorneherein zum Scheitern verurteilt.
Heinz war ein Trinker und ein schwacher Mensch. Wir
haben uns getrennt. Meine Eltern waren froh darüber –
auch über die Fehlgeburt", setzte Carla bitter hinzu. „Die
einzige, die zu mir stand, war Laura. Sie hat mir auch
geholfen, hier eine Wohnung zu finden. Sie ist meine
beste Freundin", antwortete Carla.
„Ja, deshalb warst du ja auch mit ihr auf diesem verflixten
Grillfest", gab Ottmar zurück. „Hast du etwa Laura schon
etwas von uns erzählt?"
„Nein, ich hatte noch keine Gelegenheit dazu."
„Dann möchte ich dich bitten, damit zu warten, bis unsere
Beziehung offiziell wird. Weißt du, Carla, wenn wir wirklich
zusammen bleiben, dann werden wir auch Kinder haben",
stellte Ottmar fest. Er war von dieser Aussicht, Carla an
sich zu binden, ganz begeistert. Das Schokoladenimperi-
um rückte näher!
„Das würdest du wirklich wollen? Du machst mich mit
deinen Worten sehr glücklich!", seufzte Carla und sank
Ottmar in die Arme.

Rosalinde Paarhufer beschloss, dass die Nachricht von Schnuckis Schwangerschaft Grund genug sei, sich unverzüglich in den ‚Club der Porsche-Freunde‘ zu begeben und dort zu betrinken. Glücklicherweise konnte man dort jeden Tag hingehen, und es war bestimmt jemand da, den sie kannte. Auf keinen Fall wollte sie den Rest des heutigen Tages mit Helmut unter einem Dach verbringen.

Frisch gestylt rauschte Rosalinde im Excelsior ein und begab sich direkt an die Bar:
„Einen doppelten Whisky, bitte, Charly", sagte sie zum Barkeeper.
„Guten Abend, Frau Dr. Paarhufer! Keinen Champagner heute?", wunderte sich Charly.
„Nein, erstmal nicht! Später vielleicht. Heute gibt es was zu feiern!", erwiderte Rosalinde.
„Was gibt es denn so Schönes?", mischte sich eine Stimme links von Rosalinde ein. Ohne sich umzudrehen sagte Rosalinde:
„Ich bin wieder solo! Mein Mann hat unsere Nachbarin geschwängert und will mit ihr ein neues Leben anfangen!"
„Ach, du lieber Schreck!", entfuhr es ihrem Nachbarn. „Das ist ja grässlich. Wann haben Sie denn das erfahren?"
„Eben gerade zu Hause!", antwortete Rosalinde und drehte sich nun doch um. Nicht gerade zu ihrer Freude sah sie sich Peter Crusius gegenüber.
‚Der hat mir jetzt gerade noch gefehlt!‘, dachte Rosalinde. ‚Vor lauter Selbstmitleid habe ich seine Stimme gar nicht erkannt.‘
„Sie müssen sich sehr verraten vorkommen", hörte sie da Peter sagen.
„Das kann man wohl sagen. Stellen Sie sich vor, auf dem Grillfest, bei dem sie mich abgesetzt haben, haben wir uns sogar noch gesehen. Und diese Schlange war dort ganz freundlich zu mir und hat sich nichts anmerken lassen."
„Das muss eine große menschliche Enttäuschung für Sie sein, so hintergangen zu werden!", bemitleidete sie Peter.

„Ja, und deshalb werde ich mich heute Abend betrinken!", erwiderte Rosalinde.
„Wenn Sie möchten, fahre ich Sie dann nach Hause, wenn Sie meinen, genug getrunken zu haben. Ich möchte nicht, dass es Ihnen so geht wie mir neulich und Sie Ihr Auto irgendwo dagegen setzen", sagte Peter hilfsbereit. Gerne nahm Rosalinde dieses unerwartete Hilfsangebot an:
„Ja, da wäre ich Ihnen sehr dankbar, mein Auto ist nämlich gerade aus der Werkstatt zurück."
„Entschuldigen Sie mich bitte jetzt einen Augenblick!", sagte Peter. „Ich muss schnell noch mal die Parkuhr weiter drehen. Man kann hier um die Ecke nämlich eine halbe Stunde umsonst parken und die ist jetzt schon fast vorbei. Ich bin gleich wieder da!"
‚Oh Gott', dachte Rosalinde. ‚Dieser Geiz! Den habe ich ja ganz vergessen. Ein Wunder, dass er mich nach Hause fährt! Aber das liegt ja für ihn auf dem Weg', fiel es ihr gleich wieder ein. „Charly, bitte noch einen doppelten Whisky!"

Als Peter Crusius wieder zurück an die Bar kam, sah er Rosalinde Paarhufer im Gespräch mit zwei Personen. „Herr Crusius, darf ich Ihnen meine Nachbarin, Frau Pietsch vorstellen", sagte Rosalinde schon leicht betrunken und deutete auf die Dame. „Das ist ihr Bekannter, Herr Pinsel. Und das ist mein ehemaliger Patient, Herr Crusius."
„Guten Abend Laura, guten Abend Herr Pinsel", sagte Peter artig. „Frau Pietsch und ich kennen uns schon von unserem gemeinsamen Arbeitgeber der Airborn", fügte er hinzu.
„Hallo, Peter!", grüßte Laura reserviert. „Guten Abend, Herr Crusius!", grüßte auch Leander Pinsel.
‚Die Frauen heutzutage werden doch immer rätselhafter und eiskalter', dachte Peter. ‚Diese Laura treibt es wohl mit jedem. Sie lebt mit ihrem Freund zusammen, wird aber von ihrem Nachbarn, dem Mann von Frau Dr. Paarhufer schwanger. Sie geht mit mir aus und dann taucht sie

wieder mit einem anderen Typen hier auf. Und Frau Dr. Paarhufer ist auch noch ganz freundlich zu ihr, obwohl sie doch der Anlass ist, weshalb ihre Ehe in die Brüche geht. Verstehe einer die Frauen! Wahrscheinlich ist Frau Dr. Paarhufer schon zu betrunken, um noch klar denken zu können‘, grübelte Peter.
Dann kam ihm noch ein anderer Verdacht, den er schon vor Wochen, zu Beginn ihrer Bekanntschaft gehabt hatte: ‚Frau Dr. Paarhufer ist im Laufe ihrer Ehe aus Frustration lesbisch geworden. Genau! Sie ist sauer auf ihren Mann, weil er sie hintergangen hat und die Fassade zusammenbricht. Und sie ist aus einer falsch verstandenen Solidarität freundlich zu Laura.‘
Jetzt war Peter froh, dass er das Geheimnis gelüftet hatte. Ihm konnte doch so leicht keiner etwas vor machen!
‚Aber diese Laura ist ein Flittchen! Nur gut, dass ich mich nicht mit ihr eingelassen habe. Ich muss direkt froh sein, dass Ute damals unser Rendezvous zum Platzen gebracht hat. Nur ärgerlich, dass die ganze Rechnung an mir hängen geblieben ist. Na ja, das werde ich unter ‚Lehrgeld zahlen‘ abbuchen.‘
„Wer von Ihnen beiden ist denn Mitglied im ‚Club der Porsche-Freunde‘? Da ich nicht annehme, dass Sie sich von Ihrem Gehalt ein vernünftiges Auto leisten können, wird es wohl Herr Pinsel sein. Oder hat Ihnen einer Ihrer zahlreichen Verehrer einen Porsche geschenkt?", fragte Peter Laura ironisch.
„Ich bin Gründungsmitglied hier und habe dieses Jahr den Vorsitz im Club übernommen", kam Leander Laura zur Hilfe, dem die Spitze gegen Laura nicht entgangen war. „Ich bestimme im übrigen auch mit, wer in den Club aufgenommen wird. Soweit ich weiß, sind Sie noch kein Mitglied bei uns."
Leander wollte Peter einen Schuss vor den Bug verpassen, weil er die Bemerkung Laura gegenüber als ungehörig empfand. Später würde er allerdings Laura fragen, was dieser Herr Crusius mit seiner Bemerkung gemeint hatte.

„Nein, ich bin noch kein Mitglied, aber ich möchte es gerne werden", sagte Peter nun wieder friedlicher und etwas eingeschüchtert.

„Nun, dann ist es wichtig, dass Sie sich hier keine Feinde machen", sagte Leander bedeutungsschwanger, verabschiedete sich und ging mit Laura davon.

„Ich muss schnell mal nach meiner Parkuhr sehen", sagte Peter und ging eilig davon.

„Ich bin gleich wieder da!" ‚Nicht nötig‘, dachte Rosalinde durch ihr vernebeltes Hirn.

„Sag mal, Laura", fragte Leander sofort als sie außer Hörweite waren,. „worauf hat denn dieser Herr Crusius angespielt, als er so giftig zu dir war?"

„Ich habe keine Ahnung und habe mich auch schon gewundert, was das soll. Ich bin einmal mit ihm zum Essen gegangen, aber das war ein Fiasko, weil eine Frau an unserem Tisch auftauchte, mit der er offensichtlich die Nacht verbracht hatte. Das war aus ihren Worten ganz deutlich zu entnehmen. Ich bin daraufhin gegangen und habe die beiden alleine gelassen. Warum er deshalb auf mich sauer ist, weiß ich nicht. Eigentlich hätte er Grund genug, sich bei mir zu entschuldigen und nicht umgekehrt. Wahrscheinlich ist er sauer, weil der Abend anders ausgegangen ist, als er es erwartet hatte. Aber Frauen kennt er wohl genug. Letztens habe ich ihn vor dem Haus von Nachbarn gesehen, wie er Frau Dr. Paarhufer dort spät am Abend absetzte. Was die beiden vorher gemacht haben, weiß ich nicht", sagte Laura.

„Ja, normalerweise ist man ja nicht mit seinen Patienten in der Nacht unterwegs und schleppt sie in den ‚Club der Porsche-Freunde‘, sagte Leander nachdenklich.

„Wahrscheinlich haben die beiden was miteinander", ergänzte Laura.

„So wird es wohl sein", sagte Leander. Dann verließen die beiden den Club und gingen zusammen in Richtung von Leanders Leihwagen. Sein Porsche war zur Zeit gerade in der Werkstatt, weil er breitere Reifen bekommen sollte.

Auf dem Weg dachte Leander nach:

‚Ob Frau Dr. Paarhufer wirklich ein Verhältnis mit diesem unverschämten Herrn Crusius hat? Sie ist schließlich verheiratet. Aber man hört soviel über schlechte Ehen, dass es mich nicht wundern würde. Soweit ich weiß, hat sie ihren Ehemann auch noch nie mit hierher in den Club genommen. Aber diesen Herrn Crusius nimmt sie mit! Seltsam! Bis er aufgetaucht ist, haben wir uns ja sehr gut unterhalten. Eine intelligente und witzige Person. Trinkt nur zuviel!'

„Leander, du bist ja ganz in Gedanken versunken", meldete sich Laura. „Was beschäftigt dich denn so stark? Hast du Sorgen wegen deines Jobs?"

„Ja. Tut mir leid, dass ich gerade so unhöflich war. Meine Gedanken sind gerade in die Muffelbank abgeschweift. Es steht dort eine Umstrukturierung an, von der noch niemand weiß, weil ich erst gestern mit dem Vorstand darüber geredet habe. Die Filialleiter werden zum größten Teil wegrationalisiert. Künftig werden mehrere Filialen von einer zentralen Niederlassung aus mit geführt. Es wird schwierig werden, den Betroffenen das beizubringen", sagte Leander nachdenklich.

„Für diese Drecksarbeit hat man extra eine Sozialpädagogin frisch von der Uni eingekauft. Sie wird einen Crashkurs in Gesprächsführung bekommen, bei zwei, drei solcher Gespräche assistieren und dann allein auf die Menschheit bzw. diejenigen, die ihren Job verlieren, losgelassen. Man will eben für die Betroffenen nicht Zeit von Vorgesetzten für diese Gespräche verschwenden."

„Oh je, das ist aber grausam", sagte Laura bestürzt und dachte an Schnucki.

„Hoffentlich ist davon nicht auch unser Nachbar betroffen, Herr Filius. Wir haben ihn auf der Vernissage getroffen. Erinnerst du dich?"

„Ich fürchte, doch", sagte Leander. „Die Zweigstelle von Herrn Filius ist leider auch noch eine der unrentabelsten. Man überlegt sogar, ob man sie nicht ganz schließt. Herr Filius wird einer der ersten sein, der seinen Job los wird. Man wird ihm einen anderen anbieten, der deutlich geringer dotiert ist als der bisherige. Aber bitte versprich mir, nichts von all dem zu erzählen. Die Dinge sind bisher noch streng vertraulich", sagte Leander.

„Natürlich werde ich nichts erzählen", versicherte Laura.

Leander war gespannt, ob Laura wirklich dicht halten würde. Schließlich betraf die Sache ihre Nachbarin, mit der sie sich ab und an unterhielt. Dies würde ein Test für Lauras Verschwiegenheit werden.

„Da bin ich wieder", tönte es neben Rosalinde.

‚Nicht der schon wieder!', dachte Rosalinde. ‚Dieser Tag ist eine Strafe Gottes für mich!'

„Einen Champagner bitte, Charly! Na, ich hoffe, Sie haben die halbe Stunde nicht überschritten und einen Strafzettel bekommen?", lästerte Rosalinde.

„Nein, es war zwar knapp und die Politesse streifte schon erwartungsvoll in der Nähe herum, aber ich habe es gerade noch geschafft, rechtzeitig eine halbe Stunde weiter zu drehen", sagte Peter.

„Es mag ihnen zwar übertrieben geizig vorkommen, was ich tue, aber ich muss sparen, wo ich kann."

‚Warum, denn das? Haben Sie zu Hause eine hungrige Kinderschar, die auf Sie wartet?", witzelte Rosalinde.

„Nein, aber ich muss einen ziemlich hohen Schuldenberg abtragen", antwortete Peter.

„Sind Sie ein Spieler oder ein Häuslebauer?", fragte Rosalinde.

„Weder das eine noch das andere. Ich bin leidenschaftlicher Flieger. Und da ich nicht im ersten Anlauf von einer Fluggesellschaft für die Pilotenausbildung genommen wurde, habe ich mir meinen Flugschein selbst finanziert – auf Kredit. Die Pilotenausbildung ist sehr teuer, wenn man sie privat macht", erklärte Peter.

„Für einen Porsche hat es aber noch gereicht?", fragte Rosalinde süffisant.

„Den habe ich geerbt und nicht weiter verkauft, weil Fahrzeuge nun mal meine Leidenschaft sind", sagte Peter.

„Und sonst interessiert Sie nichts? Frauen zum Beispiel?

Woher kennen Sie denn nun Frau Pietsch wirklich? Ich nehme an, doch nicht nur vom Sehen?", fragte Rosalinde.
„Mit Frau Pietsch war ich einmal zum Essen aus. Es war aber das totale Fiasko. Nachdem ich aber nun weiß, dass sie anscheinend mit jedem herumzieht, bin ich froh, dass ich mich nicht näher mit ihr eingelassen habe. Ich finde es übrigens bewundernswert, wie Sie Haltung ihr gegenüber bewahrt haben", lobte Peter Rosalinde
„Wieso habe ich Haltung bewahrt? Frau Pietsch ist meine Nachbarin, nichts weiter", fragte Rosalinde irritiert, um die sich schon langsam alles drehte.
„Na, Sie werden sich wohl noch daran erinnern, was Sie mir vorhin erzählt haben: Ihre Nachbarin bekommt ein Kind von Ihrem Mann!", half Peter Rosalinde auf die Sprünge.
„Ach so! Das habe ich natürlich nicht vergessen. Deshalb sitze ich ja hier. Aber ich habe eine andere Nachbarin gemeint. Jetzt verstehe ich auch, warum Sie vorhin so patzig zu Frau Pietsch waren. Ich glaube Sie haben Herrn Pinsel ziemlich verärgert. Wenn Sie Mitglied hier im Club werden wollen, müssen Sie so schnell wie möglich versuchen, diesen Schnitzer wieder auszubügeln", antwortete Rosalinde amüsiert.
„Ich Trottel! Ich werde mich bei Frau Pietsch entschuldigen, sobald ich dazu komme!", sagte Peter peinlich berührt.
„Ich schlage vor, dass ich Sie jetzt nach Hause fahre. Kommen Sie! Ich helfe Ihnen."
„In Ordnung!", nuschelte Rosalinde und rutschte schwerfällig vom Barhocker. Peter packte Rosalinde um die Schulter und brachte sie mit dem Auto nach Hause.
Rosalinde schaffte es gerade noch, den Schlüssel in das Schloss zu stecken, die Tür zu öffnen und hinter sich zu schließen. Dann brach sie im Flur zusammen und schlief ein. Helmut, der einen leichten Schlaf hatte, kam aus dem Schlafzimmer und sah die Bescherung. Da er ein schlechtes Gewissen hatte, nahm er ein Kopfkissen und eine Decke und kuschelte Rosalinde darin auf dem Fußboden ein.

X.

Der Abend im Porsche-Club war alles andere als nach Lauras Geschmack gewesen. Erst begegnete sie dort Peter, der unerklärlich feindselig ihr gegenüber war und dann hörte sie noch die Horrorgeschichten über Schnucki.
„Es war wohl keine gute Idee gewesen den Abend im Club zu verbringen?", fragte Leander Laura, dem auffiel, dass nun sie die Schweigsame war.
„Dass der Abend so verlief, konntest du ja wohl kaum erahnen! Hiermit spreche ich dich von jeder Schuld frei!", scherzte Laura gezwungen.
„Es wurmt mich nur kolossal, wie sich Monsieur Kapitän aufgeführt hat! Tja, Männer und ihre verletzte Eitelkeit...! Sag mal, greifst du eigentlich auch zu solchen Waffen, Leander?"

Leander spielte nun den tödlich Beleidigten und gab ihr einen scherzhaften Klaps auf ihren Po.
„Warte bloß ab! Keiner schlägt mich ungestraft!"
So ging Laura auf Leanders Spiel ein und jagte ihn über den ganzen Club Parkplatz. An seinem Leihwagen angekommen gab sich Leander geschlagen und meinte mit einem amüsierten Lächeln:
„Gnädige Frau, ich habe Ihre Lektion gelernt und gelobe Besserung!"
Dann zog er Laura impulsiv an sich und küsste sie voller unterdrückter Leidenschaft.
„Kommst du nun doch noch mit zu mir?", flüsterte Leander Laura zärtlich ins Ohr.
„Auf diesen Moment habe ich schon lange gewartet!"
Laura ließ sich von dem Strudel der Begierde mitreißen und nickte kurz.
Die sexuelle Spannung hielt die ganze Fahrt über an. Immer wieder nutzte Leander jede Fahrpause um Laura zu liebkosen! Bei sich angekommen, sprang er schnell aus dem Wagen, um Laura die Tür zu öffnen.

„Du hast mir ja gar nicht erzählt, dass du Großgrundbesit-
zer bist!", witzelte Laura in Anspielung auf seinen riesigen
Garten und die Hofeinfahrt.
„Macht uns jetzt James die Tür auf, oder hast du deinen
Dienstboten heute freigegeben?", überspielte Laura ihr
Erstaunen.
Rasch zog Leander Laura die Eingangstreppe empor und
schob sie mit sanftem Druck ins Haus hinein!
„James! Jaaames!", brüllte Leander ins Haus hinein. „Wir
haben Besuch!"
„Komm ich zeig` dir kurz mein Reich! Aber vorher brauche
ich noch Wegzehrung!" Er nahm Laura erneut wieder in
seine Arme, um sie zu küssen.
Aus dem anfänglichen zärtlichen Kuss wurde bald ein
sehr fordernder und leidenschaftlicher Kuss.
„Als erstes zeige ich dir mein Schlafzimmer!"
Albern schubsten sie sich gegenseitig bis zum Rand des
Bettes und gaben sich dann ganz ihrer Leidenschaft hin.
Der Rundgang durchs Haus musste warten.

Leise schlich Laura sich ins Badezimmer, sie wollte Leanders Schlaf nicht stören. Im Bad schlüpfte sie in ihr Kleid
und kämpfte mit ihrem eingeklemmten Reißverschluss.
Diesen Kampf verlor Laura, also blieb das Kleid am Rücken offen. Mit Jacke fiel das sowieso nicht auf und um
diese Uhrzeit erst recht nicht! Lange hatten sie sich immer
wieder geliebt, bis beide dann eingeschlafen waren. Über
ihr Handy rief sich Laura ein Taxi:
„Könnten Sie mir bitte ein Taxi in die ..., ähm, kleinen
Moment bitte!" Laura kannte Leanders Anschrift nicht.
Jetzt musste sie erst in dem heillosen Chaos ihrer Handtasche eine von Leanders Visitenkarten finden.
„In die Schlossallee 2 bitte! In fünf Minuten stehe ich
draußen, Sie brauchen also nicht zu klingeln!"
In der Eile fand sie keinen Zettel für eine kurze Nachricht.
Infolgedessen drehte sie einfach ihren Lippenstift auf und
schrieb, wie im Film, ‚ICH RUF DICH AN' auf den Bade-
zimmerspiegel.

Das Telefon riss Laura aus einem unruhigen Schlaf. Noch recht schlaftrunken tappte sie zum Telefon und nahm den Hörer ab.

„Hallo Schatz!", begrüßte sie Martins Stimme, „Ich habe dich bereits gestern den ganzen Abend über versucht anzurufen! Nicht, dass du denkst ich hätte dich bereits vergessen! Wie geht es dir denn? Du hörst dich noch so verschlafen an!"

Vor lauter schlechtem Gewissen wurde es Laura auf einmal ganz mulmig im Bauch, dabei fiel ihr Blick auf die Uhr. Es war bereits kurz vor elf Uhr. So lange hatte sie also geschlafen.

„Ja, ich bin auch gerade erst aufgewacht. Gestern ist sehr spät geworden!"

„Na ja, dann ist es ja kein Wunder, dass zu Hause keiner ans Telefon ging, aber dein Handy...?"

Bevor sie Martin eine Antwort geben konnte, klingelte es an der Tür.

„Warte mal kurz! Es hat gerade geklingelt, oder willst du später noch mal anrufen?", fragte Laura hoffnungsvoll, denn im Moment fühlte sie sich einem Gespräch mit Martin noch nicht gewachsen.

„Kein Problem, ich warte kurz!", gab Martin nichts ahnend zurück.

Laura griff auf dem Weg zur Tür noch im Vorübergehen nach ihrem Bademantel und zog ihn rasch über. Dann lugte sie durch den Spion. Sie schaute auf ein ihr unbekanntes konkav verzerrtes Gesicht, dessen Mimik offensichtliche Ungeduld ausdrückte. Erneut ging die Türklingel. Erst jetzt machte Laura die Tür einen kleinen Spalt auf, soviel wie der Sicherheitsriegel es zu ließ. Wenn Martin nicht im Haus war, legte sie den Riegel immer vor.

„Grüß Gott! Hier sind Blumen für Sie!", sprach ein junger Mann durch die Türlücke.

Da immer noch keine Reaktion von Laura kam, weil diese noch zu überrumpelt war, fügte der Mann noch hinzu:

„Fleurop. Die Blumen sind für eine Frau Pietsch!"

„Ja, die bin ich. Kleinen Moment, ich mache Ihnen die Tür auf."

Laura nahm die Blumen entgegen und schloss die Tür wieder. Zurück am Telefon wollte Martin dann wissen: „Wer hat denn gerade geklingelt?"

In Bruchteilen von Sekunden wog Laura ab: ‚Sind die Blumen vielleicht von Martin, der extra zum Liefertermin anruft oder trägt das wieder die Handschrift von Leander?'

Nach dem riesigen Umfang des Bouquets tippte sie eher auf Leander. Mit ungutem Gefühl schwindelte sie Martin daher an:

„Das war mal wieder einer von den Gähnekom Technikern."

Begeistert erzählte Martin dann noch von seinem gestrigen Segeltag mit Henning und versprach zum Schluss, in zwei Tagen wieder anzurufen.

Nach dem Telefonat musste sich Laura erst einmal hinsetzen und guckte dabei vis a vis auf den auf dem Tisch liegenden Blumenstrauß.

„Oh Gott! Was ist bloß mit mir los!", warf sich Laura vor, die sich nie hat vorstellen können Martin so zu hintergehen. Vor allem aber konnte bei ihr von großer Reue keine Rede sein, denn allein bei dem Gedanken an den Sex mit Leander bekam sie ein Kribbeln im Bauch.

Der Gedanke für eine kurze Zeit zweigleisig zu fahren, entwickelte sich immer reizvoller. Sie konnte und wollte jetzt keine Entscheidung treffen. Zum einen kannte sie Leander noch kaum, zum anderen entpuppte er sich vielleicht irgendwann als Ekelpaket und notorischer Aufreißer. Dabei brauchte sie ja nur an sein zynisches Auftreten beim Frankfurtflug zu denken und seine kurze Erwähnung über den Abend mit Frauke! Auf der anderen Seite war sie jetzt noch ganz verzaubert von dem gestrigen Abend. Tja und Martin...! Die Gefühle zu ihm waren nicht leicht einzuordnen, aber ein Leben ohne ihn konnte sich Laura im Moment überhaupt noch nicht vorstellen. Laut seinen Angaben schmiedete er gerade mit seinem Cousin an seiner beruflichen und damit unweigerlich auch an seiner privaten Zukunft. Genau das, was sie die ganze Zeit über von Martin auch erhofft hatte. Aber Dinge, die vor wenigen Wochen oder Tagen für Laura noch enorm wichtig gewesen waren, verloren nun an Wichtigkeit.

Erst nachdem Laura den Blumen Wasser gegeben und sich einen starken Kaffee eingegossen hatte, öffnete sie das Kuvert. *Kann auf Deinen Anruf nicht warten...! Darf ich Dich um 12.00 Uhr anrufen? Leander.*

Pünktlich um zwölf klingelte dann auch das Telefon. Nach dreimaligem Läuten nahm Laura den Hörer ab. Sie hatte keine Minute mit dem Gedanken gespielt, das Telefonat nicht entgegen zu nehmen, sondern spürte schon jetzt wieder das aufregende Kribbeln im Bauch.

Während des Telefonats ließ Leander keinen Zweifel daran, wie wichtig ihm noch ein heutiges Treffen mit Laura sei. Doch Laura, deren Spätdienst um 13.30 Uhr anfing, meinte:
„Leander, tut mir leid, aber ich muss jetzt gleich zur Arbeit...Spätschicht!"
„Kann ich dich nicht nach deinem Dienst am Flughafen abholen, wie lange musst du denn arbeiten?"
„Der Dienst geht bis 21.30 Uhr!"
„Prima! Im Büro habe ich eh noch einiges zu erledigen und danach hole ich dich ab!? Natürlich nur wenn es dir recht ist?", setzte Leander etwas verunsichert hinzu.
„Nein, ist schon recht! Am besten wartest du draußen: Abflug A im Auto!", schlug Laura Leander vor.
„Abgemacht!", dann wurde auf einmal Leanders Stimme ganz sanft.
„Übrigens, die Nacht war sehr schön mit dir! - Bis heute Abend."
Bei den letzten Sätzen spürte Laura wieder, wie die Schmetterlinge im Bauch zu flattern anfingen.

Die Arbeit verlief heute zum Glück recht stressfrei, das merkte man auch gleich an der eher ausgelassenen Atmosphäre im Aufenthaltsraum.
„Hallo, Laura!", grüßte Frauke, die auch den gleichen

Dienst hatte wie Laura. „Warst du schon an deinem Spind?"

„Nein, wieso?", fragte Laura zurück. „Weil wir beide nächste Woche an unseren freien Tagen nach Rom fliegen!"

Irritiert schaute Laura Frauke an. Unter befreundeten Kollegen war es zwar oft üblich, dass sie an ihren freien Tagen zusammen weg flogen. Sei es zum Café au lait in Paris oder einer Einkaufstour in Mailand. Doch Laura konnte sich beim besten Willen nicht daran erinnern, je mit Frauke einen solchen Trip geplant zu haben, da ihr Kontakt immer nur sehr oberflächlich und kühl war.

Doch dann gab Frauke die Erklärung ab:
„Wir sind zufällig beide für den gleichen Flug eingeteilt, wenn wir unseren Streckenerfahrungsflug machen!"
Laura hatte schon längst wieder vergessen, dass sie den Antrag auf einen Streckenerfahrungsflug gestellt hatte. Das war eine Initiative für die bessere Zusammenarbeit zwischen Boden- und Fliegendem Personal. Einen ganzen Tag begleitete man eine komplette Crew bei ihrem Umlauf und konnte sich während dieser Zeit den Ablauf an Bord anschauen.
„Na, dann auf nach Rom! Dann werde ich gleich meine Unterlagen aus dem Spind holen! Leider ist meine Pause auch schon zu Ende! Bis später!"
Nach der Pause verging die noch restliche Arbeitszeit wie im Fluge, und kaum dass Laura sich versah, war ihr Dienst auch schon zu Ende.

Schnell holte sie sich noch ihren Uniformmantel aus der Garderobe und verließ mit ihren Kollegen den Raum. Unter ihnen war auch Frauke, die die ganze Zeit schon ganz vertraut mit Moni sprach und ihr dann etwas ins Ohr flüsterte:
„Stell dir vor, er ist Senator bei uns und sieht auch noch super aus! Ja und im Bett, ich sage dir....!"
Frauke schmückte ihre Begegnung mit Leander ziemlich aus. Nach ihren Erzählungen war sie den raffinierten Ver-

führungskünsten Leanders erlegen und rühmte sein hartnäckiges Werben um sie. Die Tatsache, dass Leander sich bei ihr noch nicht gemeldet hatte, machte Frauke zwar ganz schön zu schaffen, sie erwähnte das aber mit keiner Silbe.

Statt im Wagen auf Laura zu warten, war Leander doch in den Flughafen gegangen. Viel zu früh war er am vereinbarten Treffpunkt angekommen, und da ihn das Warten nervös machte, wollte er Laura im Gebäude selbst abfangen. Er kannte die Örtlichkeiten ganz gut und wusste, wo die Personalräume lagen.
Leander wartete am Ende der Rolltreppe, die Laura auf jeden Fall nehmen musste. Nach fünf Minuten sah er sie dann auch mit noch anderen Kollegen die Treppe herunterkommen. Er freute sich riesig sie wiederzusehen! Doch dann wurde seiner Freude ein dicker Dämpfer versetzt, denn vier Stufen hinter Laura erkannte er Frauke. Um seine Warteposition wieder zu verlassen, war es mittlerweile zu spät, denn beide hatten ihn entdeckt. Sowohl Laura als auch Frauke lächelten ihn an.

‚Na, wer sagt es denn!‘, freute sich Frauke. ‚Die ganze Grübelei war dann doch umsonst!‘ Sie flüsterte Moni zu: „Moni, da unten wartet er auf mich! Ich kann also doch nicht mehr mit ins Airbräu kommen!“
Als sie wieder in Leanders Richtung schaute, stand ihre Kollegin Laura bei ihm, und schon kurze Zeit später gingen sie gemeinsam Richtung Straße. Vor lauter Scham wusste Frauke erst gar nicht was sie sagen sollte. Doch dann erklärte sie ihrer Kollegin Moni:
„Jetzt habe ich aber erst einen Schrecken bekommen!“
„Ja, du bist immer noch ganz weiß im Gesicht!“, erwiderte Moni, die sich auf diese Situation keinen Reim machen konnte.
„Da habe ich ihn doch glatt verwechselt! Dabei ist meiner einen ganzen Kopf größer und seine Haare haben einen ganz anderen Schnitt!“
„Dann können wir ja doch noch einen Trinken gehen!“,

schlussfolgerte Moni. Notgedrungen konnte Frauke jetzt keinen Rückzieher mehr machen. Sie befürchtete, dass ihr Moni sonst die Verwechselungsgeschichte nicht mehr ab nehmen würde. Dafür war dann der ganze Abend eine einzige Qual: während sie tot unglücklich war, musste sie die glückliche Frischverliebte spielen.

Leander war froh, dass er Laura so schnell zum rettenden Ausgang bugsieren konnte. Ganz offensichtlich war Frauke dem Irrglauben erlegen, dass er sie heute abholen wollte. Ihr vertrautes Zulächeln ließ da kaum einen Zweifel. Aber vorerst war die Situation gerettet und wenn die Zeit reif war, würde er Laura auch noch von diesem Abend erzählen.

„Hast du noch Hunger?", wollte Leander von Laura wissen und gestand im gleichen Atemzug; „Ich habe den ganzen Tag noch nichts gegessen und würde gerne mit dir zum Essen gehen."
„Eine Kleinigkeit würde ich auch noch essen!", stimmte Laura zu.
„Wo willst du denn hin?"
„Auf was hast du denn Appetit?", fragte Leander zurück.
„Ich bin mit einem Salat voll und ganz zufrieden!"
„Wie wäre es dann mit italienisch? Ich kenne da ein ganz nettes Restaurant mit einer Superküche!"
„Italienisch!?- Welcher Italiener ist das denn?" Laura wollte auf gar keinen Fall ins ‚Da Vito'. Die Erinnerung an den Abend mit Peter würde ihr sonst noch den Spaß nehmen.
„Das ist das „Il Faro"? Kennst du es vielleicht auch?", fragte Peter.
„Nein, aber ab morgen!", scherzte Laura jetzt erleichtert.

Nach dem Essen fuhr Leander mit Laura zu sich nach Hause. Schon während des Restaurantbesuchs hatte Leander kein Auge von Laura gelassen und immer wieder ihren Körperkontakt gesucht. Beim Autofahren konnte er kaum die Finger von ihr lassen und nutzte jede Unterbrechung für einen Kuss aus.

‚Mein Gott!‘, dachte Leander, ‚Mich hat es ja ganz schön erwischt!‘

Kaum hatte Leander die Haustür hinter sich geschlossen, lagen sich Laura und Leander auch schon in den Armen. Die immer intensiver werdenden Küsse und das enge Aneinanderpressen ihrer Körper versetze sie beide wieder in höchster Erregung. Ihre Leidenschaft war so groß, dass sie sich gleich im Flur liebten.

„Laura! Ich bin schon jetzt über beide Ohren in dich verliebt! Wie soll das nur weiter mit mir gehen?“, fragte Leander zärtlich, während sie ihre Kleidungsstücke vom Flurboden aufsammelten.

Statt einer Antwort gab Laura Leander einen zärtlichen Kuss: „Ich habe einen Riesendurst. Würdest du mir bitte was zu trinken holen?“

„Na klar, etwas mit oder ohne Alkohol?“

„Zum Durstlöschen bitte ohne, am liebsten wäre mir jetzt einfach ein Glas Wasser! Gerne würde ich mich jetzt auch etwas frisch machen!“ Dabei unterstrich Laura ihre Bitte mit einem Blick auf ihren Unterleib.

„Sorry, ich bin manchmal ein solcher Stoffel! Wenn du magst, geh doch duschen, oben im Bad hängt mein Bademantel!“

Frisch geduscht und in Leanders flauschigen Bademantel eingehüllt kam Laura schon nach wenigen Minuten wieder zurück ins Wohnzimmer.

„Magst du heute bei mir übernachten?“, fragte Leander Laura, nachdem sie sich neben ihn aufs schwarze Ledersofa gesetzt hatte.

„Nur wenn das Frühstück mit inbegriffen ist“, gab Laura als Antwort zurück. „Außerdem ist dein Übernachtungsgast schon recht müde!“, bei diesen Worten konnte Laura ein Gähnen nicht mehr unterdrücken. „Du hast Recht, lass uns ins Bett gehen!“

Engumschlungen schliefen beide ein, nachdem sie sich nochmals geliebt hatten. Diesmal behutsamer und zärtlicher als bei ihrem leidenschaftlicher Akt im Flur.

Am Morgen gab sich Leander mit dem Frühstück viel Mühe. Schnell war er noch zum Bäcker gefahren und hatte sich beim Metzger mit so vielen verschiedenen Wurst- und Käsesorten eingedeckt, dass sie eine Großfamilie über eine Woche ernährt hätten. Als er vom Einkauf zurück kam, hörte er, dass Laura unter der Dusche war. Die Zeit wollte er schnell nutzen und einen Blick auf die herein kommenden Faxe werfen. Die Anzahl der Faxe hielt sich heute Morgen wirklich in Grenzen. Er fand in seinem Büro nur drei Stück vor, die er schnell überflogen hatte. Ein Fax war von seinem Freund Henning:

Hallo Leander,
heute habe ich eine Bitte an Dich! Für meinen Cousin suche ich gerade einen geeigneten Job als Neueinsteiger. BWL Studium, Schwerpunkt Marketing, schließt er in Kürze ab. Ich zähle auf Dich!!! Gruß Henning

Natürlich war es für Leander keine Frage Henning in dieser Sache zu unterstützen, schließlich war im Gegenzug auch ein Vetter dritten Grades über Hennings Firma in die Branche gerutscht. Eine Hand wäscht die andere, und schon schrieb Leander die Antwort auf ein Blatt Papier und ließ es durch das Fax laufen:

Hallo Henning,
der Junge hat seinen Job!
Gruß Leander

Mittlerweile war Laura mit der Morgentoilette fertig und kam wieder in Leanders Bademantel die Treppe hinunter: Die Uniform wollte sie zu einem gemütlichen Frühstück noch nicht tragen. Leander begrüßte sie mit einer innigen Umarmung. „Zum Anbeißen schaust du einfach aus!"
„Hei, beiß lieber in dein Brötchen!", witzelte Laura. Nach einem länger als geplanten Frühstück fuhr Leander Laura nach Hause. Die Zeit war knapp. Auf Leander wartete ein wichtiger Kunde und Laura musste zum Dienst.
„Also bis heute Abend! Ich hole dich wieder am Flughafen

ab. Diesmal warte ich mit Sicherheit im Auto auf dich! Ciao!" Er hauchte Laura noch ein Bussi auf die Wange.

Endlich hatten Carla und Laura wieder einmal Zeit, in Ruhe miteinander zu reden. Die letzten Tage waren sowohl beruflich als auch privat hektisch gewesen. Nun saßen sie gemütlich bei einem Gläschen Wein, wie so oft, in Lauras Wohnung.

„Carla, wann erzählst du mir jetzt endlich was von deinem neuen Lover?", drängte Laura Carla. „Ich platze fast vor Neugierde."

„Ja, ich weiß. Ich wollte dir ja auch schon lange von ihm berichten, aber jedes Mal werden wir gestört. Das letzte Mal platzte Martin rein, weißt du noch?", sagte Carla.

„Mhm, stimmt. Der hat immer genau den richtigen Riecher, im falschen Moment zu erscheinen. Heute sind wir aber ungestört, weil Martin wieder bei seinen Freunden beim Lernen ist. Du weißt ja: Seine Prüfungen stehen vor der Tür, und er ist wirklich tapfer mit dem Arbeiten. Ich könnte das nicht mehr: Den ganzen Tag büffeln und am Ende nicht wissen, ob es sich überhaupt lohnt. Lieber reiße ich meine zehn Stunden Dienst runter und weiß, dass ich hinterher was dafür auf dem Konto sehe", pflichtete Laura Carla bei.

„So, jetzt aber raus mit der Sprache: Wie heißt er? Was macht er? Woher kennst du ihn? Gibt es einen Haken?"

„Okay! Eigentlich soll es ja noch geheim bleiben, aber ich kann mich ja auf dich verlassen. Ich fange erst mal mit den Rahmendaten an: Er heißt Ottmar."

„Pfft, was ein Name!!", lachte Laura.

„Na, und! Sei froh, dass du nicht so heißt! Seinen Eltern sind wohl die Namen ausgegangen, denn er hat einen Haufen Geschwister in Ostfriesland. Da heißen die Leute im übrigen auch so", erwiderte Carla gereizt. Sie wollte endlich weiter von Ottmar berichten.

„Er ist Anfang dreißig und beruflich wahnsinnig erfolgreich! Stell dir vor: Er ist der Filialleiter der hiesigen Muffelbank! Da habe ich ihn auch kennen gelernt. Ich wollte etwas Geld in Wertpapieren anlegen, und da hat er sich gleich um mich gekümmert und beraten! So zuvorkommend! Er ist ein richtiger Gentleman! So höflich!", schwärmte Carla.

‚Au weia!‘, durchfuhr es Laura eiskalt. ‚Die meint doch nicht etwa Ottmar Filius, der demnächst wegrationalisiert wird. Aber das kann ich ihr nicht sagen. Leander hat mir nur unter dem strengsten Siegel der Verschwiegenheit dieses Geheimnis anvertraut.‘

„Du meinst doch nicht etwas Ottmar Filius, bei dem wir letztens auf der Grillparty waren?", fragte Laura verstört.

„Genau den meine ich", antwortete Carla.

„Aber der ist doch mit Schnucki verheiratet! Warst du deshalb so komisch auf der Party und wolltest schnell heim? Hattest du das da noch nicht gewusst?"

„Ich wusste von ihm nur, dass er in einer freudlosen Ehe lebt. Nur noch auf Freundschaftsbasis. Aber ich wusste nicht, dass er euer Nachbar ist. Ich war ganz platt. Na ja, sie haben dort ja dann wieder das Vorzeigeehepaar gespielt. Das hat er mir hinterher erzählt. Wir sind eben alle auf diese Fassade reingefallen", verteidigte sich Carla.

„Bist du dir da ganz sicher? Bindet er dir nicht nur einen Bären auf? Ich weiß, es klingt grausam: Aber du weißt, dass Martin letztens erzählt hat, dass er von einem Freund, der mal in der Muffelbank arbeitete, weiß, dass Ottmar seine Frau regelmäßig mit anderen Frauen betrügt."

„Wer weiß, ob das stimmt. Vielleicht kann der Freund Ottmar nur nicht leiden. Außerdem braucht ein richtiger Mann ein geregeltes Sexualleben. Wenn ihm seine Frau das nicht bieten kann, muss er sich das eben woanders holen. Außerdem kannte er mich da noch nicht. Mit mir ist das anders. Hat er mir selber gesagt. Er meint es ehrlich mit mir."

„Und wie soll es mit euch weiter gehen? Will er sich wegen dir von seiner Frau trennen?", fragte Laura.

„Jetzt kommt der Knaller: Seine Frau hat einen Geliebten, von dem sie ein Kind erwartet!! Sie wollte es zuerst Ottmar unterjubeln, aber er ist ihr auf die Schliche gekommen. Sie wird mit ihrem Freund zusammen ziehen und das Kind bekommen. Er ist übrigens auch ein Nachbar von Euch. War aber nicht auf der Party. Er heißt glaube ich ‚Helmut‘.“

„Nein, und seine Frau ‚Rosalinde‘! Meinst du etwa die!“

„Genau, die mit dem seltsamen Nachnamen.“

„’Paarhufer‘. Genau! Mein Gott, Abgründe tun sich auf! Da denkt man, man lebt in der heilen Welt von Kleinklexdorf, dabei geht’s hier zu wie in Dallas.“

„Das mit uns ist aber noch nicht offiziell. Wir wollen erst einmal abwarten, bis Schnucki und Helmut sich geoutet haben, dann noch eine Weile warten und dann erst zusammen auftreten. Ottmar will nicht, dass man schlecht von mir denkt. Ist das nicht nett.“

„Hä? Das kapiere ich nicht? Wieso schlecht von dir denken? In <u>seiner</u> Ehe geht es doch drunter und drüber. Du bist solo und kannst machen was du willst.“

„Eben, du weißt doch wie gemein die Leute sind. Man wird vielleicht vermuten, dass ich die Ehe zerstört habe und sich Schnucki aus Verzweiflung in die Arme des Nachbarn gestürzt hat.“

„Also, wer so denkt, muss schon ziemlich bescheuert sein.“

„Nein, Ottmar hat mir das genau erläutert, und er hat ja sehr viel Kundenkontakt und Erfahrung. Er nimmt ja soviel Rücksicht auf mich!“, schwärmte Carla wieder.

‚Ich glaube, der denkt nur an sich und seinen guten Ruf, aber nicht an Carla‘ dachte Laura. ‚Aber ich denke, hier ist jede weitere Argumentation fruchtlos. Sie sieht alles durch ihre rosarote Brille. – Gehirnwäsche!‘

„Sag mal: Weiß Ottmar eigentlich, wer deine Eltern sind?“, fragte Laura, der ein schlimmer Verdacht kam.

„Nein, diesmal war ich so schlau und habe darüber kein Wort verloren. Ich habe mit ihm ausgemacht, dass ich ihn meinen Eltern erst vorstelle, wenn alles offiziell ist. Diesmal soll es nicht passieren, dass einer nur hinter meinem Geld her ist“, antwortete Carla stolz.

„Na, da bin ich aber froh, und jetzt erzähle ich dir noch die neuesten Stories vom Flughafen“, sagte Laura erleichtert.

XI.

Das Telefon klingelte. „Muffelbank, Filiale Kleinklexdorf, Filius am Apparat! Was kann ich für Sie tun?", meldete sich Ottmar Filius geschäftsmäßig.

„Wirsing, Personalabteilung", erwiderte eine männliche Stimme am anderen Ende der Leitung. „Haben Sie heute noch Zeit in die ‚Zentrale Personalabteilung' zu kommen?"

„Nein, vollkommen unmöglich! Ich habe den ganzen Tag Kundentermine." ‚Das war doch wieder mal typisch für diese ‚Zentrale-Menschen'. Die glaubten wohl, dass das Geld von alleine auf ihre Konten floss.'

Schon aus Prinzip würde Ottmar sich nicht einfach in die Zentrale zitieren lassen. Unmöglich zuzugeben, dass er heute gar keine Termine hatte. Schließlich war es wichtig, permanente Überlastung zu simulieren, damit nicht jemand auf die Idee kam, er hätte zu wenig Arbeit.

„Um was geht es denn überhaupt?"

„Das möchte ich nicht am Telefon erläutern. Es handelt sich um eine delikate Angelegenheit, die wir mit Ihnen besprechen möchten. Ich bitte Sie, sobald wie möglich hierher zu kommen. Ihre Zukunft könnte davon abhängen."

Nun war Ottmar kooperativer: „Äh ehm, vielleicht könnte ich doch schon gegen 13.00 Uhr bei Ihnen sein, dann lasse ich eben mein Mittagessen ausfallen."

„Gut, bis 13.00 Uhr dann!"

Schnell blätterte Ottmar im internen Telefonbuch der Muffelbank nach dem Namen ‚Wirsing', um herauszufinden, welche Stellung dieser inne hatte. Eventuell konnte er sich dann schon etwas auf das Gespräch vorbereiten. Es war schließlich immer wichtig zu wissen, mit wem man es zu tun hatte.

Da war sie ja – die ‚Zentrale Personalabteilung'. Herr Wirsing war der persönliche Referent von Emil Blaukopf, dem Leiter der Region, der seine Filiale zugeordnet war. Na, das konnte ja spannend werden.

‚Wenn meine Zukunft davon abhängt, heißt das sicher, dass jemand sehr schnell für einen bestimmten Posten gesucht wird. Vielleicht soll ich ein Projekt übernehmen? Ja, das hat sicher mit dem Unternehmensberater von ‚Würger‘ zu tun. Wahrscheinlich war er von mir bei der Vernissage ganz angetan. Meine Filiale läuft fantastisch, und unsere Nachbarin Laura hat auch noch ein gutes Wort für mich eingelegt. Ich glaube, das Glück steht auf meiner Seite. Ich werde mich bei Frau Pietsch bedanken.‘ Da es schon nach elf Uhr war, machte Ottmar sich auf den Weg. Unterwegs würde er gemütlich essen gehen und sich dann entspannt auf den Karrieresprung vorbereiten.

Die Sekretärin von Emil Blaukopf empfing Ottmar mit undurchsichtiger Miene. Zumindest nicht so freundlich, wie Ottmar es in seiner Position erwartet hätte.
„Die Herren und die Dame erwarten Sie schon in Herrn Blaukopfs Zimmer!", sagte sie und führte ihn hinein.
Hinter seinem gewaltigen Schreibtisch saß Herr Blaukopf. Er erhob sich nicht, um Ottmar zu begrüßen, sondern deutete nur auf einen Stuhl, auf den er sich setzen sollte. Dann stellte er die anderen Anwesenden vor:
„Herr Filius, das ist unser Justitiar Herr Rabonkel, und Frau Bartenschläger kennen sie ja bereits."
Ottmar war wir vom Donner gerührt. ‚Was machte denn diese dusselige Putzfrau aus der Muffelbank, die immer so patzig zu ihm war, hier? Und wieso war ein Justitiar hier?‘ Langsam wurde es ihm mulmig.
Da ergriff Emil Blaukopf wieder das Wort: „Wir haben Sie wegen einer heiklen Angelegenheit hierher gerufen. Sie beraten doch Frau Elly Friedel im Wertpapiergeschäft, richtig?"
„Ja, das stimmt." Bei Ottmar klingelten jetzt alle Alarmglocken.
„Nun Frau Friedel, die ja schon 80 Jahre alt ist, hat aufmerksame Söhne. Die Familie Friedel schreibt uns hier, dass Wertpapiergeschäfte ohne ihr Einverständnis für das Depot von Frau Friedel getätigt wurden, also ohne dass

diese zugestimmt hätte. Bei diesen Wertpapieren handelt es sich auch noch um Optionen an der Terminbörse. Diese sind inzwischen verfallen, wodurch Frau Friedel einen ganzen Teil ihres Vermögens eingebüßt hat. Die Familie Friedel macht jetzt die Muffelbank regresspflichtig. Und ich frage Sie, wie es zu diesen Geschäften kommen konnte? Wir haben nirgendwo die unterschriebene Erklärung von Frau Friedel gefunden, dass sie über die besonderen Risiken des Termingeschäftes aufgeklärt wurde."

„Ich habe Frau Friedel telefonisch über alle Risiken genau aufgeklärt. Sie wollte diese Geschäfte unbedingt machen. Sie hatte irgendwelche Insiderinformationen und wollte keinen Tag mit dem Kauf der Optionen warten. Ich habe dann auf ihr Geheiß Kaufoptionen gekauft und ihr das Formular, worin sie noch einmal über die Risiken aufgeklärt wird, mit der Post zugeschickt, damit sie es unterschreibt und mir zurück gibt." ‚Verdammt! Woher wissen die das alles?‘, dachte Ottmar. Bisher hatte er sich doch allein mit dieser Familie auseinander gesetzt.

„Sie hat es aber nicht unterschrieben? Nicht wahr?", sagte Herr Blaukopf. „Als die Optionen dann immer mehr an Wert verloren, haben Sie dann versucht, auf eigene Faust ihren Fehler wieder gut zu machen. Sie mussten Geld in Höhe des verlorenen Vermögens beschaffen. Sie erinnern sich doch noch an den Systemausfall im letzten Monat, als die gesamte EDV der Muffelbank zusammenbrach?"

„Natürlich, wer von der ‚Front‘ würde sich nicht an diesen chaotischen Tag erinnern."

„Da die Kassierer nicht feststellen konnten, wieviel Geld die Kunden tatsächlich auf den Konten hatten, mussten sie, deren Angaben vertrauend, das Geld sozusagen ‚blind‘ auszahlen. Wie Sie wissen, haben etliche Kunden die Situation genutzt und ihre ohnehin überzogenen Konten noch weit über das Limit ausgenutzt. Sie haben sozusagen die Gunst der Stunde genutzt."

„Ja, das ist mir bekannt. Unsere Filiale war ja auch davon betroffen."

„Ganz recht. Und sie ist sogar stärker als andere Filialen betroffen, wussten Sie das?"

„Nein, das war mir nicht bekannt."

„Herr Filius, sie haben auch Ihre Chance erkannt und haben Geld von ‚toten Konten' abgehoben. Von Konten also, die schon lange keine Bewegungen mehr aufwiesen, weil ihre Besitzer sie vergessen haben, oder die im Ausland sind. Dem Kassierer haben sie erzählt, dass diese Kunden sie dazu telefonisch aufgefordert hätten. Da sie der Vorgesetzte des Kassierers sind, hat er sich Ihnen nicht widersetzt und sich auch nicht getraut, das Vorzeigen einer Vollmacht von Ihnen zu verlangen. Außerdem herrschte an diesem Tag totales Durcheinander. Das abgehobene Geld haben Sie dann auf das Konto von Frau Friedel eingezahlt, um den durch die Optionsgeschäfte entstandenen Schaden wieder gut zu machen. Richtig?"

„Das sind alles böswillige Unterstellungen. Ich werde kein Wort mehr ohne meinen Anwalt sagen", erwiderte Ottmar knapp.

„Das rate ich Ihnen nicht. Wir wollen den Fall nicht an die große Glocke hängen. Das würde dem Ruf der Bank schaden. Wenn Sie alles zugeben, werden wir den Fall unter der Decke halten. Wir werden uns mit der Familie Friedel und den betroffenen Konteninhabern einigen, sofern diese überhaupt schon etwas gemerkt haben. Sie können sich aussuchen, ob sie einen Aufhebungsvertrag mit der Muffelbank wollen oder künftig lieber in der Registratur arbeiten. Wenn Sie uns bei er Aufklärung der Fakten behilflich sind, werden wir Ihnen ein gutes Zeugnis ausstellen und Sie noch längstens sechs Monate in Ihrer alten Stellung belassen, damit Sie sich nach einer Stelle bei einer anderen Bank umsehen können. Wir wollen Ihnen ja schließlich keine Steine in den Weg legen."

„Also gut, ich helfe Ihnen. Dafür will ich dann aber auch in Ruhe eine neue Stelle suchen können. Die Familie Friedel hat mich, meiner Meinung nach, hereingelegt. Elly Friedel ist zwar schon alt, aber noch ganz klar bei Verstand. Sie ist schon lange Kundin bei mir, und wir haben uns bisher immer vertraut. Sie wollte die Termingeschäfte unbedingt machen. Als sie merkte, dass sie ihr Geld verlieren würde, ist ihr und ihren Söhnen die Idee mit der Aufklärung über die Risiken gekommen. Ich habe ihr das Formular im Nachhinein geschickt, aber sie hat es nicht unterschrieben. Vielleicht ist ihr erst als sie das Formular erhielt, die Idee gekommen, aus dieser fehlenden Unterschrift Kapital zu schlagen und sich ihr Vermögen von der Bank zurück zu holen. Da ich in dem Punkt zu vertrauensselig war und meine Stellung nicht gefährden wollte, habe ich ihr Konto tatsächlich mit Geldern von anderen Kunden wieder ausgeglichen."

„Und wie, zum Teufel, wollten Sie die Konten der anderen Kunden wieder ausgleichen?"

„Indem ich für diese Kunden erfolgreiche Wertpapiergeschäfte gemacht hätte und bereits habe."

„Wie bitte? Heißt das, Sie haben auch noch mit Geldern von anderen Kunden jongliert, ohne deren Wissen? Sind Sie eigentlich komplett verrückt geworden?", schrie Emil Blaukopf.

Die Sache nahm immer größere Dimensionen an. Ottmar befand sich wieder in der Defensive. Er war sauer, dass er jetzt ein Detail verraten hatte, auf das die anderen anscheinend noch nicht gestoßen waren.

„Ja, und es tut mir auch leid. Ich stand aber so unter Druck, dass ich an nichts mehr anderes denken konnte, als wie ich die ganzen Konten ausgleichen könnte. Da habe ich eben spekuliert. Und ich habe ja auch alles wieder herein bekommen." Ottmar beschloss jetzt zum Gegenangriff überzugehen: „Es ist ja keinem ein Schaden entstanden. Ich verstehe gar nicht, was die Familie Friedel jetzt überhaupt noch will."

„Schweigegeld!", knurrte Blaukopf. „Sie wollen alle Konten bei uns abziehen und die Kredite ablösen. Wenn wir Ihnen die Vorfälligkeitsentschädigung nicht erlassen, wollen sie an die Presse gehen. Nach dem Motto: ‚Muffelbank legt arme Rentnerin herein.'

„Das ist ziemlich hinterhältig. Nach allem, was ich für sie getan habe", murmelte Ottmar.

„Erinnern Sie mich bloß nicht daran, was Sie alles getan haben, um den guten Ruf der Bank zu beschädigen! Sie

sind sich wohl immer noch nicht im Klaren darüber, wie sehr Sie der Bank geschadet haben?"
Ottmar war inzwischen immer verstockter geworden. Nach dem anfänglichen Schrecken, konnte er bei näherer Betrachtung wirklich keine große Schuld bei sich entdecken. Er war hereingelegt worden und hatte den Schaden wieder gut gemacht. „Woher wussten Sie eigentlich von den Konten, von denen ich Geld abgehoben habe?", fragte er nun neugierig. „Hat Ihnen die Familie Friedel nun auch geschrieben? Die Korrespondenz ging sonst immer direkt an mich."
„Frau Bartenschläger hat während ihrer Tätigkeit beim Reinigungspersonal in der Muffelbank auch die Papierkörbe entleert. Da entdeckte sie auch die Briefe der Familie Friedel, die Sie anscheinend achtlos weggeworfen haben. Sie hat sie dann an sich genommen und künftig den Inhalt Ihres Papierkorbes immer genauestens untersucht. Am Tag des Systemausfalls hat sie die Durchschläge von den Auszahlungsbelegen gefunden und mitgenommen. So hat sich eins zum anderen gefügt. Sie hat sich dann an uns gewandt und wir haben dann Kontakt mit der Familie Friedel aufgenommen.
Frau Bartenschläger ist übrigens mit ihrem Studium inzwischen fertig und macht die Formalitäten bei den Aufhebungsverträgen. Vielen Dank noch mal Frau Bartenschläger für Ihren Einsatz und Ihre Aufmerksamkeit!"
Emil Blaukopf nickte zu Emilia Bartenschläger, die die ganze Zeit auf ihrem Stuhl saß und ein Grinsen kaum unterdrücken konnte. Nun hatte sie diesen arroganten Schnösel Filius endlich zur Strecke gebracht. Die Ausstellung seines Aufhebungsvertrages würde für sie ein Genuss sein.
Ottmar war schockiert. Klar hatte er nicht alles ordnungsgemäß in den Aktenvernichter gesteckt. – Eine unverzeihliche Dummheit! Aber wer konnte damit rechnen, dass eine Putzfrau sich zum Undercoveragenten berufen fühlte? Er fühlte sich vom Schicksal nun wirklich gebeutelt und ungerecht behandelt. Er beschloss, sobald er hier heraus war, zu Carla zu fahren und an dieser Beziehung

weiter zu arbeiten. Sie war nun sein einziger Lichtblick in dieser Welt voller Ungerechtigkeiten.

Schnucki und Helmut saßen gemeinsam in der gemütlichen Küche von Schnucki und frühstückten, bzw. Helmut aß und Schnucki schaute zu, weil ihr wie immer schlecht war. Seit sie sich ihren Partnern gegenüber geoutet hatten, legten sie nach und nach die Fassade der Freundschaft ab und bekannten ihre Liebe zueinander, in dem sie so viel wie möglich Zeit miteinander verbrachten und sich auch öffentlich zusammen zeigten. Gemeinsam schmiedeten sie Zukunftspläne:
„Helmut, hast du dir schon mal überlegt, ob wir zusammen ziehen sollten?", fragte Schnucki gespannt, der das Haus, das sie mit Ottmar bewohnte, allein gehörte.
„Ja, darüber habe ich nachgedacht. Ich möchte so schnell wie möglich für immer mit dir zusammen sein. Aber ich fürchte, zuerst müssen wir uns mit unseren Partnern finanziell und rechtlich auseinander setzen und dann sehen, was für uns unter dem Strich übrig bleibt. Dann können wir sehen, was für eine Wohnung wir uns leisten können", antwortete Helmut.
„Ottmar hat mir gestern angeboten, so schnell wie möglich auszuzlehen. Er sagte spitz, dass er unserem ‚jungen Glück nicht im Wege stehen wolle'. Sein Angebot ist großzügig, aber ich spüre, dass er es nicht ganz selbstlos tut. Er führt etwas im Schilde", sagte Schnucki.
„Mir ist es egal, was er vor hat. Wenn er ausziehen würde, könnte ich bei dir einziehen und müsste nicht mehr Rosalindes anklagendes Gesicht sehen. Sie hat sich noch nicht so schnell mit der Situation abgefunden. Im Gegenteil, sie kocht vor Wut. Und um sich zu rächen, erzählt sie überall von uns beiden und deiner Schwangerschaft herum. Sogar im ‚Porsche-Club' hat sie davon erzählt!", klagte Helmut.
„Woher weißt du denn, was Rosalinde im ‚Porsche-Club' erzählt?", fragte Schnucki erstaunt. „Ich denke, du gehst da nicht hin?"

„Ich nicht, aber ich kenne den Barkeeper. Wir sind in der gleichen Fußball-Alt-Herren-Mannschaft. Der sieht und hört alles, was dort vorgeht. Er hat mich beim letzten Training auf das Thema angesprochen. Wenn das so weiter geht, weiß binnen einer Woche ganz Kleinklexdorf, dass wir uns von unseren Partnern trennen“, sagte Helmut.

„Das kann gut sein, ich habe auch seit ein paar Tagen das Gefühl, dass mich die Leute so merkwürdig ansehen. Ich habe das aber bisher als reine Einbildung abgetan. Ich werde nachher mal Monika im Laden fragen, ob sie etwas über mich von ihren Kundinnen gehört hat.“

„Ja, das ist eine gute Idee. Ich begleite dich zur Boutique, wenn wir hier die Küche gemeinsam aufgeräumt haben. Ich habe heute ja sowieso frei. Soll ich dich nachher auch wieder abholen, und wir gehen dann gemeinsam essen?“, fragte Helmut.

„Oh, das wäre wunderbar! Erstens bin ich es gar nicht gewöhnt, dass mir jemand in der Küche hilft. Zweitens hätte ich gegen ein Mittagessen nichts einzuwenden. Vielleicht finde ich ja was auf der Speisekarte, von dem mir nicht schlecht wird“, freute sich Schnucki.

Schnucki betrat die Boutique ‚Couscous‘ und wurde sogleich von Monika freudestrahlend begrüßt: „Hallo, Schnucki, da bist du ja wieder. Wie geht es dir? Ist bei dir alles in Ordnung?“

„Mir geht es gut. Was ist mit dir los? Gibt es einen Grund für diese überschwängliche Begrüßung? Du tust ja so, als wäre ich gerade von einer Weltreise zurück“, antwortete Schnucki misstrauisch.

„Nein, nein! Mir war nur so danach. Was gibt es bei dir Neues? Alles in Ordnung zu Hause?“, versuchte Monika Schnucki auszuquetschen.

„Bei mir ist alles Bestens. Wieso fragst du?“

„Hat keinen besonderen Grund. Wie geht es denn Helmut? Wie war denn Euer Rendezvous, das ihr vor ein paar Wochen hattet?“

„Ganz nett! Das Essen war auch gut." Schnucki merkte, dass Monika ihr auf den Zahn fühlen wollte, aber so schnell wollte sie noch nicht mit den Neuigkeiten herausplatzen. Zuerst wollte sie herausfinden, was Monika schon wusste.

„Nun komm schon, Schnucki! Erzähl doch mal, wie Helmut so ist. Ich bin doch deine beste Freundin und kann Geheimnisse für mich behalten. Das weißt du doch!", drängelte Monika sensationslustig.

‚Ha, ha, ha! Was Monika weiß, das weiß auch gleich das ganze Dorf', dachte Schnucki.

„Nö, da gibt es nichts zu erzählen. Alles im grünen Bereich! Keine Neuigkeiten! Was soll es denn geben? Auf was spielst du die ganze Zeit an?"

„Na ja, auf das, was man sich in ganz Kleinklexdorf zuflüstert: dass du ein Kind von Helmut bekommst!!" Monika konnte sich nun nicht mehr unwissend stellen. Die Neuigkeiten mussten heraus und für sie zur Gewissheit werden. „Stimmt das nun? Sag schon! Gleich platze ich vor Neugierde!"

„Wer erzählt sowas?" Schnucki war empört, dass die Neuigkeit schon herum war, bevor sie Gelegenheit gehabt hatte, ihre Freundinnen selbst zu informieren.

„Dann stimmt es also nicht! Schade eigentlich, wäre endlich mal eine Sensation in diesem langweiligen Nest gewesen. Ich habe es beim Einkaufen gehört!"

„Beim Einkaufen!", stöhnte Schnucki, „Ist es schon so weit gekommen, dass es in den Läden herumgetratscht wird."

„Wo denn sonst? Das ist doch der Umschlagplatz für Neuigkeiten! Ich habe gehört, wie Frau Dr. Paarhufer es der Metzgerin erzählt hat ‚Mein Mann hat Frau Filius geschwängert', äffte Monika Rosalinde nach.

„Oh Gott, oh Gott, so bringt sie es also unter die Leute, diese rachsüchtige Ziege", murmelte Schnucki verzweifelt.

„Dann stimmt es also doch!", triumphierte Monika. „Ja, ihr Stil ist ekelhaft, aber die Leute bedauern sie jetzt natürlich und stehen ganz auf ihrer Seite", sagte Monika.

„Was mache ich jetzt nur? Jetzt traue ich mich gar nicht mehr raus!", jammerte Schnucki.

„Ach, pass mal auf, in ein paar Tagen wird den Leuten
das wieder egal sein, und sie werden sich das Maul über
jemand anderen zerreißen. Vielleicht kommen auch in
meine Boutique ein paar mehr Kunden, weil sie wissen,
dass du hier arbeitest. Dann können sie dich siebenköpfi-
ges Monster bestaunen“, sagte Monika gut gelaunt.
„Du kannst auch nur immer an dich denken. Ich finde das
gar nicht komisch.“
„Da hättest du früher dran denken müssen. Jammern hilft
nicht! Da musst du jetzt durch! Und jetzt ran an die Arbeit!
Es müssen noch ein paar Kisten ausgepackt werden.“

Carla musste dringend ihren Kühlschrank auffüllen. Wenn
Ottmar nach einem anstrengenden Arbeitstag bei ihr vor-
beikam, war er immer total ausgehungert. Sie absolvierte
deshalb ihre gesamte Einkaufstour, angefangen beim
Metzger, über den Bäcker und den Supermarkt, in das
Reformhaus und noch schnell in die Reinigung. Und ü-
berall hörte sie es: Die Leute tuschelten über Ottmars
Frau Schnucki! Beim Metzger war es besonders krass: Da
rief die Metzgerin es den Leuten schon fast zu, wenn sie
zur Tür herein kamen:
„Frau XY. Haben Sie schon das Neueste gehört: Frau
Filius bekommt ein Kind - aber nicht von ihrem Mann!!! Es
ist von Herrn Wernickel. Dem Mann von Frau Dr. Paarhufer!“ Und dann ging es weiter: „Die arme Frau Dr. Paarhufer. Sie war ganz aufgelöst, als sie mir es heute Morgen
erzählt hat! Und der arme Herr Filius! Ein so rechtschaffe-
ner Mann! Das hat er nicht verdient!“
Carla war von dieser Tratscherei angewidert. Als ob es
nichts Interessanteres gab, als wer mit wem ins Bett ging!
Nur gut, dass noch keiner etwas von ihrer Affäre mit Ottmar bemerkt hatte. Ottmar war immer diskret genug gewesen, nur in unbeobachteten Augenblicken in ihr Haus
zu kommen und wieder zu verschwinden. Ottmar hatte
wie immer recht gehabt: Erst sollten sich alle auf Schnucki
und Helmut stürzen. Wenn die Aufregung verebbt war,
konnten sie beiden sich zeigen, ohne dass mit dem Finger
auf sie gedeutet würde.

Carla eilte nach Hause und beschloss, gleich Ottmar anzurufen und ihm die Neuigkeiten vom Einkauf zu berichten. „Filius!" meldete sich Ottmars angenehme sonore Stimme am Telefon.

„Hallo, Ottmar! Ich bin's, Carla. Ich habe Neuigkeiten für dich!"

„Was gibt es denn, mein Schatz?"

„Ich war heute beim Einkaufen. In allen Geschäften wird herumgetratscht, dass deine Frau ein Kind von Helmut Wernickel bekommt."

„Oh, wie erfreulich, dann läuft ja alles nach Plan!"

„Ja, genau. Und deshalb habe ich beschlossen, deine Probezeit abzukürzen und dich meinen Eltern vorzustellen! Was sagst du dazu?"

„Fantastisch. Wann lerne ich sie kennen?"

„Wenn es dir recht ist, schon diesen Samstag. Ich bin um 16.00 Uhr zum Kaffeetrinken eingeladen."

„Samstag Nachmittag passt mir gut. Wann soll ich dich abholen?"

„Ich würde sagen, so um 15.00 Uhr, dann haben wir genügend Zeit. Meine Eltern hassen Unpünktlichkeit. Und wir wollen doch einen guten Eindruck machen. Ich rufe sie jetzt gleich an und kündige dich an."

„Sehr schön! Bis später dann! Ciao!"

Ottmar und Carla legten auf. Während Carla gleich weiter telefonierte und ihrer Mutter Ottmar avisierte, machte Ottmar erstmal eine Denkpause. Die Ereignisse überschlugen sich in letzter Zeit. Nur gut, dass er bald Carlas Eltern kennen lernen konnte. Es würde ihm schon gelingen, sie zu becircen und einen Fuß in das Schokoladenimperium zu bekommen. Dann konnte ihm die Muffelbank den Buckel hinunter rutschen mit ihrem kleinlichen Formalismus. Seine Qualitäten wurden doch hier gar nicht richtig gewürdigt! Im Gegenteil, wurde er mal selbst aktiv, und lenkte die Dinge so, wie er es für am Besten hielt, wurde er auch noch sanktioniert! Nein, hier gab es keine Zukunft für ihn. Am Samstag würde sich sein Schicksal entscheiden.

Endlich war der große Tag für Ottmar gekommen: Carla würde ihn ihren Eltern vorstellen! Er war etwas nervös, weil von diesem Treffen sehr viel für ihn abhing. Seit die Muffelbank ihm einen Aufhebungsvertrag oder wahlweise eine Stelle in der Registratur in der Zentrale angeboten hatte, hatte er Existenzängste. Ihm blieben jetzt noch vier Wochen, um sich zu entscheiden, welches Angebot er annehmen wollte. Carla hatte er wohlweislich nichts von seiner beruflichen Situation erzählt. Zum einen, weil er sie nicht beunruhigen wollte, zum anderen, weil er nicht in den berechtigten Verdacht kommen wollte, er hätte es auf ihr Geld abgesehen. Wenn herauskäme, was ihm vorgeworfen wurde, wäre das für sein Ruf als Vermögensberater mehr als schädlich. Vielleicht würde Carla auch misstrauisch werden und noch länger warten, bis sie ihn ihren Eltern vorstellte. Seine Hoffnung war nun, dass er auch auf die Eltern von Carla die sonst übliche Wirkung erzielen würde: er war der Traum aller Schwiegereltern – und zwar nicht der Alptraum!

„Na, was träumst du denn vor dich hin?", riss ihn Carla aus seinen Gedanken.

„Ach, ich habe nur so vor mich hin sinniert, wo du mich wohl hinbringst. Schließlich hast du mir ja noch immer nicht verraten, wo deine Eltern wohnen. du machst es ja richtig spannend. Die einzige Information über deine Eltern war bisher, dass ich mich anständig anziehen soll, wenn wir zu ihnen zum Kaffee trinken fahren. Sie sind wohl ziemlich konservativ, oder?", gab sich Ottmar unwissend.

Carla saß am Steuer ihres alten Opels, der bald auseinander fiel, und lachte: „Ja, sie sind richtig spießig, aber auch rührend besorgt um mich. Sie wünschen sich nichts mehr, als dass ich endlich unter die Haube komme, Kinder bekomme und mir ein Haus in ihrer Nähe baue."

„Und wo ist ‚in ihrer Nähe'? Wohin fahren wir denn? Jetzt kannst du mir es ja sagen!" drängte Ottmar.

„Also, wir fahren nach Starnberg. Dort haben meine Eltern ein Haus."

„Starnberg ist doch ein ganz schön teures Pflaster! Ein Haus dort zu haben ist wirklich eine Leistung. Stammt ihr aus der Gegend? Ist es ein Bauernhaus?" Es machte Ottmar immer mehr Spaß, sich unwissend zu stellen.

„Ich muss dich enttäuschen. Wir haben weder ein Bauernhaus noch Tiere. Meine Eltern sind nach den Krieg hierher gekommen und haben sich einen eigenen Betrieb aufgebaut."

„In welcher Branche?"

„Süßwaren! Aber darüber kannst du dich ja dann mit meinem Vater unterhalten. Ich will da nicht vorgreifen. Sonst geht Euch vielleicht der Gesprächsstoff aus."

Carlas Opel hielt vor einem großen schmiedeeisernem Tor vor einer Auffahrt, die durch eine Parkanlage zu einem imposanten Haus im Gründerzeitstil führte. Carla klingelte.

„Willst du etwa hier hinein?", entfuhr es Ottmar, der nun doch beeindruckt war.

„Ja, gleich wird Rudi, unser Hausdiener kommen, um uns zu öffnen."

„Du machst Witze! Komm lass uns weiter fahren, bevor es hier noch Ärger gibt!"

„Jetzt wird nicht gekniffen! Meinen Eltern gehört das Anwesen, und ich bin hier geboren. Gleich wirst du meine Eltern kennen lernen. Nur keine Angst."

„Ja, aber warum arbeitest du dann und wohnst in so einer kleinen Wohnung, wenn deine Eltern soviel Geld haben, dass sie sich so eine Luxusvilla leisten können?"

„Ich möchte auf eigenen Füßen stehen und unabhängig sein. Viel Geld zu haben ist zwar schön, aber ich möchte lieber mein eigenes Geld ausgeben als das meiner Eltern. Außerdem muss ich mich dann vor ihnen nicht rechtfertigen, was ich mit meinem Geld mache. Und noch ein wichtiger Punkt: Ich möchte mich vor falschen Freunden schützen und sicher gehen, dass diese es nicht auf mein Vermögen abgesehen haben."

„War das der Grund, weshalb du mir bisher nichts von deinen Eltern erzählt hast?" Ottmar stellte sich ahnungslos.

„Ja, ich wollte dich und deine Absichten prüfen."

„Heißt das, dass du mir misstraut hast?" Ottmar war ehrlich entrüstet.

„Es tut mir leid, wenn dich das jetzt verletzt, aber ich habe schon so schlechte Erfahrungen gemacht, dass ich einfach vorsichtig bin. Außerdem warst du ja auch noch nicht von Schnucki getrennt, als wir uns kennen lernten, und man weiß ja, was für einen Bären einem verheiratete Männer manchmal aufbinden, nur um an einen heran zu kommen", sagte Carla.

„Also wirklich! Jetzt bin ich schon ein bisschen beleidigt!!", murrte Ottmar.

„Komm, sei mir nicht böse. Du hast die Prüfung mit Bravour bestanden! Jetzt stelle ich dich meinen Eltern vor und unsere Beziehung bekommt einen offiziellen Charakter. Sei nicht mehr sauer auf mich!", bat Carla.

„Na gut! Aber bitte keine weiteren Prüfungen mehr, sonst verwandelt sich dein Märchenprinz zurück in einen Frosch", gab Ottmar nach.

Inzwischen hatte Rudi das Tor geöffnet und Carla und Ottmar hatten das Haus erreicht. In der geöffneten Tür stand ein Ehepaar mittleren Alters – Carlas Eltern.

„Carlchen! Schön, dass du uns endlich einmal wieder besuchst!" Frau Nördling umarmte Carla herzlich und auch Herr Nördling nahm Carla in den Arm. „Und das ist also Herr Filius, den du uns so lange vorenthalten hast!"

„Ja, das ist Ottmar Filius – mein Freund. Ottmar das sind meine Eltern!", stellte Carla Ottmar ihren Eltern vor.

„Guten Tag, Herr Nördling! Ich freue mich, endlich Ihre Bekanntschaft machen zu dürfen. Carla hat mir bis eben noch überhaupt nichts von ihrer Familie erzählt. Ich dachte schon, sie hätte etwas Schlimmes zu verbergen!", begrüßte Ottmar Carlas Eltern.

„Ja, ja. Carla ist aus Erfahrung klug geworden und ist mit der Auswahl ihrer Freunde inzwischen sehr vorsichtig. Zu

Recht, wie wir meinen", antwortete Frau Nördling mit einem nachdenklichen Blick auf Carla.

„Komm, Ingrid. Lass uns nicht wieder an unangenehme Erinnerungen denken! Kaffee und Kuchen warten im Salon auf uns", lenkte Herr Nördling ab.

Gemeinsam begab sich die kleine Gesellschaft in den Salon. Dort wartete eine reichhaltige Kuchenauswahl.

„Oh, mein Gott! Wer soll das denn alles essen!", stöhnte Carla. „Mama denkt immer, wir würden verhungern, wenn sich nicht der Tisch biegt. Dabei habe ich doch sowieso schon mit meinem Kugelbauch zu kämpfen."

„Von einem Kugelbauch bist du aber noch weit entfernt", widersprach Ottmar und musterte Carla mit anerkennendem Blick.

„Ganz genau! Ich finde, Carla sieht richtig blass und dünn aus. Dieser Schichtdienst und die Fliegerei werden sie noch ganz zu Grunde richten. Nötig hat sie das ja nun wirklich nicht. Komm Kind, iss dich hier mal wieder richtig satt!", pflichtete Frau Nördling Ottmar bei.

Als alle am Tisch vor ihren vollen Tellern saßen, kam man langsam ins Gespräch. „Und was machen Sie beruflich, Herr Filius?", wollte Herr Nördling von Ottmar wissen. „Ich bin Filialleiter der Muffelbank in Kleinklexdorf. Mein Schwerpunkt liegt außerdem in der Vermögensberatung", antwortete Ottmar.

„Ja, Papa! So haben wir uns auch kennen gelernt. Ich wollte etwas Geld an der Börse anlegen, und Ottmar hat mich beraten", fügte Carla begeistert hinzu.

„Ah, Sie verstehen etwas vom Börsenwesen. Das freut mich. Vielleicht können Sie mir da auch etwas behilflich sein. Ich habe gerade einen größeren Betrag aus einem Firmenverkauf zur Verfügung und bin mir noch nicht sicher, wie ich ihn am besten anlegen soll. Mein Anlageberater in der ‚Yuppibank' hat mir zwar einen Vorschlag gemacht, aber ich bin noch nicht ganz überzeugt. Ich hole mir immer gern eine zweite Meinung ein", sagte Herr Nördling erfreut.

‚Das läuft ja wie geschmiert und besser als ich zu hoffen gewagt habe', dachte sich Ottmar. „Sehr gerne stehe ich

Ihnen selbstverständlich jederzeit mit Rat und Tat zur Verfügung", antwortete Ottmar beflissen.

„Gustav!", meldete sich da Frau Nördling streng. „Du willst unseren Gast doch hier nicht mit Arbeit belästigen!"

„Ingrid, du hast Recht. Aber wie wäre es, Herr Filius, wenn wir einen Termin ausmachen würden, an dem wir uns mal über meine Finanzen unterhalten könnten?"

„Sehr gerne, Herr Nördling!"

„Gut, dann machen wir das nachher, bevor Sie wieder fahren. Aber nicht vergessen!", mahnte Herr Nördling, der sich vorgenommen hatte, Carlas neuem Freund und seinem angeblichen Fachwissen ein wenig auf den Zahn zu fühlen.

„So, jetzt reden wir aber mal von anderen Themen. Carla! Wie geht es dir mit deiner Arbeit? Macht sie dir noch Spaß?", fragte Frau Nördling ihre Tochter.

„Ja, nach wie vor genieße ich es, unterwegs zu sein und in der Welt herum zu kommen", antwortete Carla etwas genervt, weil sie schon ahnte, worauf die Rede nun kommen würde. Und tatsächlich kam unvermeidlich die nächste Frage: „Wie lange willst du denn noch in der Weltgeschichte herumgondeln? Du könntest es doch hier so schön haben. Seit du von hier fort gezogen bist, ist es für uns ziemlich einsam geworden", sagte Frau Nördling.

„Ach, Mama. Mach es mir doch nicht immer so schwer! Du weißt, dass ich gerne hier war und bin, aber ich muss auch lernen, selbständig zu sein, sonst bin ich am Ende so verwöhnt, dass ich für alle unerträglich bin", antwortete Carla.

„Bisher ist mir noch gar nicht aufgefallen, dass du verwöhnt bist, Carla", mischte sich Ottmar charmant ein.

„Ja, ja! Das bildet sie sich nur ein", pflichtete Frau Nördling Ottmar bei.

„Das Beste für Carla wäre, sie würde endlich ein geregeltes Leben führen und jemanden finden, der ihrem Leben einen Halt gibt", sagte Frau Nördling.

„Ja, ja und heiraten und Kinder bekommen. Dann hier ein Haus bauen und hier leben. Die Arbeit natürlich aufgeben." Carla verdrehte die Augen. „Immer die selbe Leier!"

„Ich weiß gar nicht, was an einem geregelten Familienleben so schlecht sein soll – wenn man den richtigen Mann
fürs Leben gefunden hat", meinte Frau Nördling mit einem
bedeutungsschwangeren Seitenblick auf Ottmar. „Wenn
man erstmal so alt ist wie wir, hat man mehr Lebenserfah-
rung und wünscht sich natürlich auch Enkelkinder. Das
musst du einfach verstehen. Herr Filius, mögen Sie eigentlich Kinder?"
„Also, Mama! So weit sind Ottmar und ich doch noch gar
nicht." Carla war peinlich berührt.
„Man wird doch mal ganz neutral fragen dürfen!"
„Ja, Frau Nördling. Ich mag Kinder sehr. Carla hat Ihnen
vielleicht erzählt, dass ich von meiner Frau getrennt lebe.
Aus unserer Ehe sind keine Kinder hervor gegangen. Gott
sei Dank, muss ich jetzt sagen." Ottmar beschloss, den
Stier gleich bei den Hörnern zu packen und mit seiner
Ehe nicht hinter dem Berg zu halten. Logisch, dass er die
Dinge in seinem Sinne etwas schönen würde.
„Aus welchem Grund haben Sie und Ihre Frau sich denn
getrennt?", fragte Herr Nördling neugierig.
Carla wäre vor Scham am liebsten im Boden versunken.
Ihre Eltern waren so indiskret, dass sie fast nicht mehr
wusste, wo sie hinschauen sollte. Zum Glück gab sich
Ottmar souverän wie immer. Sie war glücklich, einen so
gewandten und toleranten Partner zu haben.
„Ich will ganz offen zu Ihnen sein, Herr und Frau Nördling.
Meine Frau hat mich verlassen, weil unsere Gefühle für
einander zum Schluss nur noch freundschaftlicher Natur
waren. Sie erwartet nun von einem unserer Nachbarn, der
übrigens auch noch verheiratet ist, ein Kind. Ich erwäge,
aus unserem gemeinsamen Haus auszuziehen und dieses der neuen Kleinfamilie zu überlassen. Wissen Sie, ich
möchte in diesem Haus nicht dauernd an unsere gemeinsame Vergangenheit erinnert werden. Ich möchte da noch
einmal ganz neu anfangen", berichtete Ottmar.
„Das ist wirklich sehr großherzig von Ihnen, dass sie Ihr
Haus Ihrer Frau und Ihrem Geliebten samt Kind überlassen. Hut ab! Haben Sie schon eine neue Wohnung?",
fragte Herr Nördling.

„Nein, bisher habe ich mich noch nicht darum gekümmert. In der letzten Zeit war soviel im Büro, und natürlich privat, los, dass ich das erst jetzt, wo sich die Wogen wieder langsam glätten, in Angriff nehmen werde." Ottmar hoffte, dass einer von den Nördlings in den nächsten Tagen auf die Idee kommen würde, dass Carla und er ja praktischerweise zusammen ziehen könnten. Von alleine wollte er dieses Thema nicht anschneiden. Auf keinen Fall sollte es so aussehen, als ob er sich Carla aufdrängen wollte.

„Nun ja", meinte daraufhin Herr Nördling, „wir besitzen eine Vier-Zimmer-Wohnung in Starnberg, ganz hier in der Nähe. Sie steht zur Zeit leer, weil wir immer noch gehofft haben - und auch noch hoffen, dass Carla vielleicht einziehen würde. Falls es euch beiden ernst ist miteinander, würde die Wohnung sich geradezu für Euch anbieten. Was meinst du, Carla?"

„Ach, Papa! Jetzt bin ich doch gerade erst in die Nähe des Flughafens gezogen. Ich möchte eigentlich nicht schon wieder umziehen. Wir haben uns auch bisher noch keine Gedanken darüber gemacht, ob wir zusammen wohnen wollen", sagte Carla etwas gereizt, weil sie sich ärgerte, dass ihre Eltern sich schon wieder in ihre Lebensgestaltung einmischten.

„Entschuldigung! Ich habe es ja nur gut gemeint!", erwiderte Herr Nördling ebenso gereizt. Schnell sprang Ottmar versöhnlich ein: „Wir wissen Ihren Vorschlag zu schätzen, Herr Nördling. Geben Sie uns etwas Zeit, damit wir darüber nachdenken können. Zur Zeit überschlagen sich die Ereignisse derart, dass wir erst einmal einen klaren Kopf bekommen wollen und dann in Ruhe entscheiden werden."

„Ja, Sie haben ganz Recht. Beratschlagt erst einmal und sagt uns dann Bescheid!" Herr Nördling war von diesem gewandten jungen Mann, der anscheinend immer den richtige Ton traf, ganz eingenommen.

Nachdem man noch eine Weile geplaudert hatte, wollten Ottmar und Herr Nördling noch einen Termin bezüglich der Finanzplanung des Herrn Nördling vereinbaren. „Wie lange haben Sie denn heute noch Zeit?", fragte Herr Nördling Ottmar.

„Wir haben uns heute nichts weiter vorgenommen als Sie zu besuchen, nicht wahr, Carla?", antwortete Ottmar.

„Ja, das stimmt! Papa, was hast du vor? Du willst Ottmar doch nicht etwa hier und jetzt mit deinen Geldsorgen belästigen?", antwortete Carla, die schon ahnte, dass ihr Vater Ottmar gleich vereinnahmen würde.

„Nun, ja, ich dachte, es wäre doch ganz praktisch, wenn wir das gleich erledigen könnten. Ich habe alle Unterlagen hier, weil ich diese am Wochenende noch durchsehen wollte, und Herr Filius müsste sich nicht extra noch einmal herbemühen. Was meinen Sie, Herr Filius?"

Ottmar wollte selbstverständlich sofort Nägel mit Köpfen machen: „Carla, bitte entbehre mich doch eine halbe Stunde! Ich glaube, deine Mutter würde sich sicher auch freuen, wenn sie sich ein bisschen mit dir allein unterhalten könnte."

Carla gab sich geschlagen: „Okay, aber nicht länger als eine halbe Stunde! Ich kenne meinen Vater! Er wird dich mit Haut und Haaren vereinnahmen, und ich sehe von dir heute Abend gar nichts mehr!"

„Nein, nein, Carla! Ich raube dir nicht deinen Ottmar. Ich leihe ihn mir kurz aus. Kommen Sie mit Herr Filius. Wir gehen in mein Arbeitszimmer." Mit diesen Worten nahm Herr Nördling Ottmar am Arm und führt ihn aus dem Zimmer hinaus und hinauf in den ersten Stock.

Das Wort ‚Arbeitszimmer' war etwas untertrieben für die Zimmerflucht, die hightechmäßig als Büro eingerichtet war. Dies war nämlich das eigentliche Herz des nördlingschen Schokoladenimperiums, das nur Herrn Nördling vorbehalten war. Hier wurden die wichtigen strategischen Entscheidungen gefällt, während in den Firmen außerhalb die Geschäftsführer mit den operativen Tätigkeiten befasst waren.

„Herr Filius, setzen Sie sich doch! Ich hole nur schnell die Unterlagen", forderte Herr Nördling Ottmar auf, Platz zu nehmen.

Ottmar sah sich unauffällig um und entschied, dass diese Räume genau das richtige Ambiente für ihn sein würden. Herr Nördling erschien inzwischen wieder mit diversen Aktenordnern: „Schauen Sie sich doch mal den Anlagevorschlag an, den ich von der ‚Yuppibank' bekommen habe und sagen Sie mir Ihre Meinung dazu!"

„Ja, dazu brauche ich aber einen Moment Zeit", erwiderte Ottmar und versenkte sich in die Papiere. Er erkannte schnell, dass die ‚Yuppibank' gute Arbeit geleistet hatte und sinnvolle Investitionsvorschläge gemacht hatte. Fieberhaft überlegte Ottmar, wie er sich selbst in ein gutes Licht stellen und die ‚Yuppibank' dabei verdrängen konnte.

Da kam ihm eine Idee: „Ich sehe, dass die Anlagevorschläge sehr gut sind. Sie haben sich einen guten Berater geholt."

„Oh, sehr schön", antwortete Herr Nördling, der sich darüber freute, einen guten Griff getan zu haben.

„Das einzige, was mich wundert ist, dass die Provisionen der ‚Yuppibank' so hoch sind."

„Sind sie das? Das ist mir noch gar nicht aufgefallen. Bisher habe ich noch nirgendwo bessere Konditionen bekommen", antwortete Herr Nördling erstaunt.

„Wissen Sie, ich könnte Ihnen als Filialleiter der Muffelbank Sonderkonditionen einräumen. Für besondere Kunden ist das möglich." Ottmar begab sich hier auf sehr dünnes Eis, aber es war ihm wichtig, Herrn Nördling und dessen Vermögen nicht an die ‚Yuppibank' zu verlieren.

„Wie sind denn die Sonderkonditionen bei Ihnen?"

„Nun, wir halbieren den üblichen Provisionssatz. Das liegt in meiner Kompetenz", sagte Ottmar und log damit Herrn Nördling glatt ins Gesicht.

„Gut, dann werde ich mein Geld also bei Ihnen so anlegen, wie es die ‚Yuppibank' empfohlen hat und bei Ihnen in Kleinklexdorf nächste Woche vorbei schauen."

„Sehr gerne, Sie können am Montag einen Termin mit meiner Sekretärin ausmachen. Ich werde ihr Bescheid geben."

„Gut, und nun gehen wir jetzt wieder zu unseren Frauen zurück."

Inzwischen waren zwei Stunden vergangen, und Carla war schon ziemlich entnervt: „Na, eine halbe Stunde war versprochen! Und jetzt kommt ihr erst!", sagte sie vorwurfsvoll.

„Ach, Carlchen. Wir haben uns so gut unterhalten, und Herr Filius hat mir an einer Stelle so geholfen. Da ging es einfach nicht schneller", sagte Herr Nördling entschuldigend.

„Ist schon gut. Aber jetzt müssen wir wirklich gehen", sagte Carla und nahm Ottmar am Arm. Herzlich verabschiedeten sich die vier von einander. Ottmar war beschwingt, weil er fühlte, dass es nur noch eine Frage der Zeit war, bis er sich in diesem Haus breit machen konnte. Carla war froh, endlich ihren Eltern zu entkommen und die Nördlings waren erleichtert, weil Carla endlich einen vernünftigen ‚Mann fürs Leben' gefunden zu haben schien.

Ottmar hatte sich für die kommenden Wochen mehrere Dinge vorgenommen, die erledigt werden mussten: Erstens musste er Carla dazu bringen, mit ihm zusammen zu wohnen. Zweitens musste er für Herrn Nördling der wichtigste Ansprechpartner in Vermögensfragen werden. Ottmar befürchtete, dass Carla mit ihrem unsinnigen Freiheitsgefasel seinen Einzug in das Schokoladenimperium verzögern oder gar verhindern könnte. Dieser Freiheitsdrang musste irgendwie an die Leine gelegt werden! Am besten mit einem Kind! Jawohl, und dann in die Nähe von ‚Oma' und ‚Opa' ziehen! Carla hatte ja immer wieder erzählt, wie sehr sie sich ein Kind wünschte und wie sehr sie sogar Schnucki - die dumme Kuh - beneidete.

Das konnte die Lösung sein: Wenn Carla von ihm, Ottmar, schwanger würde, würden sie sofort in ‚heile Welt' machen, d. h. zusammen ziehen, heiraten und der

Schwiegersohn finge natürlich in der familieneigenen Firma an. Ottmar konnte sich an diesen Gedanken regelrecht berauschen. Nun musste er nur noch Carla dazu bekommen, dass sie die Pille absetzte.

„Ottmar, worüber denkst du denn nach?", riss ihn da Carlas Stimme aus seinen Gedanken.

„Ach, ich denke gerade über die Zukunft nach. Ich muss mir jetzt dringend eine Wohnung suchen. Am besten ein Ein-Zimmer-Appartement. Mehr brauche ich ja nicht. Du willst ja nicht mit mir zusammen wohnen."

„Das stimmt doch gar nicht. Du bist sauer, dass ich bei meinen Eltern nicht sofort zugestimmt habe, dass wir ihre Wohnung beziehen, stimmt's?", fragte Carla besorgt.

„Für mich klang es so, als wolltest du in deiner neuen Wohnung noch alleine wohnen bleiben und deine Freiheit genießen."

„Ja, das stimmt auch. Ich will auf keinen Fall zurück in die Nähe meiner Eltern. Du hast ja gesehen, wie besitzergreifend sie sind."

„Mir haben sie sehr gut gefallen, und mit deinem Vater habe ich mich ausgezeichnet unterhalten. deine Mutter ist auch reizend. Sie sind halt besorgt um dich. Du bist nun mal ihr einziges Kind."

„Ja, ich weiß. Aber auf Dauer ist das mehr Fürsorge als ein einzelner Mensch aushalten kann."

„Na, ja! Dann musst du halt dafür sorgen, dass sich die Liebe auf mehrere Menschen verteilen kann."

„Wie denn das?"

„Deine Eltern wollen endlich Enkel haben. Das ist doch ganz normal! Dann würden sie auch von dir ablassen und sich auf das oder die Kinder stürzen."

„Und woher soll ich die Kinder nehmen, bitte schön?"

„Von deinem Ehemann natürlich!"

„Bei dir piept es wohl. Ich bin nicht verheiratet!"

„Noch nicht. Aber du könntest es sein."

„Theoretisch schon! Ich bräuchte nur einen meiner Fluggäste zum Standesamt zu schleppen. Gute Idee!" Carla war sich jetzt sicher, dass Ottmar verrückt geworden war.

„So habe ich das doch nicht gemeint! Du hast wirklich gar keine Fantasie, was ich meinen könnte, oder? Das war jetzt ein verschlüsselter Heiratsantrag! Ich möchte dich heiraten! Sobald ich geschieden bin!"
Carla war sprachlos und schluckte.
„Hmpf, tjä, nun, öh. Na, gut!", sagte sie. „Aber nur, wenn du das mit den Kindern ernst meinst, Ottmar! Sonst heirate ich nicht!"
„Na klar, meine ich das ernst! Prüfe mich doch mal wieder! Ich vermisse das schon! Setz die Pille ab!"
„Okay, aber wehe, Du lässt mich dann mit Kind sitzen!"
„Niemals würde ich das tun! Du solltest mich doch inzwischen etwas besser kennen. Und jetzt, schlage ich vor, lass uns etwas an unserer Zukunft arbeiten!"
Nach dem kleinen Schäferstündchen sagte Carla:
„Ottmar, ich habe nachgedacht. Da du ja nicht viel Platz brauchst, wie du sagst, biete ich dir an, vorübergehend bei mir einzuziehen. Du bist ja nun doch die meiste Zeit bei mir, und zwei Wohnungen zu unterhalten und nur in einer zu wohnen, ist auch nicht sinnvoll. Wenn es tatsächlich etwas mit einem gemeinsamen Kind werden sollte, dann brauchen wir sowieso eine größere Wohnung und suchen uns dann etwas Vernünftiges gemeinsam. Was hältst du davon?", fragte Carla.
„Eine wirklich gute Idee! Ich werde nach und nach meine Sachen zusammen packen und zu dir bringen. Wie wir unsere gemeinsamen Sachen trennen, darüber muss ich mich dann noch mit Schnucki auseinander setzen."

Als Ottmar das Haus betrat, war zufälligerweise auch gerade Helmut bei Schnucki in der Küche. Sie kochten gerade Helmuts Lieblingsgericht: ‚Chilli con Carne‘.
„Oh, das junge Glück bereitet sich schon auf das künftige Familienleben vor", begrüßte Ottmar die beiden giftig. Helmut war die Situation peinlich: „Ich gehe nach Hause, wenn ich euch störe."
„Nein, du bleibst!", sagte Schnucki. „Warum sollten wir denn jetzt noch Verstecken spielen? Ganz Kleinklexdorf weiß inzwischen von uns. Ottmar sowieso. Außerdem

gehört mir das Haus, und da kann ich bestimmen, wer hier aus und ein geht!", hielt Schnucki Helmut zurück.

„Genau, reite nur wieder auf dem Thema herum: Du hast einen armen Schlucker geheiratet, der nichts in die Ehe mitgebracht hat, außer seinem Verstand. Und der hat auch noch ausgesetzt, sonst hätte ich dich nicht geheiratet! Aber du hattest ja das Geld deiner Eltern und konntest damit diesen wunderbaren Palast erbauen! Werdet gemeinsam glücklich in dieser Bude! Hier hält mich nichts mehr! Ich packe meine Sachen und ziehe aus! Ich hoffe, es stört dich nicht, wenn ich nach und nach meine persönlichen Dinge hole", zischte Ottmar.

„Nein, nimm nur mit, was dir gehört. Viel ist es ja eh nicht. Du hast dein Geld ja immer in deine Aktien investiert, während ich den ganzen Haushalt bestreiten durfte. Du wirst übrigens von meiner Rechtsanwältin hören, die meine Interessen vertritt. Ich habe die Scheidung schon eingereicht!", schrie Schnucki erbost.

„Das ist ja nur konsequent von dir. Eine solche Geschwindigkeit hätte ich dir gar nicht zugetraut. Aber wenn man die Umstände bzw. deine ‚anderen Umstände‘ bedenkt, ist das durchaus verständlich", keifte Ottmar zurück und lief in das Ankleidezimmer, um dort seine Sachen zusammen zu packen.

„Schnucki, es tut mir leid, dich so wütend zu sehen. Das ist gar nicht gut für unser Kind", sagte Helmut zärtlich zu Schnucki und nahm sie in den Arm.

„Ach, Helmut! Ottmar macht mich immer so zornig, dass ich ihm den Hals umdrehen könnte. Ich bin froh, dass er auszieht. Die Atmosphäre hier im Haus ist nur noch vergiftet."

„Ja, das kenne ich. Bei uns ist es genauso. Rosalinde versucht, mich mit ihren Blicken zu töten", erwiderte Helmut.

„Sag´mal, wäre es nicht das Beste, wenn du bei mir bald einziehen würdest, wenn Ottmar ausgezogen ist?", fragte Schnucki Helmut.

„Du hast ja gehört: Das Haus gehört mir. Da gibt es kein Problem bei der Scheidung."

„Das wäre eine gute Lösung. Wir wollen unserem Kind ja
ein richtiges zu Hause bieten und nicht zwei getrennte
Haushalte. Ich könnte mich dann mit Rosalinde in Ruhe
wegen unseren Scheidungsangelegenheiten auseinan-
dersetzen. Aus der Distanz heraus geht das sicherlich
besser als wenn man noch unter einem Dach lebt", antwortete Helmut froh.
„Dann sind wir uns also einig", jubelte Schnucki. „Und jetzt
müssen wir aufpassen, dass unser Essen nicht anbrennt.
Hoffentlich kann ich überhaupt etwas essen. - Mir ist nämlich schon wieder schlecht."

Ottmar saß in seinem Büro in der Muffelbank. Er hatte es
geschafft, Herrn Nördling für sich einzunehmen. Er hatte
wieder einmal seine Kompetenzen in der Bank überschritten und Herrn Nördling den halben Provisionssatz für
Wertpapierumsätze zugesichert. Bisher hatte dies noch
keiner gemerkt, aber wenn die Revision seine Filiale auseinander nehmen würde, würde dies nicht unbemerkt
bleiben. Doch Ottmar war guter Dinge. Schließlich hatte
er ja in der Muffelbank nichts mehr zu verlieren, nachdem
man ihn ja sowieso loswerden wollte. Und es war nur
noch eine Frage der Zeit, bis Herr Nördling ihn als Vermögensverwalter einstellen würde, das spürte er ganz
genau.

Seit er zu Carla gezogen war, ergab es sich automatisch,
dass er öfters mit ihren Eltern telefonierte. Carlas Mutter
rief täglich an, und oft ließ sich Carla von Ottmar bei ihrer
Mutter verleugnen. Meist plauderte er dann noch eine
Weile mit ihr und zog alle ‚Lieber-Schwiegersohn-
Register'. Zwangsläufig ergab sich daraus dann auch ein
Gespräch mit Carlas Vater über dessen finanzielle Belan-
ge. Erst gestern hatte Herr Nördling wieder einmal erwähnt, wie nötig er einen Finanzexperten hätte. Aber
solange er Ottmar nicht direkt fragte, wollte Ottmar sich
hüten, von seiner Seite aus sich als Vermögensverwalter
anzubieten.

Das Telefon klingelte. Es war Carla.

„Hallo Carla, mein Schatz, was kann ich für dich tun?", zwitscherte Ottmar in den Telefonhörer.

„Hallo Ottmar! Mein Vater hat mich gerade angerufen."

„Um diese Zeit? Normalerweise rufen deine Eltern doch immer abends an?"

„Er wollte mich mal alleine sprechen, deshalb hat er gewartet, bis du im Büro bist und nicht im Hintergrund mithörst, was ich mit ihm bespreche."

„Das klingt ja gefährlich und geheimnisvoll. Habe ich etwas ausgefressen?"

„Nein, im Gegenteil! Mein Vater ist ganz begeistert von dir und möchte dich als seinen persönlichen Finanzberater einstellen. Aber er weiß nicht, wie er dir das beibringen soll und ob du überhaupt von deiner Bank, die dir ja sehr viel Sicherheit bietet, weg willst. Ich soll jetzt bei dir vorfühlen, wie du dazu stehst", sagte Carla gespannt.

„Tja, ich bin mir nicht sicher. Es wäre natürlich eine reizvolle Aufgabe, und es würde mir Spaß machen mit deinem Vater zusammenzuarbeiten, aber ich wäre dann quasi nur noch von einer Person, nämlich von ihm, abhängig. Und natürlich müsste ich auf meine Karriere in der Bank verzichten. Welche Weiterentwicklungsmöglichkeiten hätte ich denn bei deinem Vater?", antwortete Ottmar und frohlockte insgeheim.

„Das klärst du am besten mit ihm selber. Ich sage ihm, dass er dich gleich anrufen soll und du Interesse hast", sagte Carla.

„Ist gut! Ich habe erst wieder in einer halben Stunde einen Termin. Bis dahin habe ich Zeit", gab Ottmar zurück, der in Wirklichkeit überhaupt keine Termine mehr hatte.

Kurz darauf rief Herr Nördling an. „Hallo, Herr Filius!"

„Hallo, Herr Nördling!"

„Herr Filius, Sie haben inzwischen gewiss bemerkt, dass ich Sie und ihren kompetenten Rat in Finanzangelegenheiten sehr schätze. Ich würde Sie gerne als meinen persönlichen Finanzberater einstellen. Ich habe darüber gerade mit Carla gesprochen, weil ich nicht wusste, wie ich Sie darauf ansprechen sollte und wie Sie dazu stehen würden. Carla sagt, dass Sie grundsätzlich dem Thema, für mich zu arbeiten, nicht abgeneigt sind, aber der Wechsel für Sie einen Verzicht auf eine Karriere in der Bank bedeuten würde und Sie daher zögerlich sind."

„Ja, Herr Nördling! Ich bin jetzt schon zehn Jahre bei der Muffelbank und habe hier erfolgreich meinen Weg gemacht. Ich habe hier Karriereperspektiven und ein weitreichendes Beziehungsgeflecht. Es fällt schwer, so etwas einfach aufzugeben", antwortete Ottmar.

„Sie müssen es ja auch nicht aufgeben. Ihre Beziehungen können Sie ja weiterhin sehr gut zum Wohle der Firma Nördling einsetzen. Und wenn Sie und Carla zusammen bleiben, ist das auch zu Ihrem Wohle. Außerdem biete ich Ihnen an, schon jetzt in die Geschäftsleitung der ‚Nördling-Schokoladefabrik' einzutreten und das Finanzressort zu übernehmen. Über das Gehalt brauchen Sie sich keine Sorgen zu machen. Ich biete Ihnen 20% mehr als Sie jetzt verdienen", sagte Herr Nördling.

„Ihr Angebot ehrt mich, Herr Nördling. Ab wann wäre denn die Stelle bei Ihnen zu besetzen?"

„Ab sofort! Ich suche schon lange nach jemanden, wie Sie es sind."

„Gut! Bitte geben Sie mir bis morgen Bedenkzeit! Ich rufe Sie dann wieder an", sagte Ottmar.

„Selbstverständlich! Bis morgen dann!"

Ottmar und Herr Nördling legten beide gleichzeitig auf. Ottmar jubelte innerlich. Natürlich hätte er am liebsten gleich zugesagt, aber aus taktischen Gründen wollte er nicht den Eindruck erwecken, dass er nur auf dieses Angebot gewartet hätte. Nun musste er nur noch die Kündigungsfrist mit der Muffelbank aushandeln, aber das war keine Schwierigkeit.

Er wählte schnell die Nummer von Emilia Bartenschläger, der Spionin im Putzkittel, mit der er ja den Aufhebungsvertrag aushandeln sollte. „Bartenschläger!", meldete sich Emilia.

„Filius hier, Sie erinnern sich sicher noch an mich. Der Mensch, den Sie in die Pfanne gehauen haben", sagte Ottmar voller Selbstmitleid.

„Ja, ich erinnere mich leider noch an Sie", gab Emilia zurück, die Ottmar auf den Tod nicht ausstehen konnte. „Was bekomme ich, wenn ich die Bank zum nächsten Ersten verlasse?", fragte Ottmar.

„Einen feuchten Händedruck von Herrn Blaukopf, und ich zünde ein Freudenfeuer an", sagte Emilia Bartenschläger.

„Gut, wenn Sie mein Angebot nicht zu schätzen wissen, bleibe ich noch ein paar Monate und kümmere mich intensiv um die wichtigen Kunden", antwortete Ottmar kühl.

„Sie wollen die Muffelbank wohl auch noch um eine Abfindung erpressen? Ich spreche mit Herrn Blaukopf darüber und melde mich wieder bei Ihnen."

„Lassen Sie sich nicht zu lange Zeit! Ich muss morgen meinem potentiellen nächsten Arbeitgeber sagen, wann ich zu ihm komme."

„Ich hoffe Sie gehen zur Konkurrenz! Wer solche Mitarbeiter hat wie Sie, braucht keine Feinde mehr", antwortete Emilia gehässig.

„Wohin ich gehe, bleibt geheim. Aber auf jeden Fall verbessere ich mich!"

„Und wir uns auch! Ich rufe Sie wieder an", sagte Emilia und legte auf.

„So eine Ziege!", sagte Ottmar, lehnte sich genüsslich in seinen Stuhl zurück, legte die Füße auf den Schreibtisch und verharrte so, bis wieder das Telefon klingelte. Es war wieder Emilia Bartenschläger.

„Ich habe mit Herrn Blaukopf gesprochen. Er ist wie ich der Meinung, dass Sie die Muffelbank so schnell wie möglich verlassen sollten. Wir könnten Sie aus wichtigen Gründen fristlos entlassen. Gründe gibt es ja genug. Da wir aber kein Aufsehen erregen und weder Ihnen noch uns unnötig schaden wollen, bieten wir Ihnen ein Bruttomonatsgehalt als Abfindung an, wenn Sie zum nächsten Ersten gehen."

„Ich nehme Ihr Angebot an! Schicken Sie mir die notwendigen Unterlagen!"

„Mit Vergnügen!", antwortete Emilia.

Am nächsten Tag rief Ottmar bei Herrn Nördling an, um ihm seine Zusage mitzuteilen.

„Hallo, Herr Nördling!"

„Hallo, Herr Filius! Nun, wie haben Sie sich entschieden?"

„Ich freue mich, Ihnen mitteilen zu können, dass ich mich für Sie und die Firma Nördling entschieden habe. Es fällt mir zwar nicht leicht meinen alten Arbeitgeber zu verlassen, besonders da man mir dort noch ein interessantes Angebot gemacht hat, aber ich fühle, dass nun ein neuer Abschnitt in meinem Leben beginnt und die Aufgabe bei Ihnen reizt mich."

„Das ist ja wunderbar. Ab wann können Sie anfangen?", fragte Herr Nördling begeistert.

„Auch hier habe ich gute Neuigkeiten! Ich habe mich mit meinem Arbeitgeber gütlich geeinigt. Man will mir keine Steine in den Weg legen und gibt mich zum nächsten Ersten frei! Wir hatten eben ein ausgezeichnetes, vertrauensvolles Verhältnis zueinander!", log Ottmar unverfroren.

„Das ist ja fantastisch! Dann heiße ich Sie herzlich in der ‚Nördling-Schokoladen-Familie' willkommen. Das muss außerdem richtig gefeiert werden. Ich lade Sie mit Carla am Freitagabend zu uns nach Starnberg in das Restaurant ‚Dernier Crie' ein. Mein Frau wird auch begeistert sein."

„Vielen Dank für die Einladung. Wir werden kommen und zusammen auf die Zukunft anstoßen."

„Also, dann bis Freitag!", sagte Herr Nördling und legte zufrieden den Telefonhörer auf.

XII.

Rosalinde Paarhufer war auf dem Weg zum Porsche-Club und mit ihren Nerven am Ende. Nach dem großen Streit mit Helmut wegen Schnuckis Schwangerschaft, hatten sie sich nicht wieder versöhnt, wie sie insgeheim gehofft hatte. Im Gegenteil: Die Fronten hatten sich verhärtet, weil sie den Fehler gemacht hatte, in ihrer Wut allen, denen sie begegnete, von der Affäre zu berichten. Dadurch hatte sie Helmut den Rückweg abgeschnitten und ihn regelrecht in Schnuckis Arme getrieben. Helmut wollte sich nun endgültig von ihr, Rosalinde, trennen und war zu Schnucki gezogen. Platz gab es in deren Haus ja genug, nachdem Ottmar ausgezogen war. Die Trennung machte Rosalinde mehr aus, als sie zuerst gedacht hatte. Weil ihre und Helmuts Interessen so unterschiedlich waren, hatten sie zuletzt zwar kaum noch Zeit miteinander verbracht, aber trotz allem stand er ihr noch näher, als sie geglaubt hatte.
Der einzige Trost, den Rosalinde zur Zeit hatte, war ihr Porsche und natürlich der dazugehörige ,Porsche-Club'. Dort konnte sie richtig abschalten und sich mit Gleichgesinnten unterhalten. So oft wie möglich ging sie dort hin und hoffte, auch wieder den netten Flugkapitän, Peter Crusius, zu treffen. Vielleicht hatte sie ja heute Glück!
„Hallo, Frau Paarhufer!", begrüßte sie eine bekannte Stimme an der Garderobe. Ihre Wunsch war wohl erhört worden! Da stand braun gebrannt und gut gelaunt Peter Crusius!
„Hallo, Herr Crusius! Schön, dass Sie auch mal wieder hier hereinschauen! Ich habe Sie hier schon lange nicht mehr gesehen!", antwortete Rosalinde Paarhufer.
„Ja, ich war in letzter Zeit ziemlich viel unterwegs."
„Das sieht man. Wohl an den bevorzugten Urlaubszielen dieser Erde?"
„Stimmt! Und da ich zwischen den Flügen immer eine Pause habe, konnte ich mich dort auch noch ein bisschen in die Sonne legen."

212

„Das würde mir auch gut tun. Einfach mal wegfliegen, mich in die Sonne legen und alle Sorgen hinter mir lassen."

„Wie geht es Ihnen denn jetzt eigentlich? Haben Sie sich von Ihrem Mann getrennt?"

„Ja, leider! Er ist zu seiner Freundin gezogen. Wir müssen nun noch unser Hab und Gut auseinander dividieren."

„Oh, je! Das tut sicher sehr weh?"

„Das kann man wohl sagen. Ich denke auch oft an Herrn Filius. Wie der die Trennung von seiner Frau wohl verkraftet? Man munkelt ja, dass er auch schon wieder eine Freundin habe. Bei den Männern geht es anscheinend immer ziemlich schnell, dass sie sich mit einer anderen Frau trösten."

„Glauben Sie wirklich? Ich habe da ganz andere Erfahrungen. Ich bin schon seit längeren von meiner Freundin getrennt und habe noch keinen ‚Ersatz' gefunden. Aber bei Ihnen dürfte es doch nicht so schwer sein, wieder einen Partner zu finden. Sie sind intelligent, sehen gut aus und haben Interesse an Autos. Also, wenn das keine gute Grundlage für eine erfolgreiche Partnersuchaktion ist!"

„Um ehrlich zu sein, hat sich bisher bei mir noch nicht der Jagdtrieb eingestellt. Aber ich könnte ja gleich mit Ihnen anfangen. Kommen Sie mit mir an die Bar?"

Peter ließ sich nicht lange bitten und folgte Rosalinde in den nächsten Raum. An der Bar angekommen bestellte er zwei Gläser Champagner. „Sie sind doch einverstanden, wenn ich Sie heute Abend einlade?", fragte er.

„Oh! Ist bei Ihnen plötzlich der Reichtum ausgebrochen? Sie waren doch bisher immer so sparsam!", sagte Rosalinde erstaunt.

„Ich habe meine Kredite alle zurückgezahlt! Mein Anlageberater hat mir ein paar gute Börsentipps gegeben, und ich habe ein bisschen mit Aktien spekuliert. Die meisten Geschäfte waren erfolgreich, und so konnte ich meine Kredite schneller loswerden als ich dachte. Das müssen wir feiern."

„Da mache ich gerne mit." Nach einigen Drinks an der Bar, kamen sich Rosalinde und Peter immer näher und waren bald schon beim ‚du' angelangt. „Ich glaube, heute ist keiner von uns beiden mehr fahrtüchtig", meinte Rosalinde, die sich Gedanken darüber machte, wie sie nach Hause kommen sollte. „Ich werde mir ein Taxi rufen lassen."

„Das kannst du später machen. Ich wollte dir noch ein paar Extras zeigen, die ich mir in mein Auto habe einbauen lassen. Das interessiert dich doch sicher", antwortete Peter.

„Okay, wenn du mir versprichst, dass du dein Auto dann heute Abend nicht mehr fährst und auch ein Taxi nimmst", gab Rosalinde zurück.

„Versprochen! Und nun komm mit!"

Beide begaben sich auf den Parkplatz hinter dem Hotel. Peter öffnete seinen Wagen und hielt ihr die Tür auf. „Komm setz dich mal `rein und schau dir alles an."

Rosalinde stieg ein. „Was hast du denn nun Neues?"

„Ein GPS-Navigationsgerät, so dass ich keine Straßenkarten und Stadtpläne mehr brauche."

„Super! Noch etwas?"

„Ja, eine eingebaute Minibar und extra tiefer gelegte Rückenlehnen, so dass man eine einzige große Liegefläche haben kann. Soll ich sie dir mal zeigen?", fragte Peter harmlos.

„Ja, gerne! Ich kann mir überhaupt nicht vorstellen, wie sowas in einem Porsche wirkt. Gibt's auch noch Gardinen?"

„Um Gottes Willen! Nein! Aber ich habe doch diese Spezialtönung der Fenster. Da kann kein Mensch hereinschauen."

Peter drückte auf einen Knopf und alle Polster im Innenraum des Wagens schoben sich zu einer Liegefläche zusammen. Auf einen weiteren Knopfdruck hin erschien die Minibar aus dem Heckteil mit zwei Gläsern. „Lass uns noch mal miteinander anstoßen! Noch einen Champagner?"

„Warum nicht! Mal sehen, ob man den auch gut im Liegen trinken kann! Sitzen geht ja nun nur noch schlecht."

Peter schaltete noch den CD-Player mit romantischer Musik ein, bevor er sich mit seinem Champagnerglas neben Rosalinde begab und seinen Arm um sie legte. In dieser gemütlichen Stellung schliefen sie zusammen ein und erwachten erst wieder von den Startgeräuschen der Wagen der abfahrenden Gäste am nächsten Morgen.

Heute war der Streckenerfahrungsflug für Laura und Frauke. Überpünktlich trafen beide im FOC ein, dem ‚Flight Operation Center‘ der Airborn. Hier hatte die Crew ihr Briefing für den Flug im Raum Nr. 210. Laura und Frauke betraten als erstes den Raum. Da Laura noch sehr müde war und ihren Gedanken nachhing, fiel ihr das schweigsame Verhalten von Frauke nicht sonderlich auf. Morgen sollte Martin wieder von seinem Segeltörn zurück kommen, der länger als geplant ausfiel. Ob er was merken würde?
Mittlerweile traf ein Crewmitglied nach dem anderen ein. „Fehlt jetzt nur noch der Chef! Wie immer der letzte!", ulkte der Co-Pilot in die Runde. Dann ging die Tür auf und Peter betrat den Raum. Laura konnte es nicht fassen: Es gab so viele Kapitäne in der Firma und ausgerechnet auf Peter musste sie hier treffen. Doch erstaunlicherweise hatte sich sein Verhalten seit dem Treffen im Porsche-Club wieder um 180 Grad gedreht. Geradezu über-schwänglich freundlich begrüßte er Laura und meinte:
„Mensch, ich freue mich, dass du deinen Flug mit mir machst! So ein toller Zufall! Sie sind selbstverständlich auch sehr willkommen!", und begrüßte damit Frauke. Dass dieses Zusammentreffen kein reiner Zufall war, wussten nur er und der Einsatzplaner der letzten Woche. Rudi, der Crewplaner, hatte eine Liste der noch einzutei-lenden Mitarbeiterinnen vom Boden vor sich liegen ge-habt, als Peter ihm über die Schulter schaute. Nachdem er Lauras Namen endlich entdeckt hatte, bat er Rudi in-ständigst um einen gemeinsamen Flug.
Im Briefing erfuhr Laura nochmals den Umlauf. Zuerst würden sie von München nach Stuttgart fliegen, dann von Stuttgart nach München, dann ging es von München nach

Düsseldorf und von dort nach Rom und wieder zurück nach München. Auch hier an Bord saß die Zeit bei der Arbeit im Nacken. Die kurze Flugzeit nach Stuttgart ließ nur ein kurzes und sehr straffes Serviceprogramm zu, bei dem jeder Handgriff sitzen musste. Da blieb keine Zeit für großartige Erklärungen seitens der Crew. Laura und Frauke kamen sich daher sehr fehl am Platz vor und saßen die ganze Zeit nutzlos in der Galley, während die Crew rödelte. Irgendwann fragte dann Frauke Laura:
„Sag mal, ist das nicht der Kapitän der dir letztens die Blumen an den Schalter gebracht hat?", dabei nahm Frauke alle Kraft zusammen, um ihren Neid nicht allzu offenkundig zu zeigen.
„Wie?", entfuhr es Laura, „Nein, ich habe noch nie Blumen von einem Kapitän am Schalter bekommen!"
„Aber ja doch, an dem Tag war vorher ein anderer Passagier mit Blumen bei dir! Kommt ja nicht alle Tage vor, dass jemand so überhäuft wird. Darum kann ich mich noch so gut daran erinnern!"
„Von Peter habe ich wirklich keine Blumen bekommen! Das wüsste ich schließlich!", klärte Laura auf.
„Mensch, der Typ, genau dieser Typ war bei mir am First-Class-Schalter und hat sich nach dir erkundigt!"
Laura verstand gar nichts mehr: Wieso war Peter dann nie bei ihr am Schalter erschienen?
Der letzte Streckenabschnitt lag nun vor ihnen. Gleich in wenigen Minuten würden sie in Rom landen: Peter hatte Laura gefragt, ob sie die Landung vom Cockpit aus mit ansehen wollte und sie hatte gerne zugestimmt. Das heran rasende Lichtermeer von Rom sah aus der Flugkanzel wunderschön aus. Laura genoss den Anblick der Stadt sehr. Doch immer wieder dachte sie über die Information von Frauke nach. Na ja, vielleicht ergab sich später eine Gelegenheit, das zu klären. In Rom gab es technische Probleme, ein Seitenruder war defekt, mit dem Resultat, dass der Rückflug annulliert werden musste. Das Flugzeug konnte erst bis zum nächsten Morgen repariert werden. Also wurde die Crew über Nacht in einem Vertragshotel untergebracht. Ein Kleinbus fuhr sie alle zum Hotel.

Die Stimmung im Bus war recht unterschiedlich. Eine Kollegin zog ihre Mundwinkel bis zum Hals herunter, weil sie abends Gäste eingeladen hatte: „Mein Mann wird sich freuen, wenn er den alleinigen Gastgeber spielen darf! Der weiß ja noch nicht mal, wo unser Service steht!", meinte Anita ziemlich sarkastisch.

„Sag mal, wie kommt denn der zu Recht, wenn du mal einen längeren Stopp hast?", erkundigte sich Peter.

„Seine Mutter wohnt nur zwei Häuser weiter! Und du kannst mir glauben, meine Schwiegermutter ist absolut happy, ihren geliebten Schatz weiter zu verwöhnen!", dabei seufzte Anita kurz auf, „aber auf der anderen Seite liefere ich ihr somit genügend Schmähstoff!"

Peter, der Anitas Stimmung wieder ein wenig anheben wollte, meinte dann: „Jetzt mach das Beste aus der Situation! Freu dich doch, dass du heute Abend essen gehen kannst, anstatt nach deinem Dienst noch in der Küche zu werkeln!"

Die Purserette Martina organisierte kurz übers Handy das Betreuungsproblem ihrer zwei schulpflichtigen Kinder: „Du, Hans, wir haben in Rom leider ein Technical. Wir fliegen erst morgen Früh wieder zurück! - Du hast morgen Früh auch einen Termin!? Mmh, dann ruf doch bitte Karen an, dass sie die Kinder abholt!"

Laura wollte Leander nicht im Bus anrufen. Sie würde warten, bis sie im Zimmer war, und ihm für heute Abend absagen. Gestern hatten sie noch bis spät in die Nacht diskutiert, weil Leander nicht begreifen konnte, dass sie sich nicht sofort von Martin trennen wollte. „Gib mir noch ein wenig Zeit, Leander!", bat Laura ihn dann zum Schluss, „Momentan erkenne ich mich selbst kaum wieder! Bitte dräng mich nicht!" Leander war wie vor dem Kopf geschlagen. Er war sich so sicher gewesen, dass Laura genau so fühlte wie er. Letztendlich war er dann doch bereit gewesen, Laura die nötigte Bedenkzeit einzuräumen, auch wenn es seinem männlichen Ego verdammt schwer fiel.

Peter empfand diese außerplanmäßige Unterbrechung ihres Umlaufs als Wink des Schicksals. So bekam er mit

Sicherheit Gelegenheit, sein ätzendes Benehmen im Club zu entschuldigen. Innerlich musste er jetzt noch den Kopf über sich schütteln. Seine gekränkte Eitelkeit hatte ihn zum regelrechten Kotzbrocken werden lassen. ‚Gut, dass Rosalinde das Missverständnis geklärt hat!‘, dachte Peter, ‚aber dass Laura jetzt mit diesem arroganten Vorsitzenden des Clubs befreundet ist... na ja! Dieser Typ wäre echt ein Grund, nicht dem Club beizutreten!‘
Die herablassende Rüge hatte Peter noch Tage später gewurmt. Selbst Rosalindes, zugebener maßen logischer, Kommentar dazu: „Mensch, Peter, der Vorsitzende hat nur seine Begleitung vor deinem arroganten Angriff schützen wollen. Du musst doch einsehen, dass du dich wie ein Stinkstiefel benommen hast!?“, machten Leander in Peters Augen nicht sympathischer. Rosalinde war Peter mittlerweile ans Herz gewachsen, doch nach dem verschlafenen Schäferstündchen im Porsche war er sich ziemlich sicher, dass ihre Freundschaft eher platonisch war. Wenn er daran zurück dachte, was für ein Bild sie beide schlafend und schnarchend im Porsche abgegeben hatten, musste er jetzt noch schmunzeln.
Die Crew war natürlich auf solche außerplanmäßigen Änderungen mehr oder weniger vorbereitet. Jeder hatte in seinem kleinen Koffer die Dinge, die man für eine Übernachtung brauchte. Nur Laura und Frauke mussten sich an der Rezeption erst einmal Zahncreme und -bürste aushändigen lassen. Im Hotel verteilte Martina, die Purserette, erst einmal die Zimmerschlüssel: „Morgen früh werden wir um 7.00 Uhr geweckt! Wenn wir wollen, kann uns später ein Hotelbus in die Stadt fahren! Wer ist dabei?“
„Alle, also gut, dann treffen wir uns in einer halben Stunde wieder hier unten!?“
Während die anderen schon mit ihren Boardcases auf die Zimmer gingen, holten sich Frauke und Laura an der Rezeption eine ‚Notfallausrüstung‘. „Also, bis gleich!“, verabschiedete sich Laura dann von Frauke, deren Benehmen Laura immer merkwürdiger fand. Zum Glück gab es auf dem Zimmer eine kleine Duschportion und sogar eine Lotion dazu zum Eincremen. Laura hasste nämlich das

Spannungsgefühl auf ihrer Haut nach dem Duschen. Ihre Uniform entledigte sie aller Anhänger und Abzeichen und zog die Uniform dann wieder an. Ohne Weste sah es wie ein ganz normales Kostüm aus. Nur der Einheitslook mit den anderen Kollegen würde sie eventuell als Crewmitglied verraten. Ihr Make-up besserte Laura mit einem Hauch Rouge auf und zog sich dann noch die Lippen nach. Laura war froh, dass sie ihre Schminktasche immer dabei hatte, denn sie sah jetzt wieder viel frischer aus.

„Fertig! Jetzt nur noch Leander anrufen!", erinnerte sich Laura. Doch der war gerade über sein Handy nicht erreichbar, also sprach Laura eine Nachricht auf seine Mailbox: „Ciao Leander! Leider bin ich immer noch in Rom wegen einem technischen Problem. Wir können erst morgen Früh wieder zurückfliegen! Ich melde mich, wenn ich gelandet bin. Also, ciao!"

Der Verkehr in die Innenstadt hinein war gigantisch. Auf einer dreispurigen Straße fuhren oft fünf Wagen gleichzeitig nebeneinander, ohne die unzähligen Vespas mitzuzählen, die sich von Lücke zu Lücke schlängelten. Ein permanentes Hupkonzert begleitete sie auf der Fahrt zu einer kleinen Trattoria in der Nähe der Spanischen Treppe. Kaum waren sie aus dem Bus ausgestiegen, schon überkam Laura eine regelrechte Urlaubsstimmung. Jetzt am Abend war es noch wunderbar warm, und die Leute saßen alle noch draußen. Das südländische Flair war überall zu spüren und sorgte selbst bei Anita für gute Laune: „Mein Mann hat die Einladung kurzer Hand abgesagt und beneidet mich um das schöne Wetter hier. Bei uns regnet es nämlich!", dabei kicherte Anita ein wenig schadenfroh.

Peter setzte sich am Tisch direkt neben Laura. Er trug zu seiner Uniformhose ein weißes körperbetontes T-Shirt, das seinen durchtrainierten gebräunten Oberkörper hervorhob. Laura musste zugeben: Peter sah einfach super gut aus, bei jedem Lachen zeigte er ein strahlend weißes Gebiss in seinem sonnenverwöhnten Gesicht. Das Grübchen in der linken Wange und die kleinen Lachfältchen ließen ihn sehr sympathisch wirken. Und an diesen Abend wurde sehr viel und herzhaft gelacht.

Anita war kurz nach dem Eintreffen in der Trattoria auf die Toilette gegangen. Als sie wieder zurück kam, bot sie einen absurden Anblick. Stolzen Hauptes durchschritt sie das Lokal, während unter ihrem Rock Klopapier hervorlugte, das bis zum Boden reichte! Den ganzen Abend über fing irgendeiner von der Crew immer wieder an, deswegen unvermutet los zu kichern. Peter nutzte die gelöste Stimmung und beugte sich zu Laura vor: „Ich möchte mich für mein Benehmen im Club entschuldigen. Ich war unmöglich!"

Laura drehte sich zu Peter um und schaute ihn an: „Du warst wirklich unmöglich! Sag mal welche Tarantel hatte dich denn da gestochen?"

„Lass uns doch nach dem Essen noch einen Spaziergang machen, dann oute ich mich! Bitte!?" Dabei schaute Peter Laura tief in die Augen und das Knistern zwischen ihnen war urplötzlich wieder da.

„Okay!", gab Laura kaum hörbar von sich. Immer wieder begegneten sich ihre Augen, immer länger blieben ihre Blicke aneinander haften, die Spannung zwischen ihnen war auch für andere spürbar. Frauke beobachtete die beiden mit Argusaugen.Im Hotel verabschiedeten sich die anderen und gingen direkt aufs Zimmer, nur Peter und Laura tauchten noch mal in die Dunkelheit des Hotelparks ein, der nur partiell beleuchtet war. Im Park fing Peter an, seine Geschichte zu erzählen. Er erklärte Utes Auftritt im Lokal, erwähnte seinen kleinen Unfall danach, auf der Suche nach ihr. Dann erzählte Peter, wie enttäuscht er war, als er am Flughafen Leander mit den Blumen für sie gesehen hatte und er am Ende einem Missverständnis aufgesessen war. „Laura, ich habe mich in dich verliebt und mich dabei wie ein Trottel benommen!" Peter blieb abrupt stehen und nahm Laura in die Arme. Ganz leicht küsste er sie auf den Mund, vorsichtig abwartend und dann, als sein Kuss erwidert wurde, wurden seine Küsse immer leidenschaftlicher. Leander und Martin lagen in weiter Ferne, der wenige Schlaf war unwichtig. Jetzt im Moment zählten nur sie beide.